60에 시작한 억대 연봉 강사

헐 머니가 온다

60에 시작한 억대 연봉 강사
헐 머니가 온다

초판 1쇄 인쇄 : 2021년 11월 25일
초판 1쇄 발행 : 2021년 11월 30일

지은이 안현숙
펴낸이 인창수
펴낸곳 태인문화사
신고번호 제 2021-000142호(1994년 4월 12일)
주소 경기도 파주시 탄현면 참매미길 234-14, 1403호
전화 031) 943-5736
팩스 031) 944-5736
이메일 taeinbooks@naver.com

ISBN 978-89-85817-92-9 (03190)

60에 시작한 억대 연봉 강사
헐 머니가 온다

강사생활 2년 만에 억대 연봉을 일궈 낸 안작가의 비밀 노트!

안현숙 지음

태인문화사

나는 강의가 좋다

누구나 가장 힘들 때가 가장 성장할 수 있는 시기라고 한다. 내가 예순이라는 나이에 강사의 세계에 발을 들여놓은 때가 그 시기였던 것 같다. 비록 부족한 나지만 누군가에게 희망이 되어주고 싶어 이 글을 적고 있다.

강사란 정말 매력적인 직업이다. 나뿐 아니라 누구든지 강사가 될 수 있다. 그런데 예순이라는 나이에 한동안 세상 줄을 끊었던 사람이 다시 시작하기에는 두려웠다. 100세 시대에 예순이라는 나이는 어중간하게 젊은 나이이다. 하지만 아들에게 부모다움을 보여줘야 한다는 마음에, 또 돈을 벌어야만 했기에 호기롭게 시작한 직업이었다. 대단한 능력이 있어서 강사를 시작한 것은 아니었다. 의무감 반, 용기 반으로 시작한 강사 생활이었지만 하나하나 목표를 달성하니 보람도 있고, 재미도 있었다. 아들의 전화를 받고 큰돈을 만들어 내야 한다고 생각했을 때는 두려웠다. 당장 뛰는 것 외에는 답이 없었기에 뛰었고, 뛰면서 현명하게 뛰어야겠기에 방법을 수정하면서 뛰었을 뿐이었다.

강사의 세계는 너무도 다양했다. 내가 너무 편협한 생각을 하고 있다는 것도 알게 되었다. 양성학원에서부터 시작해서, 친절 서비스 강사로, 인문학 강사로, 리더십, 소통, 진로, 법정 의무 교육까지 다양한 강의를 했다. 자격증을 취득해 놓았던 것이 요긴하게 쓰였다. 강사는 어쩌면 연예인처럼 인기를 먹고 사는 직업이기도 하다. 앙코르 강의를 받을 때의 강의장 분위기는 뭐라 말할 수 없는 짜릿하고 신나는 기운이 감돈다. 무대에 서는 순간 뮤지컬 한편을 공연하듯 열정이 솟는다. 강의가 끝나고 나서의 그 기분은 배우가 커튼콜을 받을 때의 그런 느낌이다.

얼마 전 관공서에서 강의 의뢰가 왔다. 일정이 바쁘고 몸도 지쳐서 못 가겠다고 했다. 관공서 강의는 강사비도 정해져 있고 강의 준비도 더욱더 철저하게 해야 하는 상황이라 썩 내키지 않았다. 그런데 광주전남에서 활동하는 회장님들 모임이어서 꼭 '안현숙 강사님이어야 한다!'라는 담당자의 말에 거절하지 못하고 정성을 다하여 강의안을 준비했다. 회장님들 대상이라고 하니 22개 시·군의 회장단들, 곧 회장님과 부회장님, 총무님들을 모아놓은 상황이었다. 섭외할 때부터 담당자가 깐깐하게 느껴져서 안 가고 싶었지만 간곡하게 부탁해서 가게 되었던 자리였다. 강의를 좀 진행하려 하면 군수님이 찾아오고 시장님이 찾아왔다. 강의를 진행할 수가 없었다. 더구나 이분들이 간다고 하면 회장님들도 따라 나가 배웅을 했다. 그러면서 강의내용이 좋으니까 다시 들어와서 들어야 한다고 강의를 못 하게 하고 … 난리도 이런 난리가 없었다.

이렇게 몇 번을 반복하다 보니 강의 내용을 다하지 못하는 초유의 사태가 발생했다. 이 좋은 강의는 꼭 들어야 하는데 안타깝다고 하면서 끝냈다. 회장님들도 심지어 담당자까지도 안타까워했다. 처음 섭외할 때와 막 도착했을 때의 깐깐함은 어디 갔는지 다른 사람 같았다. 쾌재를 불렀다. 며칠 후 문자가 떴다. 챙길 수 있는 것은 다 챙겨 드렸다는 담당자의 감사 인사였다. 입금 내용을 보고 깜짝 놀랐다. 강의가 좋았다고 생각지도 않은 금액이 들어왔다.

바쁜 일상으로 돌아와 줌 강의하랴, 글 쓰랴, 디지털 노마드와 강사 양성하랴, 정신없이 바쁜 날들이 계속되었다. 코로나로 인해 오프라인 강의가 미뤄지기를 반복하고 있을 때 농어촌 지도자 워크숍에서 지도력 역량 강화 교육 의뢰가 들어왔다. 200여 명이 솔비치에서 1박 2일 워크숍이 예정되었다. 담당자가 회장님들의 추천으로 연락했다고 했다. 기쁜 마음으로 준비했다. 강의장에 도착하니 삼삼오오 나와서 돌아다니던 지도자들이 강사님 강의 잘하게 생겼다고 우르르 따라 들어왔다. 이때부터 강사인 내 기분은 최고가 되었다. 게다가 양성 중인 행복누리캠퍼스 강사들을 참관시켜 이런 멋진 순간을 보여줄 수가 있어서 좋았다. 현장에서 직접 강의를 보여주면서 분위기를 파악할 수 있게 해줄 수 있으니 감개무량했다.

50대에서 70대의 지도자분들이 그 큰 강당을 꽉 채우고 있었다. '안녕하십니까? 제 나이는 놀랍게도 63세입니다. 지도자님들 수준 맞추느라고 63세 강사가 긴급 파견되었습니다. 가수 현숙 씨는 노래를 잘해서 현숙입니다. 앞에 서 있는 현숙은 노래를 안 해서 안현숙입니다. 저는 노래가 아닌 강의를 멋들어지게 합니다. 인사드리겠습니다!'라는 멘트에 우레와 같은 함성이 쏟아졌다. '이쪽으로도 와서 얼굴 좀 보여주면서 해라, 이쪽으로도 오셔라.' 하여 대강당을 종횡무진 누비면서 강의를 해야 했다. 어떤 강의든지 속으로는 벌벌 떨리지만, 무대에 올라가면 돌변하는 성격 탓에 열정적인 강의를 마칠 수 있었다. 총무님이 '너무 좋은 강의 해주셨으니 감사의 박수를 달라'고 하니 손바닥이 불나도록 박수갈채를 받았다. 이런 강의를 마치면 얼마나 행복한지 안 겪어 본 사람은 모를 것이다. 게다가 나이 예순이 넘어서 강사 세계에 나와 이런 상황을 만들어 냈다고 생각해 보면 그 기분을 알 것이다.

　　무사히 강의를 마치고 우리 강사들과 근처의 다른 지방에 사는 강사를 만나 모처럼 맛있는 음식을 먹으며 회포를 풀고 돌아왔다. 전국으로 강의를 다니면서 여행도 다니고, 좋은 사람들에게 참관 교육도 시켜주고, 보람도 느끼고, 매력 있고 좋은 직업이다. 특별하지 않아도 꾸준히 성실하게 노력하면 누구나 할 수 있는 일을 60대에 시작하여 이렇게 누리고 있다. 자존감도 행복지수도 올라간다.

　　더욱 놀랄 일이 벌어졌다. 강사비가 정말 많았기 때문이다. 나이를 먹었어도 혼자 힘으로 벌 수 있는 한 일하고 싶다. 감당 못할 때까지 최선을 다하며 살고자 노력하는데 이렇게 쓰임 받으며 수입 또한 만만치 않다는 것이 놀랍고도 감사할 일이다. 고액의 강사비를 받는 강사님들에 비하면 '새 발의 피'일 것이다. 그들이 보면 푼돈이라고 할 수도 있다. 하지만 육십이 넘어 새로 시작한 내게는 감사하고 자존감도 올라가는, 나를 책임질 수 있는 대단한 수입이다. 평생 아픈 몸에 고생이란 고생은 다하며 살아왔기에 이런 멋진 일들을 경험하며 사는 내가 고맙고 대견하다. 그래서 이 행복한 일을 글로 적어 본다.

아이까지 데리고 야반도주해 버린 신랑. 혼자 사는 삶이 무엇이 그리 행복하냐고 묻는다면, 순간 두렵기도 하지만 감사하고 행복하다고 말하게 된다. '힘들 때 우는 자는 삼류, 참는 자는 이류, 웃는 자는 일류'라고 맘고생깨나 한 이상민이라는 가수가 한 말이 생각난다. 그 말이 강하고 짠하게 다가왔다. 나 역시 웃으며 뛰어보니까 하늘이 도와주시더라고 말한다. 힘들다고 울면 모두 도망간다. 진인사대천명(盡人事待天命)일진대 정성을 다하고 최선을 다하면 하늘이 안타까워서라도 돕는다. 하늘을 믿고 최선을 다해 보자. 하늘은 간절히 원하는 자를 돕는다고 하지 않는가. 그때 행복한 미소가 절로 나오리라. 멋진 인생을 만들어 갈 그대여 힘내자! 레츠 고!

제 1 장

나에겐
귀인이 있습니다

01
진통제 없인 살 수 없어

전업주부인 나는 나이 예순에 강사의 세계에 뛰어들어 2년 만에 억대 연봉자가 되었다. 일을 놓고 편안하게 쉬어야 하는 나이였지만 돈을 벌기 위해 강사를 해야만 되는 상황이 왔다. 두려운 마음이 앞섰다. 어떻게 어디로 나가야 하나 답이 없었다. 하지만 나는 죽기 살기로 파고들었다. 성질 급한 놈이 못난 자존심에 죽어 버리기라도 하면 어쩌나 걱정되어 하늘도 답답했던 모양이었다. 생각지도 못한 방법을 보이게 했고 강의를 쏟아 부어주었다. 내 강의만 해도 한 달에 20~30건이나 되었다. 그러다 보니 하루에 두 곳을 옮겨 다니는 날이 많았다.

나는 마흔 살에 평생 누워 있어야만 하는 진단을 받았다. 그런 몸인지라 이렇게 빡빡한 스케줄을 소화하기에는 몸이 따라주지 않았다. 그런데 아들 병원비를 해내야 했고, 내 미래가 달렸다고 생각하니 핑핑 돌기는 해도 펄펄 날아다녔다. 쓰러질 듯 힘들기는 했지만 어디서 그런 힘이 나는지 박진감 있게 잘도 뛰어다녔다. 그 당시에는 이래 죽으나 저래 죽으나 죽기는 매일반이니 열심히 뛰다가 죽고 싶었다. 아들을 살려야 한다는 의무감 때문이라도 버텨 내야 했다. 몸은 힘든 상태였지만 그럭저럭 건강은 유지되었다. 매일매일 무언가 이루어져 가고 있다는 느낌을 받았다. 감사하고 행복했다. 내가 엄마였기에 해낼 수 있었고 가능한 일이었다.

무슨 일이든 몰입하고 집중하는 성격이지만 두 번 다시는 이렇게 초집중할 열정, 기력, 기회가 없을 것 같다. 덕분에 이보다 더 열심히 뛰는 일은 없을 정도로 정신없이 바쁘고 즐겁게 강의를 다녔다. 내 강의뿐만이 아니고 행복누리 소속 강사들에게 한 달에 30여 건의 강의를 챙겨주며 일했다. 그것 또한 기분이 붕붕 뜨게 만드는 행복한 일이었다. 내 강의를 만들어 내기도 두려웠는데 다른 사람들의 강의까지 만들어줄 수 있다니 이게 기적 같은 일이 아니고 무엇이겠는가.

2020년 1월, 지난 1년의 강의가 끝나고 잠시 쉴 수 있는 휴식 기간이었다. 정월에 모처럼 쉰다고 이런저런 계획을 세우면서 콧노래를 부를 참이었다. 그러나 쉬어보겠다는 계획은 잠시였다. 코로나19라는 절체절명의 대란이 일어나 누구도 원치 않았던 일들이 우리 앞에 벌어졌다. 전 세계가 위기 속에서 어쩔 수 없이 판이 바뀌어 가고 있었다. 이것은 우리에게 또 다른 미래를 위한 도움판에 서서 발을 구르게 만들었다. '이젠 이루었다!' 할 때도 '위기'라는 녀석은 어딘가에서 우리를 기다리고 있는 게임판 같았다.

나는 어떤 어려움 속에서도 자신을 버리지 않는 한 반드시 다시 일어설 수 있다는 것을 삶의 경험 속에서 터득해 왔다. 속으로는 때론 처절하게, 때론 지질하게 울면서도, 겉으로는 의연하게 일어서려고 발버둥을 치며 이겨 내기도 했다. 물론 그것을 숨기지 못하고 주저앉고 말았던 적도 있었지만 말이다. 주저앉거나 이겨 내거나 그 둘의 차이에서 삶은 결정된다. 누구나 삶은 두렵다. 타인의 눈으로 볼 때 그 사람은 겁 없고 용감무쌍해 보이겠지만 그 사람도 가보지 않았기에 두려움은 있을 것이다.

어떤 이유로든 새로운 도전을 하는 분들 중 혹여 힘들다고 꿈을 저버린 사람이 있는지 묻고 싶다. 왜냐하면 나 또한 나이 예순에 강사를 시작하여 다음 해에 억대를 벌었던 생초짜 강사로서 용감무쌍하고 무모한 도전기를 얘기해 보고자 하기 때문이다. 혹자는 1억이라고 하면 '그까짓 것?'이라고 할 사람도 있을 것이고, 혹자는 '정말?'이라고 할 사람도 있을 것이다.

이 책에는 세상에 나와 어떻게 해야 할 것인지 앞이 안 보여 두려워하던 내가 고군분투하며 삶에 안착해 나가는 모습을 담아냈다. 두렵고 떨리지만 목숨을 담보로 하는 고속도로를 달렸고, 강사로서 억척스럽게 버텨 내는 순간을 담았으며, 매 순간을 즐겁고 감사한 게 무엇인지 억지로라도 찾으려고 발버둥 치는 삶을 담았다. 무언가를 이루고자 하지만 두려움에 주춤거리는 분들은 내가 어떻게 그런 수입을 벌어들일 수 있었는지 궁금해 할 것이다. 그런 분들에게 이 책이 용기를 주는 선물이 되기를 빌어본다.

이렇게 오기까지 나는 우여곡절이 많은 삶을 살아왔다. 젊었을 때에는 한 달 30일 중에서 21일은 진통제 주사를 맞지 않고는 출근을 할 수가 없었다. 이를 악물고 참았다. 그래도 나를 믿고 미용실에 찾아오는 분들에게 예쁘고 화사한 미소를 짓고 싶었다. 마음으로는 그렇게 고귀한 생각을 해보지만 이성은 마비되기 십상이었다.

어렸을 때부터 코피를 아침마다 쏟아 내고 온몸은 통증으로 시달렸다. 어지럼증으로 차를 못 탔을 정도였다. 절로 눈물을 흘리게 하는 통증으로 아침 출근길이 가게보다는 병원을 향해 걸어가고 있는 날이 더 많았다. 가면 뭘 할 건가? 친절한 원장님은 이제 좀 쉬라고 하며 약을 처방해주면 끝이었다. 지금 당장 죽을 것 같다고 하면 겨우 진통제를 놔줬다. 주사를 맞으면서 일한 것이 꽤 오래되었다.

'세상에 존재하는 설움 중에서 어떤 설움이 가장 크냐고' 내게 묻는다면 '내 몸뚱이 아픈 것이 가장 서럽더라.' 하고 얘기했을 것이다. 너무 아프다 보니 이 지구가 순식간에 완전 먼지가 되어 영혼조차 남지 않고 사라져 버리길 바라는 나쁜 마음이 들곤 했다. 이런 통증에 시달려보지 않은 사람들은 모를 것이다. 부모도, 형제자매도 모른다. 본인의 통증은 본인 외에는 알 수 없다. 짐작조차 할 수 없다. 진통제 먹으면 되지. 주사라도 맞으면 되지. 그러나 그 진통제는 점점 더 양이 많아지는 것이 문제고, 결국 알지 못하는 사이에 거의 마약 성분과 흡사한 센 진통제를 먹어야 하는 것이 문제였다.

이유도 없고 원인도 모르는 통증으로 병원에 가는 것조차 지겨워졌을 때, 같은 건물에 입주해 있는 옆 약국의 약사님이 '바리움'이라는 조그만 진통제를 처방해줬다. 너무 자주 힘들어하는 나에게 아가씨였던 약사는 비상약을 지어주며 아플 땐 먹으라고 했다. 서른도 안 된 나이에 통증은 나를 집어삼킬 것만 같았다. 어렸을 때부터 부모님 속 한 번 안 썩히고 도움도 받지 않고 잘 살아왔는데 도대체 이렇게 아픈 이유는 무엇 때문인지 알 수 없었다.

'착하게 살았으니 안 아프게 해주면 안 되나? 신은 없나?'

매번 허공에 대고 떼를 썼다. 진통제를 먹지 않고는 살 수 없었지만 삶은 멈출 수 없었다. 이미 엄마가 되어있었기 때문이다.

02
사람은 쉽게 바뀌지 않는다

평생 아픈 몸을 끌고 진통제를 먹거나 주사를 맞아가며 살아왔는데 임신을 했다. 너무 아파 병원에 마음대로 다닐 수가 없었다.

아이 아빠는 답이 없는 짓만 골라서 했다. 화가 나고 안타까웠다. 심지어 사업한다고 도와달라고 해서 3번이나 통장을 맡겨보았다. 겉은 똑같은 사람이지만 내 상식으로는 이해 불가한 사람이었다. 사업을 한다고 해서 통장을 주면 금방 꽝을 만드는 묘한 재주를 갖고 있었다.

나 아니면 죽는다고 술이 떡이 되어 골목길에 드러누워 잠을 잤던 사람이 그였다. 그때 드러누웠던 사건이 나 때문이라고 밝혀지면 동네 사람들에게 낯부끄러운 일일 것 같았다. 그런 일이 있고 나서는 평생 아픈 몸으로 일하는 것이 더 지겹게만 느껴졌다. 차라리 결혼해서 분담하면 덜 힘들지 않을까 싶었다. 너무 열심히 달려와서 지쳐있던 참에 좀 편해 볼 요량으로 결혼을 했다. 그러나 결단코 그런 호강은 오지 않았다. 아니, 나는 전적으로 사람 보는 눈이 없었다. '남편이 먼저 내 덕을 보려고 결혼을 했구나.' 하는 의심이 떠나지 않았다. 그는 결혼 후 월급 한 번 안 가져왔다. 더구나 아프다며 회사를 그만두었다. 며칠 동안 잠을 못 자고 있는 남편에게 물었다.

"왜 그렇게 잠을 못 자요?"

"몸이 너무 아프네요."

"그럼 내일 병원에 가보세요"

종일 일하고 나면 몸은 천근만근이었다. 쓰러져 자기도 바쁜 시간인데 나는 이렇게 대화를 이어갔다.

"오늘은 또 왜 못 자요?"

"병원 다녀도 안 낫고 의사 선생님이 좀 쉬라네요."

"그럼 당분간 좀 쉬면서 몸 좀 챙기세요."

새댁인지라 아파서 잠 못 드는 신랑에게 잠시 쉬며 몸 좀 추스르라고 했다. 월급봉투 한 번 받아본 적이 없는 새댁이었다. 무슨 복인지 월급봉투는 영원히 받을 수가 없었다. 그 사람은 영원히 쉬었다. 아이 타령을 해서 아이가 있으면 철 좀 들려나 싶어 아이를 갖고자 노력했다. 아이가 있으면 적어도 부모가 되니 책임감이 생기겠다 싶었다. 몸이 안 좋은데도 임신은 쉽게 되었다. 그때 신랑이 가게라도 하고 싶다고 하길래 나는 통장을 주었다. 신랑은 금방 PC방을 차렸다. 그때는 PC방을 차리기만 하면 엄청나게 잘 될 때였는데도 신랑은 얼마 못가 거덜 내고 또 쉬었다.

점점 배가 불러오기 시작했다. 임신중독증이라도 걸린 것처럼 몸은 퉁퉁 붓고 몸무게는 20㎏이나 늘었다. 임신으로 몸이 몇 배나 힘든 중에도, 남편은 돈을 벌었다고 가져다준 적이 없기에 일을 해야 했다. 당시 나는 미용실을 하고 있었는데 손님이 너무 많아 앉아 있을 새가 없었다. 하루 종일 서 있는 바람에 다리는 거의 하마 다리 수준으로 부어 있었다. 누르면 들어간 자리가 원상태로 복구되지 않았다. 얼마나 많이 부었던지 온몸의 살덩이란 살덩이는 있는 대로 다 터서 징그러웠다. 얼굴도 터지기 일보 직전으로 부어 있어서 흡사 괴물을 보는 듯했다. 그나마 얼굴이 트지 않은 것이 다행이었다.

그 당시 나는 2층 집에 세를 살고 있었다. 2층이다 보니 계단을 오르내리기가 힘들었다. 배를 안고 앞이 보이지 않아 난간을 겨우 붙들고 오르내렸다. 누군가 뒤에서 좀 밀어줬으면 싶을 정도로 힘들었다. 영업이 끝나면 가게에서 사용한 수건을 회수하여 집으로 가져와 빨아야 했다. 신랑은 자기 가게를 핑계로 미용실에 들르지도 않았다. PC방을 한다고 차려놓고 동네 건달들이 모두 모여 화투나 포커 놀음을 했다. 어떻게 하고 있나 궁금해서 쫓아가 보면 가관이었다. 동네 아이들이 게임을 하러 가고 싶어도 들어가지 못할 정도의 환경을 만들어 놓고 있었다.

오소리 잡는 굴이란 표현이 절로 나왔다. 자욱한 담배 연기와 냄새로 들어갈 수조차 없었다. 억장이 무너져 내렸다. 저런 사람이 어떻게 '나' 아니면 안 된다고 인사불성이 되어 골목에서 드러누워 잠을 잤나? 그건 모두 계략이었구나 싶었다. 어이가 없고 앞이 하얘졌다. 저런 사람을 골라 결혼했다는 자괴감에 두 번 다시 아이 아빠 가게에 가지 않았다. 말도 섞고 싶지 않았다. 신랑은 인물이 훤했다. 어린 날에 못생겼다고 구박을 많이 받았던 나는 다른 사람들 인물에 신경을 안 쓰겠다고 결심을 했다. 잘생긴 사람들을 의도적으로 피했다. 그런데 지금 이 신랑은 왜 선택했을까? 신랑은 부부싸움을 해도 내가 나빠서 싸운 줄 아는 인상 좋고 풍채 좋은 사람이었다.

끌다시피 많은 양의 타올 가방을 한 손에 들고, 다른 한 손으로는 부른 배를 안고 청승맞은 발걸음으로 퇴근했다. 집으로 오는 철둑길 옆엔 아카시아꽃이 흐드러지게 피어있었다. 향이 너무 좋아서 차라리 서러웠다. 어디에 숨어 있었는지 청승마저 주저리주저리 엮여서 나왔다.

'친정집도, 신랑도 모두가 짐이구나. 삶이 왜 이렇게 고달픈 거지? 아가야 미안하다. 정말 미안하구나. 그래도 내가 열심히 살아낼게.'

뱃속에 있는 아이와 서러움에 겨운 얘기를 하고 다짐을 했다. 엄마가 몇 몫을 살아내겠노라고. 밤하늘의 별들이 처연하게 빛났고 아른거렸다. 봄날의 밤바람이 시원한 게 아닌 춥게만 느껴졌다. 혼자 폭식을 하거나 먹은 음식을 다 토해 내는 날이 계속되었다. 밤늦게까지 세탁기를 돌려서 수건을 널고 나면 이미 자정을 넘기는 것은 기본이었다. 그제야 어제 널어놓았던 수건을 개서 출근하기 좋게 가방에 넣고 홀로 잠자리에 들던 날이 많아졌다.

임산부는 황체호르몬의 영향으로 기초체온이 올라가서 여름 보내기가 힘겨웠다. 왜 그렇게 덥고, 모기마저 나만 물어대던지? 올라간 체온 때문인 것 같았다. 평소에는 체온이 낮아서 모기도 안 물던 나였다. 거울을 보면 퉁퉁 부은 얼굴이 내가 아닌 다른 사람 같았다. 아니, 내 얼굴을 알아볼 수가 없었다. 흡사 괴물 같다는 표현이 맞을 것 같았다. 신랑은 가게를 차려주고 아이가 생기면 달라질 줄 알았다. 하지만 달라진 건 아무것도 없었다. 저 가게를 얼마나 계속할 수 있을까? 답은 이미 보였다. 어차피 수입이 들어와도 나에게 돈을 줄 리도 없기에 그저 그러려니 하고 살아가는 날들이었다.

03
하늘이 허락하신 별 하나

결혼이란 가장 축복해주고 싶은 인륜지대사(人倫之大事)이다. 그러나 누구는 축복이라고 하고 누구는 저주라고 한다. 본인이 느낀 상황이 결혼에 대한 정의일 것이니까.

나에게 결혼은 하늘에서 별 하나를 내게 안긴 사건이었다고 마무리 짓는다. 뇌는 가동도 안 시키고 사람을 선택했다는 생각에 몸서리쳐지는 일이었지만, 덕분에 안을 수 없는 별 하나를 안았던 사건이었다. 한 사람이 힘들어진다면 결국은 둘 다 힘들 것이다. 그렇게 생각하니 마음이 편했다. 기왕지사 잘못된 일은 미움을 갖지 말고 추스르는 것이 상책이다. 미움은 둘 다 파멸시키는 일일 테니까.

신혼, 그 짧은 시간에는 어리석게도 사랑이라 생각했었다. 돌이켜 생각해 보면 어이없는 일이었다. 어린 시절부터 너무 힘들게 살았기 때문에 누군가가 나를 좀 쉬게 해줬으면 좋겠다고 생각했다. 그래서 건장해 보이는 그와 함께 한 것이었다.

무더위가 기승을 부리던 8월. 가게를 마치고 만삭으로 부른 배를 안고 돌아오는데 진통이 시작되었다. 얼른 샤워를 마치고 옷을 갈아입고는 준비해 두었던 가방만 챙겨 병원으로 향했다. 택시를 타고 가는 동안 진통이 점점 심해졌다. 눈앞이 하얘지고 죽을 것만 같은 통증이 엄습해 왔다. 간호사 선생님들이 그 늦은 시간에도 어찌나 친절한지 고마웠다.

"엄마, 힘드시죠? 지금부터는 저희와 호흡을 같은 속도로 하세요. 그럼 통증이 덜 하실 겁니다. 자, 제 구령에 따라 하시는 겁니다. 하나, 둘, 셋, 내쉬고! 잘하셨어요. 다시 한 번 하나, 둘, 셋, 내쉬고! 정말 잘하셨어요. 다시 한 번 하나, 둘, 셋."

한참 동안을 간호사들과 호흡을 같이 했다. 차라리 죽고 싶을 만큼 극심한 통증이 몰려왔다. 진통 주기는 더욱 빨라져 숨이 멎을 것만 같았다.

"이제 원장님 모셔 올게요."

외사촌 동생이 수석 간호사로 있던 병원이었다. 산달이 되어가자 미리 동생과 통화를 했다. 언니 나이가 많으니까 제일 좋은 방법을 권해 달라고 했다. 무통주사를 맞지 말고 자연분만을 하자고 했다. 어차피 그것도 통증이 올 건 다 온다며 자연분만이 낫다고 했다. 힘들지만 자신이 직접 원장님과 함께 아이를 받을 테니까 걱정하지 말라고 했다. 동생이 내 손을 꼭 잡고 진두지휘하고 있어도 힘들었다. 원장님이 들어오셨다. 어릴 때부터 인사성 밝다고 칭찬깨나 받았던 나는 원장님이 들어오자 습관처럼 인사를 했다.

"원장님 수고하셔요."

"예, 함께 고생 좀 해봅시다."

인사도, 예의도 거기까지였다. 원장님과 함께 호흡하고 준비하는 시간은 차라리 눈을 감고 싶었다. 급기야 인내심에 한계를 느꼈다.

"원장님 저 이대로 숨만 좀 멎게 해주세요."

"제발 숨만 멎게 해주세요. 제발."

순산도 관심 없었다. 그냥 죽는 게 낫겠다 싶었다. 그렇게 열심히 살았건만 삶은 녹록하지 않았다. 이제 되었다 싶으면 또 바닥이었다. 이 아이랑 둘이서 고생할 일 생각하니 그냥 눈을 감는 게 낫겠다 싶었고, 아픈 몸으로 아이까지 책임지며 살 생각을 하니 답이 안 나왔다. 아이를 낳는다고 아이 아빠가 책임감이 생길까? 하는 의심도 들었다.

"원장님 이제는 정말 더 못 해요."

"제발. 이대로."

"메스!"

원장님은 절개하는 듯했다. 생살을 째는데도 진통으로 인한 통증이 어찌나 아팠던지 째는 것쯤은 아프지도 않았다. 찌—익 째지는 느낌과 동시에 뜨거운 것들이 내 몸에서 '뻥' 뚫리듯이 빠져나갔다. 순간 속이 다 후련해졌다. 큰일을 해낸 기분이었다.

"왕자님이네요!"

간호사가 아이를 안고 그렇게 말했다. 아이가 태어났다. 3.5kg으로 태어난 아이는 미끈하게 생긴 게 잘 빚어놓은 조각품 같았다. 멋지고 예뻤다. 아이를 낳으면 핏덩이라 안 예쁘다고 들었는데 못생긴 나와는 달리 예쁘고 잘생겨 보였다. 엄마이기 때문일까?

곧이어 문을 열고 밖을 향해 간호사가 이야기하는 소리가 들렸다.

"아빠 분! 왕자님이네요."

"야! 영수야, 아들이래."

"야! 새끼야, 축하해."

아기는 내가 낳았는데 밖은 축제 분위기다. 아이 아빠가 술 먹고 놀다가 병원에 불려온 모양이었다. 일단 죽을 정도로 아픈 통증은 끝났나 생각했다. 이제 다 끝났구나! 안도하고자 했으나 배를 눌러서 태를 꺼내야 한다고 했다. 의사는 요리조리 손을 돌려가며 창자가 끊어질 것처럼 눌러대며 태를 꺼냈다. 이것 또한 통증이 얼마나 심한지 고통스럽기가 말로는 다 못할 일이었다. 한참을 그렇게 하더니 이제 마지막으로 절개한 부위의 생살을 꿰맸다. 원래 통점이 발달해서 누구보다 통증을 심하게 느끼는데 거의 실신 지경이었다.

"원장님 수고 많으셨습니다."

"예, 산모님도 수고 많으셨습니다."

그렇게 힘든 상황에서도 나는 꼬박꼬박 원장님께 인사를 했다. 나중에 동생의 말에 의하면 원장님 말씀이 그런 상황에서 인사를 하는 산모는 평생에 처음 보았다고 했다.

분만실에서 병실로 옮겨졌다. 그 새도 지켜보지 못하고 아이 아빠는 친구들과 밥 먹고 온다며 나갔다. 나이만 먹고 키만 컸지 산모에게 어떻게 해줘야 하는지 아는 것이라고는 일도 없는 철없는 아빠였다. 그 긴 분만 시간은 차라리 나를 죽여 달라며 떼를 썼던 엄마가 되는 시간이었다. 사랑하는 아들은 그렇게 예쁜 모습으로 내게 안겼다. 출산 후, 아이를 안은 채로는 일어서지 못하게 건강이 더 나빠졌다. 발바닥이 아파서 딛고 일어서는 것은 물론 무릎과 엉덩이가 아파서 어떻게 할 도리가 없었다. 겨우 누워서 아이에게 젖을 물리는 것 외에는 아무것도 할 수 없었다.

평소에 별로 말이 없으신 어머님이 아이 아빠와는 다르게 산후조리를 해주러 오셨다. 친정엄마만큼이나 존경했던 시어머님은 그렇게도 나와 아이를 말없이 좋아해주시고 예뻐해주셨다. 어머님은 살아생전에 우리 집에 오실 때마다 내 옆에서 주무시곤 했다. 치매로 돌아가셨지만 보고 싶고 감사한 어머님이었다. 어머님 생각할 때마다 마지막을 함께 못했기에 눈물이 앞섰다. 자식 도리를 다하지 못했다는 안타까움을 주신 분이었다. 내 아들과 나를 끔찍이도 챙겨주셨던 분이었기에 더 잊지 못한다. 친정엄마도 시어머님도 유난히 믿어주셨기에 항상 감사했다.

까마득하게 어린 시절, 그저 무조건 예뻐 보일 6살 때도 못생겼다고 푸대접만 받았다. 아낙들이 동네에서 가장 컸던 우리 집 정사각형 마루에 둘러앉아 길쌈을 하면서 나는 주워 온 아이라고 놀렸다. 팔방미인인 가족들에 비해 특출 난 것이 없고 외모가 예쁜 것도 아니어서 없는 사람 취급을 당했다. 진짜 엄마는 벌교 성근 다리 밑에서 꼬막장사를 한다는 것이었다. 내가 속없이 남의 엄마에게 엄마라고 부르고 있다고 놀렸다. 식구들과 안 닮은 나는 정말 주워 온 아이라고 생각했다. 벌교가 어디인지, 성근 다리가 어디인지 알면 찾아가고 싶었다.

이렇게 어릴 적 나는 온 동네 사람들의 놀림감이었다. 놀림을 당하는 것이 당연했다. 식구들과는 외모가 너무 달랐다. 덕분에 그 상황에서도 어른들이 예뻐할 방법을 본능적으로 터득했다. 그렇게 살아야 했던 아이는 예의 바른 행동이 몸에 밴 채 어른이 되었고 결혼해 아이까지 낳았다.

아이에게 예방접종하러 병원을 다시 찾았더니 원장님은 '분만할 때 멋지게 인사했던 산모네요.' 하고 말했다. 어둠만 있을 것 같은 암담함 속에서 존재조차 희미했고 푸대접만 받았던 내 어린 시절과는 달리, 두 어머님의 각별한 사랑을 받는 아름다운 별과 같은 장군이 하늘에서 떨어졌다. 그 별 하나로 혼란스러운 카오스의 우주에서 질서정연한 코스모스 우주를 배워간다. 모자(母子)라는 인연이 시작되었다.

04
서룬 부모라서 미안해

아이를 낳고 3주 만에 제대로 일어서지도 못 하는 몸으로 아이를 안고 가게로 다시 나갔다. 얼마나 이를 악물었는지 그렇게 좋던 이가 다 망가지기 시작했다. 그렇게 6개월을 열악한 환경에서 아이와 함께 생활했다.

미용실이란 환경은 아이에게나 엄마에게나 엄청나게 열악한 환경이었다. 좋은 환경에서 키울 수 없어서 죄짓는 심정이었다. 화학용품인 염색약, 파마약, 코팅제 등과 씨름을 해야 했다. 하루에 100명도 더 되는 커트 손님도 받았다. 머리카락이 달라붙어서 여기저기 떨어져 속상했다. 그래도 예쁜 내 새끼를 보면서 가게 일을 하다 보니 더욱 열심히 일해야겠다는 힘이 생겼다. 어린이집은 7개월째부터 보낼 수 있었다.

미국 국립환경보건학연구소의 연구 결과에 따르면 염색약, 파마약을 자주 쓰면 유방암 위험이 커진다고 한다. 연구소는 35~74세 여성 4만 6,709명을 대상으로 연구를 진행했다. 연구팀은 이들이 염색약과 파마약을 얼마나 자주 사용하는지 설문 조사를 했다. 그 결과, 정기적으로 염색약을 사용한 여성은 그렇지 않은 여성보다 유방암 위험이 9% 더 높은 것으로 나타났다. 그리고 머리를 펴는 스트레이트 파마약을 5~8주 간격으로 사용한 여성은 스트레이트 파마약을 사용하지 않은 여성보다 유방암 위험이 약 30% 더 높았다. 일시적으로 머리카락 색을 변화시키는 염색약은 유방암 위험과 연관성이 없었다.

연구팀은 이런 결과가 나타난 정확한 원인은 밝혀내지 못했다. 다만 연구에 참여한 데일 샌들러 박사는 '염색약과 파마약 속 화학물질이 여성의 건강을 해칠 수도 있다'라며 '확실히 권고하기에는 이르지만, 화학물질을 피하는 것은 유방암 위험을 피할 수 있는 하나의 방법'이라고 말했다. 류은주 교수는 자신의 저서 《헤어 퍼머넌트 웨이브 Hair Permanent Wave》에서 미용실 제품이 알레르기, 피부염, 생식기 이상, 호흡기 질환 등을 유발한다고 주장하고 있다. 이렇듯 미용실에서 취급하는 약품은 아이에게나 산모에게 해롭고 발암성이 있는 위험 물질이다.

아이와 나는 위험에 노출된 채로 하루하루를 살았다. 이런 환경에서 일해야 한다는 사실에 머릿속은 언제나 복잡하고 무거웠다. 최고의 환경을 만들어주지 못해 아이에게 미안했다. 엄마란 자리가 이렇게 머리를 복잡하게 만들었다. 더구나 엄마가 아픈 상태에서 아이를 낳았기에 건강염려증 환자가 되어 가는 듯했다.

'제발 제가 잘 해내게 해주세요. 이보다 좋은 환경에서 아이를 키울 수 있게 해주세요.' 하는 기도가 절로 나왔다. 더 간절한 것은 아이 아빠가 이런 사실을 인지하고 분발했으면 하는 바람이었다. 벌어놓은 돈을 또 달라고 할까 싶어서 아이를 낳은 기념으로 2층 상가 주택을 구매했다. 조금만 벌고 아이와 편하게 살고 싶었다. 산자락 아래 유원지 부근 공기 좋은 곳에 있는 살기 좋은 집이었다. 평생 아프기만 했던 몸도 추스르고 싶었다. 그런데 외진 곳으로 이사를 했더니 영업이 영 신통치 않아 밥 먹고 살기가 쉽지 않았다. 그래서 다시 도시의 정반대 편에 있는 신규 아파트 단지 내에 상가를 얻었다. 출퇴근하기는 조금 힘들었지만 수입은 만만치 않게 벌 수 있었다.

어린이집에 있다가 돌아온 아이에게서 미장원에서 나는 특유의 기분 나쁜 냄새가 배어 있었다. 환기가 안 돼서 나는 찌든 냄새였다. 아이를 부둥켜안고 우는 날이 많았다. 빨리 돈 벌어서 이런 환경에서 벗어나고 싶어 다시 공부에 매달렸다. 안전하고 꾸준한 벌이가 되는 것을 바랬다. 아이 아빠는 내 집에 세 들어 있는 책방이 탐나는 모양이었다. 이곳은 대학 후문과 가깝고 살기 좋은 곳이어서 학생들이 많이 살고 있었다. 책방에는 손님이 많았다. 그 책방 주인은 상냥한 아가씨였다. 훗날 남편이 같은 곳에서 영업을 했지만 수익이 나지 않았다. 남편은 분명 문제가 있는 사람이었다.

그날도 나는 가게에서 일을 마치고 버스에 올라타자마자 잠이 들었다. 파김치가 된 몸으로 차에 오르면 잠들기 일쑤였다. 집에서 종점까지는 한 정거장밖에 되지 않았다. 그래서 안심하고 창문에 고개를 기대어 잠을 잘 수 있었다. 운전면허증이 있고 차가 있었는데도 소심하여 운전을 하기 싫어했고, 피곤해서 다른 곳에 신경 쓰고 싶지도 않았다. 사람들은 용감무쌍해 보이는 내가 왜 어울리지 않게 운전을 안 하려고 하는지 이해할 수가 없다고 했다.

집에 도착하면 1층 가게에 딸린 방에 아이가 잠들어 있었기에 가게부터 들러 2층으로 가는 것이 일상이었다. 가게 문을 열고 들어서니 믿을 수 없는 풍경이 눈앞에 펼쳐져 있었다. 아이 아빠가 술에 취해 두 다리를 가게 책상 위로 올려놓고 잠들어 있는 것이었다. 금고 문은 열려 있었고 텅 비어 있었다. 아이는 방문이 빼꼼히 열린 상태에서 자고 있었다. 어이가 없었다. 아이를 누가 안고 갔으면 어쩔 뻔했는가? 엄마가 직원을 10여 명씩이나 두고 가게를 3개나 한다고 소문이 나 있었기에 동네 어르신들이 미운 소리로 또는 부러움의 소리로 이렇게 말을 하곤 했다.

"누구는 뼈 빠지게 일하고 다니는데 누구는 그 모양이라고. 돈 버는 사람 따로 있고, 돈 쓰는 사람 따로 있네!"

그는 집을 사서 이사 와서는 그나마 행동거지를 나름 조심하는 중인 것 같았다. 가게는 집하고 연결되어있고 마누라가 돈 잘 번다고 소문나서 체면을 세우고자 노력하는 듯 보였다. 가게를 오소리 굴로 안 만드는 것만으로 만족했다. 그건 PC방을 하면서 아이가 없었을 때 얘기고 지금은 본인이 원했던 아들이 생긴 후가 아닌가? 멘붕이 왔다. 부모인데, 아빠인데, 이건 아니다 싶었다. 온몸의 피가 모두 빠져나간 듯한 기분이 들었다. 조용히 아이만 안고 2층으로 올라와서 이불을 뒤집어썼다. '불쌍한 내 새끼.'

　사람의 의식이 바뀐다는 건 서점을 하고 있어도, 좋은 책이 지천으로 깔려 있어도 어렵다. 그날로부터 집에 들어오면 입이 닫혔다. 한 마디도 하고 싶지 않았다. 남편은 얼마 안 있다가 또 가게를 시원하게 말아먹었다. 아이는 유치원에 다녔다. 남편은 낮에는 집에서 잠을 자고 밤에는 내가 들어옴과 동시에 집을 나갔다. 아이 유치원에 보내고 뒤치다꺼리를 해준 것만도 감사했다. 아니, 자청해서 그 일을 맡고 있었다.

05
목숨만큼이나 소중한 왕자인데요

전화벨이 울렸다. 유치원 선생님이었다. 출근해서 직원들이 머리를 만져주고 아침 단장을 하던 중이었다. 그때는 몸이 많이 나빠져 샤워만 겨우 하고 가면 직원들이 단장해주던 때였다.

"길동이가 안 왔어요."

"그럴 리가 없는데요? 내가 나올 때 아빠도 있었는데요?"

"그래요? 제가 집으로 가볼게요. 오늘은 아이들이 목포시로 체험 학습 가는 날입니다. 길동이 챙겨서 체험학습에 데리고 갑니다."

그러고는 전화가 없었다. '잘 해결되었구나'라고 생각했다. 정말 그것으로 끝난 줄 알았다. 며칠 후 아이가 현장학습 사진이라고 가져왔다. 친구들 사이에 찍혀있는 아들의 옷차림을 보고 기겁했다. 다른 아이들은 더워서 반소매 남방셔츠를 입고 있었는데 아들만 잠옷 대용 긴팔 내복을 입고 있었다. 부모 없는 고아도 그런 차림이 아니겠다 싶었다. 창피하고 미안했다. 그 더운 여름날 사진 속의 아이는 수면 중에 모기 물리지 말고 이불을 차도 배탈 나지 않게 입혀주었던 내복을 입고 목포시를 활보하고 다녔다. 정말 어처구니없었다.

길동이만 돌봐주는 사람조차 없어 보였다. 초라하게 내복을 입고 활달한 성격답게 각종 포즈는 다 취하고 있었다. 너무도 해맑은 모습이었다. 피가 거꾸로 솟았다. 잊지 말라고 영원한 증거 사진이 되어준 그날의 사진을 보면 지금도 아들에게 미안하고 열이 올라 순간적으로 시야가 흐려진다. 부모 노릇이란 건 어려운 것이었다. 결혼하면 어른이 되고 아이를 낳으면 부모가 되는 줄 알았다. 나는 부모 연습을 거쳐야만 하는 어른이었는지 아이에게 민망하고 미안한 일만 생겼다. 부모가 되었다는 것이 감사했지만 목이 메는 일이 더 많았다.

나중에 선생님이 얘기하기를 아이를 데리러 가보니 아이 아빠는 아침부터 술에 취해 깨워도 일어나지 못하더라고 했다. 그래서 아이만 안고 갔다고 하면서 혹시 유괴범이 와서 아이를 안고 갈 수도 있었겠다 싶어 사람 같아 보이지 않더라는 것이다.

남편은 아침부터 떡이 되어서 아이를 안고 간 것도 모르고 잠들어 있었다니 도대체 저 사람이 부모인 게 맞나 싶었다. 아이가 없으면 죽을 것 같다고 하는 사람이었다. 그렇게 아이를 사랑한다고 했다. 사랑한 듯도 했다. 무엇이 사랑인지 부모라는 책임감, 권리와 의무에 대해 곰곰이 생각해 보는 날들이 많아졌다. 요즘에야 뉴스를 보면서 별의별 생각으로 사는 사람들이 정말 많구나 싶어지지만, 그땐 사느라고 뉴스 볼 시간도 없었던 나로서는 그 상황이 도저히 이해되지 않았다.

아들은 잘 자라주었다. 어린이집에서는 6살 반에서도 대표로 발표를 하고 7살 반에서도 대표로 발표를 했다. 참 고마운 일이 아닐 수 없었다. 엄마랍시고 얼굴 한번 보여주지 않았는데 매번 아이를 무대에 주인공으로 세워주셨던 원장님이 참 대단해 보였고 존경스러웠다. 학부모가 치맛바람을 일으키면 안 된다는 교육관을 가졌기에 그 해가 끝난 뒤에야 선생님을 찾아가 인사를 했다. 원장님이 훌륭한 유치원을 다녔기에 아들은 그나마 잘 자라지 않았을까 생각이 든다.

남편은 아이를 엄마와 생이별시키고 야반도주 한 사람이었다. 그런 사람이 아이 양육에 조금이라도 큰돈이 들어갈라치면 번번이 나에게 돈 청구를 했다. 나로서는 자존심도 없나 싶어 이해가 안 되었다. 남편은 그런 행동을 잊을 만하면 반복했다. 그런 생활이 길어지니 이미 마음속으로는 아이 아빠에 대해 포기하고 있었다. 아니, 포기했다는 것이 맞다.

'아이에게 아빠를 뺏을 수는 없으니 천륜은 인정하겠다.' 그것으로 내 마음 정리를 해나갔다. 물론 아이는 무척이나 예뻤다. '하지만 저게 과연 예뻐한 것일까?' 한편으로는 의문이 생겼다. 저게 부모로서 가질 사랑인가? 사랑에는 책임이 따르는 것이 아닌가? 의문이 꼬리를 물고 커져만 갔다. 아이의 충격은 생각하지 않고 야반도주를 할 수 있다는 건가? 그걸 사랑한다고 하면 어떻게 믿어줘야 해? 나역시 이제 부모인데 여기서 멈출 수는 없었다. 똑같을 수는 없었다. 아이는 어차피 내 아이이기도 했으니까. 내가 낳았으니까.

이렇게 살아서는 안 되겠다 싶었다. 뭐라도 해야 했다. 아빠가 보여줄 수 없는 모습들을 보여주고 싶었다. 좋은 본보기가 되어주고 싶었다. 아이 아빠에게 대학교를 권해도, 평생교육원을 권해도, 카네기 수업을 받으라 해도 자기계발을 해보자고 해도 무조건 싫다고 했다. 놀아도 좋으니 좋은 사람들과 어울리라고 간곡히 부탁했다. 말이 통하지 않았다. 급기야는 내가 해내기로 마음을 먹으니 차라리 훨씬 편했다.

내가 엄마의 뒷모습을 보고 자랐듯이 내 아이도 나의 뒷모습을 보고 자라주었으면 좋겠다는 생각이 들었다. 공부하다 이러저러한 이유로 멈췄던 것들을 다시 진행했다. 날마다 몸이 만신창이가 되었으나 이렇게 피로에 지쳐 사는 것이 차라리 속이 편했다. 일어나서 일하고 공부하고 쓰러져 잤다. 잡념이 없으니 살 것 같았다. 변하지 않은 사람을 붙잡고 마음 아파하기보다 몸이 아파도 차라리 내가 변하는 것이 더 효율적이라는 생각을 했다.

06

짐을 나누면 쓰러지지 않아요

내가 나오면 아이 아빠가 들어가고 내가 들어가면 아이 아빠가 집을 나가는 날이 길어졌다. 아이 아빠를 호텔에서 봤다는 말이 들려왔다. 사람들을 이해할 수가 없었다. 내가 안 봤으면 되는 건데 굳이 알려줘서 그 사람을 믿지 못하게 하려는 것은 무슨 심보인지 모르겠다. 다만 다행인 것은 내가 편하고 싶어서 그런 말을 믿지 않는다는 것이다. 본 것도 오해할 수 있는 것이 세상일인데 보지도 않은 걸 굳이 믿을 필요가 없었다.

별 하나를 안을 수 있었던 결혼생활 동안은 복잡한 생각을 내려놓고 눈을 좀 붙일 수 있었으면 싶었다. 만약에 내가 죽으면 어떡하나? 택시를 타다가도 만약에 이 차가 사고 나면 어떡하나? 그 당시의 나는 모든 일이 '만약에'였다. 왜 그토록 '만약에'라는 이상한 병에 걸렸을까? 왜 그토록 삶이 무섭기만 했을까? 지금 생각해 보니 병명도 밝혀지지 않고 죽고 싶을 정도의 통증에 시달렸기 때문이었을 것 같다. 의사들은 원인을 모르겠다고 하고, 약사들은 약사들대로 별의별 약을 권해주고, 건강식품을 파는 사람들은 본인의 주장을 내세우며 자기들이 옳다고 했다. 별의별 방법을 다 시도해 봤지만 아직도 통증에 시달리고 있다.

어쨌거나 어렸을 때부터 돈에 치이다 보니 매번 학교에서 쫓겨났던 것이 트라우마로 작용하기도 했다. 엄마와 함께 기차를 탔을 때 무임승차로 인해 무서워서 벌벌 떨었던 일도 결국은 두려움을 낳았는지도 모르겠다. 왜 그렇게도 가난했던지. 그런데 따지고 보면 인간은 아무 근심 걱정 없이 살아가는 날도, 그런 존재도 없을 것 같다. 10대는 진로 문제를 걱정하고, 20대는 대학교 학비와 취업 걱정, 30대는 집 장만 등을 고민하지만 해결을 못하는 경우가 허다하다. 40대는 자녀 교육비, 50대는 자녀 결혼 문제, 그리고 자녀들이 다 떠나고 나도 60대는 본인의 노후를 걱정하게 된다. 그러고 보면 일생을 걱정 속에서 살아가는 것 같다.

어니 J. 젤린스키의 책에 나온 문구 중에 걱정의 40%는 절대 현실로 일어나지 않는다고 한다. 내용을 좀 더 살펴보자면 걱정의 30%는 이미 일어난 일에 대한 것이고 걱정의 22%는 사소한 고민, 즉 별로 중요하지 않은 일이라고 한다. 그리고 나머지 중에서 걱정의 4%는 우리 힘으로는 어쩔 도리가 없는 일에 대한 것이고 마지막 4%의 걱정만이 우리가 바꿔놓을 수 있는 일에 대한 걱정이라고 한다.

한마디로 정리하자면 4%의 걱정은 그냥 우리가 할 수 있는 일이고 96%의 걱정과 근심은 쓸데없이 사서하고 있는 셈이다. 정말 걱정이란 걸 해야 한다면 걱정해서 할 수 있는 4%만 걱정하면 될 일이다.

날마다 학교로, 강의장으로, 가게로 다니기도 정신이 없었다. 대학원을 마치려면 시험도 쳐야 했고 논문도 써야 했다. 구상했던 논문 제목을 정해놓고 실험과 결과들을 기술해 나갔다. 파워포인트를 배운 적도 없고, 한글, 엑셀도 배운 적이 없다. 독수리 타법을 치는 나로서는 암담하기만 했다. 바쁘다 보니 배우러 갈 시간도 없고, 가게가 끝난 후에는 가게에 남아 새벽 2시까지 논문을 쓰고 발표 자료를 준비하는 날들이 계속되었다.

인간은 적응해 나가는데 일가견이 있는 존재인 것 같다. 머리는 터질 것 같은 데 인터넷을 뒤져가며 파워포인트 작성법을 배웠다. 실험 결과를 찍은 사진 정리 방법도 유튜브 교수님, 구글 교수님을 통해 배워갔다. 누구든지 본인이 노력만 하면 못 할 일이 없는 세상이 되었다. 단지 조금만 노력한다면 말이다. 물론 머리가 터지려고 하고 귀찮은 일인 것은 사실이다. 그러나 그런 노력도 안 하고 그저 얻으려고 하는 건 요술뿅망치로 마술하려는 것만큼이나 불가능한 일이다.

쓰러질 것 같은 일정을 소화하기가 버거웠다. 남편에게 긴급제의를 했다. 운영하던 가게 중에 제일 크고 멋진 가게 하나를 직원들 13명과 함께 끌고 가주길 원했다. 그 가게 하나만 잘 운영해도 본인

체면이 설 수 있는 일이었다. 속으로는 그런 남편이길 원하기도 했다. 저녁 늦게 셔터맨으로 나타나는 남편이 부끄럽고 싫기도 했다. 가게에서 함께 일하는 제자들에게도 위신이 안 섰고 잘 생겼다고 칭찬이 자자한 얼굴로 조금만 신경 써도 충분히 가능한 일이라 생각했다. 생각조차 할 시간도 안 갖고 일언지하에 거절당했다. 기가 막혔다.

기분이 좋지 않은 날들이 계속되었다. 여느 때처럼 손님이 많아서 날아다니다시피 일을 해야 했다.

평소 별로 마음에 들지 않던 단골손님이 말을 걸어왔다.

"원장님 여기 아저씨가 장성 사람인가요?"

"예. 어떻게 아셨어요?"

"우리 동창이더라고요. 동창회 나와서 원장님 명함을 뿌리던데요!"

아니 가게를 맡아서 본인이 하라고 해도 안 한다는 사람이 나를 팔았다고? 그것도 평소에 품행이 별로 단정해 보이는 것 같지 않은 손님이 동창이라고? 100평이나 되는 가게는 자랑하고 싶었다고? 화가 났다. 자존심이 상했다. 그날 저녁 어디 가서 내 얘기는 하지 말라고 했다.

아이 아빠는 술로 세월을 보냈다. 급기야 아이 앞에서 식칼을 드는 일까지 생겼다. 반주로 먹는 주량이 소주 두 병 반 정도가 되니 같이 식사하기도 싫었다. 식사 시간 내내 혀가 꼬부라지는 알아먹지도 못할 말을 듣고 있는 고역은 지겹다 못해 역겨웠다. 가게를 드나드는 손님 중에 사장님을 어디에서 봤다는 얘기도 가끔 듣기도 했던 터였다. 이미 마음을 닫아서인지 그런 소리는 관심도 안 갔다.

그런데 6살 아들 앞에서 부엌칼을 들고 나를 협박했다. 순간 아이가 살인자의 아들이 될 수도 있겠구나 싶어 싱크대에 그릇을 넣는 시늉을 하면서 슬그머니 자리를 피해 나왔다. 어린 시절에 무슨 일이 있었는지는 모르겠으나 이상하리만치 식칼이나 큰 칼에 대해 공포심을 갖고 있었다. 사람들이 나를 좋아하고 가게가 커질수록 아이 아빠는 이상해졌다. 아무리 권해도 공부를 하려 하거나 자기계발을 하려 하지 않았다. 그날 이후 고객에게는 상냥한 내 입이 아이 아빠 앞에서는 아예 닫히고 말았다. 어쩌다가 아이 아빠는 집을 나가겠다고 푸념 소리 한 번 했다. 그뿐이었다.

07
야반도주한 남편, 방귀 뀐 놈이 성내다

전화벨이 울렸다. 손님이 하나, 둘씩 마무리가 되어가는 저녁이었다. 직원들부터 저녁을 먹었지만 정작 원장인 나는 아직 저녁도 못먹었다.

"우리 이사했어요."

"무슨 소리예요?"

"우리 이사했다고요."

"사장님이 이사했대."

졸업논문이 임박해 있던 어느 날, 평소처럼 직원들과 신나게 일을 하던 저녁인데 아이 아빠로부터 전화가 왔다. 아이랑 이사했다고만 이야기하고는 전화가 끊겼다. 장난이라 생각했다. 술주정이라 여겼다. 직원들에게 중계방송을 했다.

"너희 사장님이 길동이랑 이사했대."

직원들도 대수롭지 않게 여기며 장난으로 알고 한바탕 웃고 말았다. 그럴 위인조차 안 되는 사람이었다. 또 술 먹고 한 소리인가보다 생각했다. 아이 앞에서 날마다 술을 마시는 꼴이 보기 싫어서인지 밥이 넘어가질 않았다.

가게 일을 마치고 원장실에서 혼자 남아 논문을 썼다. 집에는 컴퓨터가 없어 새벽 2시까지 머리가 터질 듯 아픈데도 독수리 타법으로 자판을 두들겼다. 바람 소리와 함께 창문이 덜컹거리며 겨울바람이 들어왔다. 피로감이 한꺼번에 몰려들었다. 온 천지가 깜깜하여 무섭기도 하고 아들도 보고 싶었다. 아이 아빠 몫까지 살아보겠다고 애를 쓰다 보니 몸은 점점 야위어 갔다. 166cm 키에 몸무게가 47kg밖에 안 나갔다. 쫄딱 망하고 맨손으로 고향을 향해 내려왔을 때도 이보다는 나은 상태였다.

집에 도착해 문을 따고 들어가니 황당한 풍경이 눈에 들어왔다. 이상한 기운이었다. 술 취해서 하는 주정이나 장난치는 것으로 알았는데 뭐지? 이 싸한 느낌은? 아이 방에는 버려도 될 만한 노트가 널브러져 있고 모든 가구는 다 가져가고 텅 비어 있었다. 순간 뭐라고 표현하기도 힘든 두려움이 엄습해 왔다. 장난 전화를 했던 게 아니었다. 남편과 아이가 사라지고 없었다. 전화도 받지 않았다. 잘 살거라고 문자만 왔다. 잔인했다. 내게는 얼마나 귀한 아들인데 사라지고 없었다. 정말로 이사를 가버렸다.

초등학교 1학년 겨울방학을 하는 날이었다. 학교에 가봤다. 아이를 찾고자 해도 방학을 해서 어디에서도 찾을 수가 없었다. 전학도 안 시키고, 전입신고도 안 하니까 찾을 길이 없는 거였다. 울 생각조차 나지 않았다. 멍하다는 건 이런 걸 말하나 보다 싶었다. 무념무상으로 발걸음을 떼면서 움직이고만 있을 뿐이었다. 쓰러질 것 같았다. 살다 보면 도깨비 장난 같은 일을 만나기도 했다. 찾기만 하면 이판사판 싸울 것 같았다. 허공에 대고라도 저주를 퍼붓는 날이 계속되었다. 며칠간 발버둥을 치다가 이내 독한 마음을 먹기로 했다. 방학이 끝난 날은 찾을 거라 여기며 논문 작성에만 정진했다.

방학이 끝나는 날 다시 학교를 찾았다. 전학 간 학교로 가서 아이를 찾았다. 아이는 전학하여 다른 학교에 다니고 있었다. 긴 겨울방학 동안 아이는 많이도 자라 있었다. 마치 다른 아이를 보는 듯했다. 아이와 선생님 앞인지라 울지도 못하고 아이에게 변화가 보이면 연락을 주십사하고 부탁만 드리고 돌아왔다.

아이 아빠를 만났다. 아이를 나에게 보내라고 했다. 그러자 아이 아빠는 아이 없이 살 수 없다고 하면서 아이는 자신이 키울 테니까 위자료를 달라고 하였다. 자기가 아이를 봐줘서 내가 돈을 벌었다는 것이다. 아이 아빠에게 아이를 맡긴 적이 없었고 지금껏 아이를 맡기는 곳에 맡겨 왔는데 자기가 키웠다는 거였다. 기가 막혔다. 어떻게 그런 셈법이 나오는지 이해도 안 갔고 알고 싶지도 않았다. 어쨌거나 한 번 주고 나면 두 번 세 번 계속 요구할 것이 뻔했다. 아이 아빠가 금방 거덜 내고 폐인만 될 것 같아서 돈은 줄 수 없다고 했다. 어쩌면 이렇게도 자존심이 없을까. 보는 것만으로 내가 자존심이 상했다. 그냥 죽고 싶어졌다. 다 주고 이대로 사라져 버릴까도 생각했다.

　먼 훗날 아이가, 엄마가 자살한 걸 알면 어찌 될까 싶어 죽을 수도 없었다. 더 힘들었고 더 어려운 날들도 살아왔는데 정신을 붙잡아야 했다. 살아내야 했다. 아이 아빠와의 일로 삶에 의욕이 떨어졌다. 자신감도 없어졌다. 뒤에서 나를 보고 손가락질하는 듯 여겨졌다. 사람들은 이럴 때 쥐구멍으로 들어가고 싶다고 말했나보다 싶었다. 교수도 그만두고 가게도 모두 처분하기에 이르렀다. 가게 처분한 돈으로 서울에 집 하나를 사놓고 세상과 멀어져 힘든 사람들을 상담하고 다녔다. 나보다 더 힘든 사람들을 만나 핑곗김에 실컷 울었다. 아이는 아빠랑 잘 살아갈 거라 믿었기에 다른 사람의 아이들도 내 아이를 대하듯 상담해줬다. 덕분에 내가 사회의 어떤 부분에서 꼭 필요한 사람이란 자존감이 생겼다. 그 후 3년이 지나 아이 아빠는 이혼서류에 도장을 찍어 달라고 나타났다. 아이는 아빠 손에서 계속 자랐다.

　'이럴 때 내가 할 수 있는 행동이 뭐지? 열심히 살았는데? 손해 보며 살았는데? 내가 뭘 해줘야 했을까? 도대체 무엇이 불만이란 말인가? 나에게 돈 한 푼 벌어다준 일도 없으면서 뭔데? 생활비 한 번 내준 적이 있던가? 공과금 한 번 내준 적이 있던가? 따뜻한 말 한 마디 해준 적이 있던가? 옷 한 벌 사준 적이 있던가? 아들 옷은 사준 적이 있었나? 밥 한 번 사준 적이 있던가? 그러고 보니 내가 다해줬네. 차도 내가 사주고 명품 옷도 내가 사줬네. 사업자금도 내가 대줬잖아? 어머님 용돈도 내가 다 드렸고, 하루도 빠짐없이 오전 오후로 어머님께 문안인사도 올렸잖아? 사랑이 도대체 뭐란 말인가? 어떻게 해야 사랑하는 건데? 참고 사는 것도 죽을 것만 같았는데, 가려면 혼자나 가지, 왜 죽을 정도로 힘들게 낳은 아들을 데려간 거야? 내 아들을 어떻게 먹여 살리려고 데려갔냐고?'

꼬리에 꼬리를 무는 의문부호만 뇌리에서 시계추 마냥 왔다 갔다 했다. 도련님 소리 듣게끔 양복 입혀 귀하게 키운 아들을 어디로 데려갔냐고?

남편의 야반도주는 '교수가 되면 무얼 하나. 가정도 못 지켜놓고 무슨 교수?'라는 자학으로 이어졌다. 어두운 터널 속에서 자신을 학대라도 하듯, 모든 자리를 내려놓고 은둔생활을 했다. 가게도 모두 헐값으로라도 넘기고 싶었다. 가게 덩치가 크다 보니 쉽게 넘기지를 못하고 도리어 원상복구비로 상당한 비용을 주고 나왔다. 시설비만 해도 만만찮은 큰돈이 들어간 자리였는데 손해를 볼망정 아무 일도 할 수가 없었다. 100평이나 되는 가게를 최고급으로 실내장식을 했을 때 시설비가 얼마나 많이 들었겠는가? 이것을 놓고 권리금이라고 흥정하고 싶은 욕구마저 들지 않았다. 아니 내놓아도 덩치가 커서 쉽게 달려드는 사람이 없었다. 빨리 다 없애버리고 싶었다. 무기력해졌다. 어떻게 논문 하나만 패스하자 맘먹었다. 그렇게 스스로 원래의 세상과 단절되어 살았다. 얼굴을 들 수가 없이 부끄럽고 창피했다. 몸도 마음도 얼음이 되었다. 말도 하고 싶지 않았다.

인간이 사는 세상이란 것이 최하림 작가가 쓴 《이슬방울》이길 바라던 마음이었다. 시인은 '이슬방울 속의 말간 세계 우산을 쓰고 들어가 봤으면.' 딱 스물 한자로 담백하게 세계를 표현했다. 이 시를 읽을 때마다 아름다운 떨림을 느꼈다. 세상도 사람도 이렇게 투명하고 아름답기를 바랐다. 맨 정신으로 살 수가 없었다. 너무 심한 통증에 시달렸던 터라 이젠 그만 살고 싶었다. 모든 것이 꼬여버리니 잘 참아왔던 통증이 더욱 심해졌다. 삶의 의미를 찾을 수가 없었다. 아니 두려워서 죽을 수도 없는 소심한 나였다. 안 가본 길이기에 너무 두려웠다. 살기는 아프고 힘들고, 죽기도 두렵고 힘들었다. 그렇게 나는 세상 밖으로 떨어져 나갔다. 모든 것으로부터 분리되고 싶었다.

어른이란, 적어도 내 아이에게는 왜 떨어져 살아야 하는지 준비는 시켜야 한다고 본다. 아이가 받을 충격은 어떻게 하겠다는 것인가? 방학이 끝나는 날 아이를 찾기까지 아이 혼자 표현도 제대로 못하고 얼마나 힘들었을 것인가? 제 아빠랑 함께 살아내지 못한 죄인인 나와는 달리 야반도주한 그는 정작 지금까지도 죄책감이 없어 보였다. 아직껏 네 아빠가 '너를 데리고 야반도주했다.' 알려주지도 못했는데 얼마나 많은 소설을 썼을까? 부모란 무엇일까? 나만 힘든 것은 아닐 텐데. 왜 이런 일을 벌이는 것일까? 이해가 되지 않았다. 본인 또한 나만큼이나 힘들었으니 이런 일을 벌였겠지. 그런데 아이더러 어쩌라고 이런 일을 벌일 수 있단 말인가?

자식이라는 신이 보내주신 채권자가 세상으로부터 멀어지기를 원하는 엄마를 세상 속으로 깊숙이 밀어 넣었다. 아이가 엄마를 찾고 싶은 상황이 생긴 것이다. 아니 찾고 싶게 만드는 일이 발생했다.

일생을 살아가는 동안 유일하게 가장 큰 의무감을 느끼게 한 것은 부모와 자식 간의 정신적·심적 채무 관계였다. 아들의 대수술! 이로 인해 10년 만에 다시 세상을 향해 걸어 나와야만 했다. 한없이 움츠러든 엄마가 다시 세상 안으로 들어와야 할 때 두려워서 차라리 이대로 눈을 감아 버리고 싶었다. 살고자 하는 의욕이 없었다. 그러나 그러기에는 자식 앞에서 너무 비겁하게 느껴졌다.

모름지기 부모라면 자식이 저를 낳아달라고 한 적이 없기에 20살 전에는 책임을 져야 한다고 생각했다. 야반도주한 사람은 어디가고 매번 병원비, 학비는 내게로 청구되는지? 아이의 변해 버린 얼굴을 보며 얼마나 힘들었을까 생각하니 반드시 해주고 말리라는 오기가 생겼다. 엊그제 우연히 들으니 남편은 아이를 데리고 나가면 아들 때문에도 자기를 찾을 줄 알았는데 안 찾았다고 화를 냈다고 한다. 방귀 뀐 놈이 왜 화를 낼까? 가만있어도 상대는 아주 괴로운데 말이다. 방귀를 뀐 사람은 성내지 말고 적어도 미안해하는 마음이라도 있었으면 좋겠다.

08

세상으로 불러낸 전화 한 통

아들에게서 수술해달라는 연락이 왔다. 수술비용 마련을 위해 정신
없이 뛰어다닌 지가 1년이 다 되어가고 있었다. 자존심 강한 아들이
아빠가 아닌 엄마를 찾았을 때 엄마인 나는 준비를 단단히 해야 했
다. 아빠는 단 한 번도 집에 돈을 가져다준 적이 없었기에 아들도 그
정도는 엄마에게 부탁해야 하는 것으로 알고 있다는 거였다. 아들이
제 아빠와 다녔던 병원에 가서 일차비용을 처리하고 최종 상담을 진
행하는데도 꽤 많은 돈이 들었다.

하나뿐인 아들 수술이다 보니 신중히 처리하려고 다른 병원도
수소문했다. 시설도 의사도 더 나은 병원이 있다고 해서 큰 병원으
로 옮겨 진료를 처음부터 다시 시작했다. 1년 내내 교정을 해야 했
다. 교정 중에도 비용이 천만 단위가 들어갔다. 아들의 양악은 비대

칭이 심했는데 0.1cm 차이로 보험처리가 안 된다고 했다. 1년 가까이 교정을 하고 다니는 것도 큰일이었다. 아들도 불편하고 힘들 터였다. 중간중간 연락을 해올 때는 언제나 큰돈이 들어갈 때였다. 나는 그것을 감당해야 했다. 부르기만 하면 병원에 가서 병원비를 대주거나 등록금을 내주거나 하던 때였다. 큰돈이 필요할 때마다 어김없이 소환되는 느낌이었다.

"엄마 저 수술 좀 시켜주세요. 생각보다 많은 돈이 들어갈 것 같아요."

"알겠어. 그런데 병원에는 다녀왔니? 어느 병원이야?"

"대학병원 치과요. MRI 촬영도 했고 진단도 다 끝났고요. 엄마가 허락하시면 수술하고 교정 들어가겠습니다."

"알았다. 엄마가 어떤 일이 있어도 그건 책임질게."

아들의 얼굴은 이미 원래의 얼굴을 잃어버린 상태였다. 그걸 지켜봐 왔기에 아이의 전화가 또 가슴을 철렁하게 했다. 어떻게 해야 할까? 방법은 수술하는 것 외에 없다고 했다.

우선 나의 재정 상태부터 점검했다. 서울에 있는 아파트는 월세를 받고 있었는데 이미 전세가 되어있었다. 10여 년을 세상을 등지다시피 한 채, 힘든 사람들 틈에서 동기부여 해주고 때로는 일으켜 세워주고 있다 보니 정작 내 재정 상태가 어떤지 깜박 잊고 있었다. 이 사람들이 너무 힘들어하는 것을 돕느라 내가 힘든 상태라는 건 생각지도 못했다. 아니 이들의 힘들고 아픈 삶을 보며 나는 괜찮다고 착각을 했다. 남의 형편을 보고 자신을 가늠하는 어리석은 일을 하고 있던 거였다.

재정 상태를 점검하고 보니 상담이나 코치, 봉사가 문제가 아니었다. 당장 생활비를 벌어야만 하는 형편이었다. 가게를 여러 개 했었기에 돈에 대한 궁핍함은 없었다. 그러나 그것도 잠시의 삶이었다. 물론 어린 시절부터 누구에게도 돈을 타 써보지 않았다. 철저하게 자급자족을 해왔다. 1년 또는 2년이면 가게를 하나씩 오픈했다. 그렇게 가게가 늘어났고 아들을 낳은 기념으로 상가가 4개나 되는 2층 양옥집을 살 수가 있었다. 기능장 시험에도 합격했고, 겸임교수로 위촉 받아 강의도 많이 나갔다. 기능올림픽대회 지방 경기대회 심사위원을 하고, 기능장 시험 감독이 되기도 했다. 신기술을 배우러 외국도 많이 다녔다.

그렇게 화려하고도 바쁜 세월을 살아왔기에 설마 내게 그렇게까지 돈이 말라버린 줄 몰랐다. 그런 상황에서 남을 코치해주고 상담하러 다녔다. 상담을 핑계 삼아 나보다 더 힘든 사람들을 만나고 있었다. 내 고통을 삭이려고 억지로 보람된 날을 만들며 버티는 중이었는지도 모르겠다. 그들의 아픔과 답답함을 보며 '그래도 나는 더 낫잖아.' 하고 자위하며 살아 보자고 다짐하던 날들이었다. 어찌 보면 답이 안 나오는 일을 하고 있으면서 본인의 상황을 인지하지 못하던 시절이었다.

그런데 아들에게 연락이 왔으니 뒤로 물러설 수도 없었다. 무엇인가 해야 했다. 나의 재정 상태와 나의 강점을 체크하고 재미있게 해낼 수 있는 것이 무엇일까? 분석한 뒤에 내린 최종 결론은 다시 강의를 하는 것이었다. 내가 살아 있는 느낌이 들 때는 누군가를 지도하고 있을 때였다. 상담을 다니다 보면 누구 말도 안 듣던 사람들이 내 말을 잘 들어주었고 가정도 변화되는 등 성공의 길을 가는 사람들이 많았기 때문이었다. 지도했던 아이들이 인생을 다시 살아낸 경우도 있었다. 그 단순한 동기가 나를 다시 강사 세계로 불러들였다.

아들의 정밀검사가 이어졌다. 처음에는 아들의 얼굴을 원상 복구시켜야겠다는 오기로 달려들었다. 검사가 많아질수록 의사가 겁나는 소리를 했다. 아들의 상태가 심해서 수술하다가 잘못될 수도 있다고 했다. 아들을 원상태로 돌려놓고 말리라고 용기백배하며 시작했던 일인데 의사의 소견을 듣는 순간 고민이 되었다. 지레 겁이 났다. 이러다 아들 잃는 거 아냐?

아들에게 말했다.

"아들아, 엄마는 네가 해달라고 하면 반드시 해준다. 그러나 지금 시점에서 의사가 잘못될 수도 있다고 하니 그럴 바에는 아들의 지금 모습으로 살아 있는 것이 더 낫다고 생각한다. 갑자기 엄마가 용기가 없어졌다. 넌 어떻게 하고 싶니? 하루만 더 생각해 보자."

말이 채 끝나기도 전에 아들이 말을 낚아챘다.

"엄마 몇 년을 고민했어요. 그냥 해요."

약간의 협박과도 같이 들리기도 하고 만일의 사태에 대비해서 하는 의사의 말이 아들에게는 아예 통하지 않았다. 아들은 단호했다. 엄마였던 나 역시도 어린 시절 못난이 취급을 받으며 억울한 일도 많이 당하고 고생을 했기에 뭐라고 할 말이 없었다. 아들이 얼마나 힘들었으면 저렇게 단호할까 싶었다. 아들의 얼굴은 어린 시절의 얼굴을 찾아볼 수 없을 정도로 변해 있었기에 말릴 용기도 없었다.

병원을 저울질해야 했다. 처음으로 돈보다는 아들의 안위와 수술이 제대로 되어야 한다는 생각만 가득했다. 아들 수술 준비를 위해 다시 한 번 뛰어보자. 이 시점에서 내가 제일 잘해 낼 수 있는 것이 무엇이지? 그건 강의였다.

왜 타고난 외모로 사람을 평가할까? 위험을 무릅쓰고라도 해야 하는 두려움이 싫다. 이미지 메이킹 강의 때 잘 사용하는 코코 샤넬이 한 말이 있다.

'절대 사람을 외모로 판단하려 하지 마라. 그러나 사람들은 너를 너의 외모로 판단할 것이다.'

인간이 외모로 판단하면 안 된다는 것은 다 아는 일이다. 그러나 삶의 다양한 환경에서 첫인상이 좌우되는 경우가 많기에 누구더러 이래라저래라 말할 수가 없다. 모두 본인의 판단에 따라 좋은 편을 택하면 되는 거다.

09
아들의 수술이 가르쳐준 '엄마'라는 이름

다시 세상에 나와서 강사로 열심히 뛴 것은 참 잘한 일이었다. 물론 아들 수술비 때문에 나오게 되었지만 병원비는 물론이고 집까지 살 수 있었으니 감사한 일이었다. 그 사이 아들은 치아교정하랴, 수술 하랴, 공부하랴 고생이 많았다.

아들의 수술 날. 별로 얼굴을 마주치고 싶지 않은 아이 아빠가 왔다. 잠시 수술동의서에 보호자 서명을 하고 볼 일 때문에 나갔다. 아들은 수술이 예정시간보다 한참이나 더 지났는데도 나올 줄 몰랐다. 1시간이 지나자 불안감이 엄습해 왔다. 너무 열심히 살아왔던 탓에 삶에 지쳐 있던 나는 아이는 살려주고 차라리 나를 데려가라고 기도했다. 2시간이 지나도 아이는 나오지 않았다. 불안은 분노로 바뀌기 시작했다. 평생 떼어놓더니 이제 내 앞에서 데려갈 거냐고, 보내 달라고 소리 지르고 싶었다. 이를 악물고 오기를 부렸다.

　도대체 내가 무엇을 잘못했기에 8살부터 이 나이가 된 지금까지 울게 만드느냐고 했다. 선행상은 도맡아 타고 봉사상은 다 탔던 내가 도대체 무엇을 잘못했냐고? 잘못을 알아야 고칠 것 아니냐고 속으로 항변했다. 일평생 잠을 한번 편히 자게 해줬는지, 돈을 안 벌고 편히 살게 해줬는지, 머리를 뛰어나게 해줬는지, 예쁘게 태어나게 해줬는지, 건강은 좋게 해줬고 아프지나 않게 해줬는지, 8살 아무것도 모르던 나이부터 고생이란 고생은 다 했다. 그런데 아들까지 데려가 버리고 지금에 와서 수술까지 하게 하고, 아직 수술실에서 나오지도 않게 해주다니. 제발 빨리 내보내달라고 하늘에 대고 항의를 했다. 기도가 분노로 바뀌다가 원망이 되었고 애원이 되었다.

　몇 시간 만에 나온 아들은 퉁퉁 부어 괴물 같았다. 온 얼굴은 피투성이였고 숨이 멎어 버릴 것 같았다. 얼마나 울었던지 사람들은 수술실에서 누가 잘못된 줄 알았을 것이다. 그때 느낀 것은, 엄마라는 존재는 남편이 죽으면 발 뻗고 잘 수도 있을 것 같은데, 자식이 잘못되면 맨 정신으로는 못 살 것 같았다. 아이와 떼어놓을 때는 아이를 위해서도 살아 있어야 한다는 책임감이 있었고, 제 아빠가 못 해준 몫을 해줘야 한다는 의무감도 있었다. 아이 아빠는 사업한다고 돈을 가져가서 한 번도 성공했다고 나에게 돈을 준 적이 없었다. 그래서 내 한 몸이 힘들다고 하여 목숨을 끊을 수는 없었다. 아이를 거지로 만들 것만 같아서 사고를 칠 수가 없었다. 덕분에 나는 발버둥을 치며 강사를 해냈고 수술도 시키고 대학을 무사히 다닐 수 있도록 지원군이 되어주었다.

물론 아들은 아빠가 자기 대신 타다 써버린 등록금 외에는 별도의 돈을 타간 적이 없었다. 아들까지 이용해서 돈을 타간 아이 아빠였다. 그런 아빠를 둔 아이를 두고 내가 자칫 섣부른 일을 저지를 수는 없었다. 그나마 다행인 것은 아이 졸업사진을 엄마랑 같이 찍어 남기겠다고 그때 불러준 것만도 감지덕지했던 나였다. 그날만이라도 이성적인 생각과 행동을 해준 것이 다행이었다. 아무리 소름 끼치게 싫어도 아이를 위해 기념사진은 만사를 제쳐놓고 찍었다.

아이를 낳고 나서 100일까지는 매일 사진을 남겨서 앨범을 만들었다. 그 바쁜 와중에도 무슨 그리 지극정성을 기울였는지 모르겠다. 어쨌거나 그렇게 병실 앞에서 울다가 지칠 때쯤 아이 네 번째 수술이 끝났다. 이번이 아니라도 아이는 벌써 세 번의 수술을 더 했던 것이다. 그때그때마다 분노와 감사가 교차했다. 아이가 병실로 옮겨졌다. 아직은 마취상태였다. 그래도 얼굴을 보니 살 것 같았다. 엄마처럼 잘 안 깨어나면 어쩌나 싶어 걱정되었지만 아이는 마취에서 깨어났다.

"엄마!"

"응. 깼네. 많이 아프지?"

"아니 괜찮아요. 참을 만해요."

이렇게나 큰 수술을 해놓고도 참을 만하다고 하는 것이 고맙기도 하지만 화도 났다. 아픈데도 어리광도 못 부리고 있나 싶어 가슴이 아팠다. 키가 182cm나 되는 아들은 내가 한참이나 올려다봐야 했다.

덩치가 크고 키도 큰 녀석은 병원에 입원할 때마다 침대 길이가 약간 짧은 듯해서 안타까웠다. 그래도 아들이 깨어나니 살 것 같았다.

"엄마, 저 부탁이 있어요."

"무슨 부탁?"

"저 시험 준비하게 인터넷 강의 수강료 좀 주세요."

"얼마면 되는데?"

"250만 원이요."

"알았다. 네가 걱정할 것 같으니까 지금 보내줄게. 네 통장으로 300만 원 보내 놓았다. 그거 등록하고 나면 다른 쓸 것도 있을 것 같아서 50만 원 더 부쳤다. 그래도 부족하면 엄마에게 얘기해. 돈 부족하다고 기죽지 마라. 언제든지 얘기해라."

"예. 그거면 충분해요. 감사합니다."

아들과의 대화는 항상 이렇다. 아들이 부탁하면 기죽기라도 할까봐 더 부쳐줬다. 물론 아들은 용돈도 벌어서 쓰고 학비도 장학금을 타던 아이라서 그냥 다 주고 싶었다. 용돈 한번 주기가 정말 어려운 아들이었다. 용돈은 아르바이트로 잘 벌어서 쓰니 걱정 말라고 했다. 아들의 보험을 해약할 때가 되어서 해약금을 줄 테니 여행이라도 다녀오라고 했다. 세상이 얼마나 큰지 알게 해주고 싶었다. 아들은 감사하다며 그냥 가지고 있어 달라고 했다. 왜 그러는 건지는 속내를 안 보이니 알 수가 없었다. 그렇게 수술한 날 인터넷 강의 수강료를 타간 아들은 졸업과 동시에 시험에 합격해 군대도 다녀오기 전에 근무 중이다.

아들에게 급한 돈이 필요할 때마다 아들이 자존심 상하지 않게 모두 마련해준 내가 참 대견스럽다. 사람들은 내게 말하곤 한다. 제 아빠가 아이를 데리고 야반도주했는데 무슨 학비랑 그 많은 병원비를 계산해주냐고 한다. 나는 이렇게 말하는 사람들을 이해할 수가 없다. 미운 짓은 제 아빠가 한 건데 왜 아이를 거기다 갖다 붙이느냐고 한다. 아이는 내 아들이기도 한데 말이다. 그래서인지 아이는 특별히 속 썩이지 않고 잘 자라주었다. 그것만으로도 효도는 다 했다고 생각한다. 아들아, 엄마 잘했지? 사랑도 이별도 이성적이어야 한다고 생각한다. 나는 비록 아이 아빠와의 사랑에 감정적이었지만 말이다.

돈은 남겨주지 못해도 보장성 보험 보험료는 꼬박꼬박 부어 나갔다. 이혼하고 몇 년 후까지 부어주고 있던 보험을 기어이 달라고 했다. 그러더니 아이 아빠는 그 보험을 깨버렸다. 지금 생각해도 참 아까운 보험이다. 아이를 위해서 해줄 수 있는 것, 해줘야 할 건 다 해주고 싶었다. 물론 대학 졸업 후는 본인이 다 해결해야 한다고 생각한다. 그러나 부모로서 해야 할 일과 자식의 어린 시절의 일은 부모가 해결해줘야 한다고 믿는다. 물론 내가 이리 뛰고 저리 뛰어도 못한다면 그건 어쩔 수 없는 일이다. 그러나 그런 노력도 안 하고 포기한다면 부모로서 직무유기라고 볼 수 있다.

아이에게 물어보고 아이를 낳은 게 아니기에 부모는 철저하게 자신이 해야 할 일은 책임져야 한다고 생각한다. 만약 길동이에게 부모를 택해서 태어나라고 한다면 제 엄마 아빠처럼 화합조차 못하는 부모를 택하겠는가? 천륜이기에 가능한 일이다. 그러니 부모 자식 사이란 것이 한편 미안하고 한편 고마운 존재로 다가온다. 덕분에 할 수 있는 한 미성년일 때는 도와줘야 한다고 보았다. 아이는 태어나서 7살 때까지 이미 효를 다했다고 생각했다. 이 세상에 어린이처럼 큰 선물이 어디 있는가? 그 예쁜 모습의 순간들을 이렇게도 생생하게 기억해 낼 수 있다면 그것처럼 아름다운 보물이 어디 있겠는가?

엄마가 물불 안 가리고 뛸 수 있었던 원동력은 아들이었다. 수술 후 아들은 만족해 했다. 어릴 때 모습이 100퍼센트 나와주지는 못했으나 아들이 만족해 하니 좋았다. 아들의 수술. 결국은 노후를 위해 뛰어야 할 시점을 만들어준 고마운 사건이었다. 어떻게 살아왔건 힘든 일이 눈앞에 닥쳤을 때, 지금 닥친 일은 가장 현명하고 이성적으로 헤쳐 나가려고 최선을 다해 보자. 적어도 조금이라도 덜 후회하도록 노력해 보자.

10
나에겐 귀인들이 있어요

큰일을 버텨 내다 보니 작은 일도 감사하는 성격으로 변했다. 어린 시절부터 자존감이 떨어질라치면 일으켜 세워주었던 못잊을 분들로 인해 삶은 연결되고 있었다.

최근에 참 많은 귀인들의 도움을 직·간접적으로 받았다. 코로나로 인해 오프라인 강의가 모두 정지되고 새로운 세상이 이미 도래했음을 가르쳐준 박현근 코치, 1인기업에 대해 역설해준 김형환 교수, 나의 아픈 삶이 누군가에게 도움이 될 수도 있다고 글쓰기를 종용하며 지도해준 이은대 작가, 공부는 섬세하게 해야 한다는 것을 가르쳐준 이재덕 마스터, 세상을 향해 다시 한 번 들이대 정신을 발휘해야 한다는 송수용 코치, 강사 계통의 싸이라고 별명을 붙여주고 싶은 유쾌한 이창현 파워 렉처 강사, 열정적인 집단 지성의 힘으로 지혜와 열정을 쏟아 낼 수 있게 만들어준 신재환 대표, 《맥주 소담》 저자 권경민 작가 겸 강사 등이다. 물론 어린 시절부터 보아도 바닥을 칠 때쯤에는 동아줄 같은 분들의 사랑이 있었다.

뭔가 새로운 일을 추진할 때는 혼자서 시행하는 것보다는 열정 파워라고 하는 나만의 무기를 만들어야 한다. 인맥이라는 힘은 함께 가는 시스템이다. 각자가 구축한 시스템에 접속시켜 에너지 방전이 되지 않도록 따라하기도 하고, 벤치마킹하기도 하고, 그 에너지에 힘입어 스스로 달리기도 한다. 보고 달릴 수 있다는 것만으로도 중요하고 감사할 일이다.

나는 이런 연결들을 모아 오픈 채팅방을 만들어 봉사하기도 하고 대중에게로 접붙이도 했다. 거기에 나는 남과 달라야만 된다는 나의 환경을 입력시키고 자긍심을 높이기 위해 노력했다. 억지로라도 내가 최고라는 최면을 걸어 나의 능력을 극대화시켰다. 이렇게 뛰면서 한만정 인생학교 교장, 윤숙희 원원 대표, 김민욱 우주 보스, 행복누리캠퍼스 회원들을 만나 좋은 관계를 맺고 있다. 이런 많은 만남은 다 귀인과의 인연이 되었다.

초등학교 다닐 때에도 자존감을 키워준 고마운 귀인들이 있었다. 육성회비를 못 내 교실에서 자주 쫓겨났던 치욕감이 언제까지 나를 따라다녔는데 그때 우울감과 죽음을 생각했던 나를 붙잡아주었던 귀인들이 있다. 정말 그들은 작은 친절을 베풀어 다리 아래 물을 쳐다보며 넋 놓고 있던 나를 살려준 분들이었다. 유독 생각나는 귀인이 있다. 초등학교 6학년 때 옆반 담임선생님이셨다.

초등학교 6학년 때의 담임선생님은 내가 아침 자습시간에 문제를 하나 덜 풀고 화장실 다녀왔다고 따귀를 때렸다. 그것도 모자랐는지 복도에 나가라고 하더니 얼차려를 주었다. 그때 마침 옆반 담임선생님이 왜 벌서고 있느냐고 물으셨다. 아침 자습 한 문제를 덜 풀어놓고 급하게 화장실 다녀와서 그런다고 말했다. 선생님은 생각지도 않고 있는데 담임에게로 가서 뭐라고 하셨는지 일어서라고 했다. 부끄러워 말도 제대로 못했지만 옆반 담임선생님이 타잔처럼 멋져 보였고 존경스럽게 느껴졌다. 본인의 반 아이도 아닌데 신경을 써줬다는 것이 지금도 감사하다.

그 이후 나 역시 약자가 힘든 일을 당하고 있는 것을 보면 지나치지 않았다. 담임선생님은 지금 생각해 보면 알코올 중독자였다. 매일 노란 1리터짜리 주전자에 막걸리를 받아오라고 했던 환경미화를 담당한 미술 선생님이었다. 머릿속에 저장되어 있는 이 두 선생님은 평생 비교 대상이 되어 나를 가르치기를 쉬지 않았다. 옆반 담임선생님은 내 머릿속에 저장된 첫 번째 귀인이었다. 선보다 악이 더 크게 저장된 걸 보니 절대 독하고 절대 악하지 말자던 어린 시절 일기장의 다짐이 왜 나왔는지 알 것 같다. '선한 영향력'을 끼쳐야 되는 존재의 이유, 사명감이다.

중학생 때 집에는 방 두 칸에 여섯 식구가 살고 있었다. 공부를 할 만한 방도 없었다. 방 하나는 외아들이 차지하고 있었고, 나머지 방에서 엄마와 네 딸이 살았다. 다락방에 들어가서 공부를 해야 했다. 더운 날에는 넓은 학교에 가서 공부하는 게 낫았다. 빈 교실에 혼자 있으니 넓은 내 방인 것만 같았다. 봄바람이 살랑대던 어느 날 공부를 하다가 빈 운동장을 바라보고 노래를 흥얼거렸다.

"뭐하냐?"

"시험공부요."

"밥은?"

"도시락 먹었어요."

"오전부터 왔어?"

"예."

"그럼 잠깐 쉬어라. 운동장으로 나가자. 자전거 가르쳐줄게."

"예."

"자, 뒤에서 내가 잡고 있을 거니까 페달을 계속 돌려라."

"예."

선생님은 나와는 다른 너무 높은 분으로 생각했다. 가까이 가서 말을 한다는 것도 두려워한 시절이었다. '선생님이 나에게 자전거 타는 법을 가르쳐주고 계시다니!' 꿈에도 상상조차 못할 일이었다. 얼떨떨하고 황송하기까지 했다. 선생님은 자전거를 잡고 몇 번이나 졸졸 따라다니셨고 급기야는 나도 모르는 사이 손을 놓으셨다. 자전거를 금방 배웠다. 김공삼 선생님 덕분에 공부를 더 잘하고 싶어졌다. 수줍음 많고 소심한 성격인지라 담임선생님에게 가까이 가지는 못했지만 존경하게 됐다.

고등학교 때 봉사활동을 하려고 적십자단에 가입했다. 봉사활동에 적극적으로 참여했다. 보람 있고 의미 있는 활동들을 많이 하다 보니 마음이 넓어진 것 같았다. 학교 다니랴, 활동하랴, 정신없이 바쁜 날들이었다. 걸스카우트란 단체는 유니폼이 어찌나 예쁜지 가입하고 싶었다. 그런데 유니폼을 맞출 형편이 안 되어 적십자단에 가입했다. 돈 없는 설움을 또 느꼈고 자존감 또한 낮아졌다. 내 의지로 가난한 것이 아닌데 매번 기가 죽었다. 적십자단 활동이나마 열성을 다했다. 가드레일 닦기, 공원 청소하기, 응급처치법 경연대회 나가기, 농촌활동 봉사하기, 헌혈 캠페인 벌이기, 식수(植樹)하기, 양로원 봉사 가기, 재활원 봉사 가기 등을 했다. 어떤 활동이든 쉬운 활동은 없었으나 보람되고 즐거웠다. 학년이 바뀌니 단장을 뽑았다. 리더를 한다는 것은 생각지도 못했다. 단장을 하고 싶다고 후보들이 올라왔다. 여러 가지 이유로 도전조차 못 해보는 기분은 별로였다.

"너 교무실에서 찾는대?"

"잘못한 것 없는데. 누가?"

"한영자 선생님이."

"너로구나!"

"예."

"성적이 좋구나."

"예."

"단장 추천이 몇 명 들어왔는데 성적이 썩 좋지 않구나. 네가 해야 할 것 같은데 네 의견은 어떠니?"

"선생님, 저는 단장보다 부단장이 더 편하겠는데요."

"교장선생님 생각도 같으시다. 학교 대표로 가서 활동하는데 성적이 좋은 사람이 했으면 좋겠다고 하신다. 이제부터 네가 맡는 거다."

"예."

이건 통보였다. 역량이 안 되는데, 자신감이 없고 열등감 덩어리인 나를 단장으로 임명했다. 아이들의 투표로 해야 했는데 묘한 일이었다. 그래도 싫지는 않았다. 두렵기는 했지만, 까짓것 한번 해보지 싶었다. 단장들이 바뀌는 시점이다 보니 워크숍이 있었고 고등부 장학퀴즈가 있었다. 실업계 고등학교에 다니다 보니 실업계라서 못할 거라는 소리는 듣기 싫었다. 밤을 새워 준비했다. 그 많은 광주전남에 분포한 학교 학생 중에서 2등을 했다. 학교 자존심을 지켰다고 생각하니 뿌듯해졌다. 단원들도 보는 눈이 달라졌다. 자존감이라곤 찾을 수 없었던 유년 시절까지의 아픔을 치유해주는 느낌, 훗날 생각하니 내게 적십자 단장을 맡겨주신 한영자 선생님께 감사가 절로 나왔다.

젊은 시절 서울에서 사업을 하다가 쫄딱 망해 광주로 내려왔다. 가게 얻을 돈이 없어서 엄마가 급전으로 마련해준 적은 돈으로 월세 하나를 얻었다. 존경하던 엄마였는데 망해서 내려온 딸을 아버지께 숨기고 싶은지 무엇이든 아버지 몰래 급작스럽게 이루어졌다. 언제나 집안에 누를 안 끼치고 실망을 주지 않는 자식인 채로 그냥 남아야 하나 싶었다. 나도 아프고 힘들고 기대고 싶고 어리광도 좀 부리고 싶었다. 돈은 다시 벌어도 되는데 한 번도 부모님 돈을 받아 써본

적이 없어서 서운했다. 나는 왜 맨날 자랑이 되어야 하지? 실수도 용납이 안 되는 모양이었다. 가장 존경하는 분이지만 일찍 돌아가신 엄마를 만나면 물어보고 싶다. 왜 나는 맨날 모범생으로만 살아야 했냐고. 그 인생을 사느라고 엄마 몰래 너무 많이 울었다고. 삶이 쉽지는 않았다고.

실패 좀 해도 되는데. 그것도 재산인데 인생을 너무 두려워했었다. 울면서도 결국은 해내는데. 울어도 되는 건데. 나는 지금도 울보다. 삶이 내 힘으로 버겁다 싶은 일이 있을 때마다 차를 타고 나가서 잘도 운다. 그러면서 주어진 일을 하나씩 해낸다. 남에게 보이고 싶지 않지만 힘겨워 울고 기도하고 이겨 내고 해내고 감사하고 그런 일상의 반복이다. 최선을 다해 보고, 그래도 안 되면 깨끗이 포기한다. 그것이 삶이었다. 자신에게나 누구에게나 비겁하지 않으면 되는 거다.

그런데 왜 우리는 웃음만 강요할까? 웃는 것은 좋은 것이다. 그러나 울고 싶을 때는 혼자서라도 울어 보자. 울다 보면 가슴 깊이 묻어둔 설움의 찌꺼기들, 우울한 것들, 억울했던 것들이 빠져나가는 듯하다. 속이 후련해진다. 그리고 이겨 내자. 이겨 낸 자신이 얼마나 자랑스러운지도 느껴 보자. 눈물은 고통도 아픔도 씻어 낼 때도 있다. 약으로 쓰자.

쫄딱 망하고 내려와 열심히 일해 보지만 매달 2% 이자로 나가는 월세가 아까웠다. 과일 바구니 하나 미리 사다 드리고, 월세를 전세로 바꿔 달라고 떼를 썼다. 주인아저씨는 살면서 포기하고 싶을 때, 포기하지 말고 다시 시도해 보게 만들어준 분이었다. 좋아했던 배우

숀 코너리처럼 잘 생기셨는데도 인상부터 지레 무서워했던 집주인 아저씨가 안 된다고 하더니 기어이 전세로 바꿔주셨다. 부딪혔을 때 괜히 말을 꺼내서 자존심만 굽힌 것은 아닌가 억울해지려고 할 때 흔쾌한 조건으로 전세 계약서를 써주셨던 아저씨. 내 삶의 기반을 닦게 해주신 아저씨였다. 외모나 내 편견이 접근하기 힘들다고 판단했어도 포기하면 안 된다는 것을 보여주셨다. 감사한 또 한 분의 귀인이다. 오! 예! 쾌재를 불렀다.

아들을 낳고 기능장이 되어 더 열심히 일하고 있을 때 대학교로부터 면접을 보러 오라는 연락이 왔다. 겸임교수를 채용 중이라며 서류를 준비해서 학교로 나오라는 것이었다. 겸임교수는 생각지도 못한 채 열심히 논문 쓰며 학업을 병행하던 때였다. 모든 서류를 준비하고 면접을 봤다. 생각지도 못했는데 임용되었다. 누가 천거했을까 궁금하던 차에 언제나 조용하게 오셔서 교양 있는 말씨로 아들 이름을 불러주시던 할머니였다. 일본에서 고등학교까지 나오셨다는 할머니는 어찌나 예의 바르고 교양이 있으시던지 직원들도 존경하는 고상한 할머니였다. 세상에나! 고객에 지나지 않던 그 할머니가 나라는 사람을 천거해줄 수 있는 대단한 분이라는 것이 믿기지 않았다.

귀인이 주위에 널려 있다는 것을 이때 알았다. 평상시보다 더 감사를 알게 했다. 너무 늦게 알게 된 것 같으나 주위의 모든 사람이 귀인일지도 모른다고 생각하게 되었다. 가끔은 힘든 날도 있다. 힘들다고 생각되는 일도 한번 해보자. 귀인을 만날 수도 있으니. 살다 보면 또 힘든 일도 만나겠지. 또 열심히 살고 있다 보면 나도 모르는 사이 귀인을 만나서 해결될 수 있겠다고 생각하며 뛰어보련다. 아니 내가 귀인이 되어있는 날도 있을 거로 생각한다. 코로나로 인해 당겨졌다. 이미 지식노마드, 1인지식기업, 디지털 노마드 사업을 시작해 나보다 더 많은 수익을 내는 디지털 노마드를 양성해 가고 있다. 나 같은 메신저들을 만든 것이다. 그날들이 점점 더 많아질 거고 더 보람될 것이다. 대단한 큰일들은 아니어도 좋다. 그날들을 만들어가는 삶을 살아 보자. 자신이 정말 자랑스럽고 멋지지 않겠는가!

제 2 장

희망은
나에게 있다

01
기능장이 되고 교수가 되다

100평짜리 가게를 또 하나 멋지게 오픈했다. 그런데 갑자기 질식할 만큼의 통증이 계속되었다. 진통제를 먹어도 진정이 되질 않았다. 의사 선생님은 별의별 약을 써도 증세가 계속되자 큰 병원으로 가라고 했다. 큰 병원에 가서 진찰을 받았더니 결국은 정밀검사를 하자고 했다. 원래부터도 위내시경을 할 때 수면내시경을 안 하는 나인지라 그날 역시 그냥 일반 내시경을 했다. 마취주사를 놓으면 깨어나는 것이 더디기에 마취를 하지 않고 내시경 검진을 하였다. 아니 고통을 참는 편이 혹시 못 깨어날 수도 있는 마취를 하는 것보다는 덜 두려웠다.

한참이나 내시경으로 위를 들여다보다 갑자기 조직검사를 한다고 했다. 수련의들까지 빙 둘러서 지켜보고 있었다. 의사들만의 용어를 쓰기에 무슨 말인지는 알아들을 수가 없으나 언뜻 알아챈 캔서 (cancer)라는 단어만이 유독 크게 들렸다. 아마 그들의 단어 중 내가 아는 단어가 '캔서'라는 단어뿐이었던 것 같다. 세상에서 제일 존경하는 엄마를 암으로 잃었기에 암이란 단어에는 언제나 두려움이 앞섰다. 의사들은 병원에 갈 때마다 내게 암에 걸릴 확률이 높다고 했다. 그래서 남들보다 스트레스를 덜 받고 바보처럼 살려고 무던히도 애를 썼다. 정밀검사를 하고 8일을 기다리는 동안 일을 하면서도 사람들이 보지 않는 곳에서는 가엾은 아이 생각에 속절없이 눈물만 흘렸다. 아이가 스무 살만 돼도 안심이 될 것 같았다.

아픈 몸인지라 보험만큼은 충분하게 들어놓았다. 하지만 영원히 철이 들지 않을 것만 같은 아이 아빠를 생각하면 마음이 답답하기만 했다. 나는 자라오는 동안 너무도 심한 고생을 해왔다. 그래서 아이는 조금 덜 고생하기 바랐다. 어쩌면 평생을 아파도 병원에서는 특별한 원인도 못 찾기에 이미 이 몸이 살고 죽고는 관심도 없었다. 어떤 때는 그냥 조용히 눈을 감으면 이 통증에서는 벗어나겠구나 싶을 때가 많았다. 지금도 누가 아프다고 하면 안타깝기만 하다. 가난도 참고 남편이 별짓을 해도 다 버텨 내겠는데 자신이 아픈 것만큼은 서럽고 답이 없었다. 게다가 원인도 모르고 아프기만 할 바엔 더욱더 그렇다.

결과를 기다리며 8일 만에 찾아간 병원에서는 시멘트 바닥에 넘어지면서 씻긴 무릎처럼 위에 상처가 심하다고 했다. 그게 나중에 암이 될 수도 있다고 했다. 그나마 다행이었다. 약봉지만 받아들고 다시 일에 정신을 쏟았다. 그러는 중에 아이가 벌써 4살이나 되었다. 대학원 과정은 다 끝나가고 있었다. 기능장이 되고 교수가 되어보고 싶었다. 사는 동안에 내가 하고 싶은 것, 아이에게 보여주고 싶은 것은 다 이루고 싶었다.

대학에서 불문학을 전공했기에 기능장 이론시험은 혼자 열심히 해보기로 했다. 이론시험에 합격하고 보니 실기를 볼 양으로 실기시험도 접수했다. 대체로 시험들이 그러하듯 실기시험까지는 한 달밖에 남지 않았다. 하루를 다섯 달 동안 연습해온 다른 수험생들과 같이 연습을 했다. 장난이 아니었다. 가게는 종업원들에게 맡기고 한 달만 열심히 하고 있으라고 당부했다. 나는 한 달동안 아무 생각 없이 아침 일찍부터 새벽 1시까지 연습에 연습을 거듭하고자 계획을 세웠다.

다른 사람들은 나 같은 건 안중에도 없었다. 나에겐 어떤 계획이 있는지 알 턱이 없었다. 둘째 날부터 잘하는 사람들만 모여 있는 책상에 나의 도구들을 가지고 들어갔다. 내 마음에 드는 자리를 잡고 연습을 했다. 그런데 그 자리는 이미 5개월 전에 다른 사람들이 짝을 지어 맡아놓은 자리였다. 늘 앉았던 수험생들이 화를 잔뜩 냈다. 당신들은 이미 5개월씩이나 연습을 했고 여기는 학교도 아니고 자리도 정해지지 않았으니 내가 이 자리에서 하겠다고 했다. 어떤 날이든지 일찍 와서 비켜 달라고 하면 기꺼이 비켜주겠다고 했다. 그리고 '나는 여러분이 5개월 전에 수납했던 학원비를 어제 왔어도 똑같이 냈으니까 나에게도 권리가 있다'라고 억지소리를 했다.

떼어놓기를 끔찍이도 싫어했던 아이를 떼어놓고 시험공부에 임하는 오기 많은 엄마의 기에 눌려 아무도 대구를 하지 않았다. 한 달 동안 모든 열정을 시험 준비에만 쏟았다. 새벽 1시가 되어서야 집으로 들어갔다. 실습도구가 하나 가득한 무거운 가방을 메고 정신없이 뛰어 택시를 타고 들어오곤 했다. 집에 오면 잠들어 있는 아이를 보고, 나갈 때 역시 잠들어 있는 아이를 보면서 할 수만 있다면 이번으로 끝내리라 이를 악물었다.

살다 보면 참 다양하게도 기적 같은 특혜들이 있다. 하늘을 바라보며 울보였던 나는 그런 일들은 하늘이 내게 주신 선물이라고 여겼다. 시험을 일주일쯤 앞두고 연습을 하고 있던 우리를 보던 원장님이 대뜸 이렇게 말하는 거였다.

"만약에 길동 엄마가 떨어지면 1주일이 부족해서 떨어지는 것이겠네요."

그런데 왜 그렇게도 그 말이 비수처럼 가슴에 꽂혔는지 모를 일이었다. 정말 그럴 것만 같았다. 이틀 후 거짓말처럼 기능장시험이 10일이나 연기되었다. 있을 수 없는 일이었다. 천재지변이 일어난 것도 아니고 10일이 늦어지고 나니 하늘이 내 편이란 일방적인 믿음을 가졌다. 기왕이면 '된다. 도우신다'라고 긍정의 믿음을 가져보는 것도 좋다고 생각했다. 그 후로도 어려움이 있거나 힘든 일이 생길 때마다 억지로 좋은 일로만 생각했다. 이번에 그런 것처럼 그렇게 될 경험을 한 것이었다. 생전에 엄마는 그럴 때 결과가 안 좋으면 교육세라고 여기라 했다. 인생대학에서는 그런 교육세가 꽤 지출되어야만 공부가 되는 일들이 많았다. 그런 교육세는 엄밀히 따지면 나의 실수가 대부분이었지만 운세가 나쁠 때도 없잖아 있기도 했다.

그 10일 동안은 엄마가 마당에서 정화수 떠놓고 기도하시던 모습을 떠올리며 간절히 기도를 올렸다. 시험 하루 전날 서울산업인력공단 본부로 향했다. 미리 호텔에 자리를 잡고 모두가 한마음 되어 마지막 시험 준비를 단단히 했다. 모의시험도 한 차례 치뤘다. 시계는 새벽 2시를 넘었고 삼삼오오 방으로 들어가 쪽잠을 청했지만 잠이 오지 않아 뜬 눈으로 날을 지새웠다. 함께 온 수험생들과 접수를 같이 하지 않고 혼자서 했기에 내 번호는 거의 끝 번호였다. 인력공단으로 가서 줄을 섰다. 시험지를 받은 앞 번호에서 '이쁜 언니 문제네'라는 소리가 들렸다. 귀가 번쩍했다! 내 문제라고? 내 상호가 '멋진 남자 이쁜 여자'였기에 시험 대비반 식구들이 나를 이쁜 언니라고 부르고 있었다.

시험지가 내게도 도착했다. 정말이었다. 내 문제였다. 내가 잘하는 문제였다. 동향들과는 떨어져서 전혀 다른 지역 사람들과 같이 시험을 보게 되었다. 앞뒤를 빙 둘러보니 내가 제일 잘하는 듯 보였다. 그래도 벌벌 떨렸다. 한꺼번에 여러 가지를 동시에 해내야 했던 나는 남들보다 속도가 훨씬 빨랐다. 그런데 속도를 요구하는 문제가 나왔다. 시험이 끝나고 돌아오는 차 안에서는 다들 자기는 합격했다고 했다. 본인들이 시술했다는 방향은 시험과는 다른 방향들이 많았으나 그래도 자기는 합격했다고 떠들어댔다. 나는 한 마디도 끼어들

힘이 없었다. 일단 온몸의 기운이 하나도 남아있지 않았다. 한 달 후 발표를 보니 나는 합격을 하였고, 그들의 대다수는 떨어졌다.

합격과 함께 비록 수입이 많다 해도 오가는 거리가 너무 멀어 힘들었던 가게는 권리금을 잘 받고 처분했다. 덕분에 아이와 많은 시간을 함께할 수 있었고 종업원들이 놓쳐 버린 손님들에게도 집중할 수 있었다. 좋은 일도 나쁜 일도 연거푸 올 때가 있다. 도립대학에서 겸임교수를 뽑는다고 서류를 넣고 면접을 보러 오라고 하였다. 누구에게 교수가 되고 싶다고 말한 적도 없는데 면접을 보러 오라니 믿기지 않았지만, 학교로 면접을 보러 갔다. 대학원 졸업과 기능장과 겸임교수가 되는 것이 줄줄이 함께 와줬다.

송충이는 솔잎을 먹어야 하는데 가당치도 않은 꿈을 꾸면서 늘 의기소침해졌다. 아마 초등학교 때부터 육성회비를 못내 학교에서 쫓겨나곤 했던 경험들이 언제나 나를 움츠러들게 했던 것 같다. 5년 후에야 들은 얘기인데 교수님은 태어나서 나처럼 당당해 보이는 여자는 처음 봤다고 했다. 부모가 되었기에 할 수 있는 노력은 다하고 싶었다. 당당하게 보이고자 노력했다. 앞으로 어떻게 될 거란 확신은 없는 미래였지만 언제나 최선을 다하고 싶었다.

학교에서 한 강의는 정신교육과 실기교육에 치중했다. 제일 힘든 환경의 아이들이 삐뚤게 나가지 않게 조용히 보듬었고 독특한 방식으로 이끌었다. 남들은 문제라고 말한 학생들이지만 잠시 공부가 싫을 수 있을 뿐이라는 것을 알기에 꿈을 잃지 않도록 특별히 가슴에 청춘 예찬의 정기를 심어주고자 했다. 앞에서 두 번째 자리까지는 B+ 점수를 주겠다고 하니 아이들은 졸면서도 앞자리를 앉는 사태가 생기기도 했다. 이럴 때 웃겨주면서 예의범절을 가르쳐주기도 했다. 덕분에 아이들은 예쁜 모습으로 학교를 잘 다녔다.

물론 나중에 잘된 아이들이 많았다. 다시 꿈을 이루게 해주는 얘기들이 이 아이들을 붙들어주었다고 했다. 또 이때의 점수로 편입하라는 내 얘기를 귀담아들었다고 했다. 공부 잘한 애들 틈에 안 가길 얼마나 잘했냐고 지금 성적 잘 받아 놓으면 나중에 공부가 정말 하고 싶을 때 요긴하게 성적을 써먹을 수 있을 거라고 당부했다. 어떤 학생은 나중에 그때부터 자기의 인생이 다시 시작되었다고 말하기도 했다.

휴일까지 작품활동을 해야 할 때는 아들을 학교로 데리고 왔다. 아이는 누나, 형들이 예뻐하는 학교에 따라오는 것을 좋아했다. 실은 교수로서의 엄마 모습을 보여주고 싶었다. 아이와 정말 행복한 날들을 보냈다. 해냈다. 부족하지만 이뤄 내는 속에서 매사에 감사한 마음이 스멀스멀 자라나고 있었다. 픽 웃음이 나왔다.

02
부모 교육을 시작하다

직원 중에 맞벌이하는 사람들이 있었다. 혼자 벌어서는 살림살이가 감당이 안 된다면서 맞벌이를 하는 것이다. 언제부터인가 나 역시 두 사람의 부모 몫을 해야 한다는 강박관념이 들기 시작했다. 어쩌면 마음속에서 아이 아빠를 포기하고 있었다는 표현이 맞을 것이다. 그런 까닭에 홀로 두 몫을 감당해야 한다고 생각했다.

가게 일하랴 강의하랴 바쁜 날들이 계속되었다. 그래도 논문은 마쳐야 했다. 논문을 쓰는 동안에는 온 집안에 머리카락이 한 움큼씩 빠져있었다. 논문에 온 신경을 곤두세우고 있었기 때문이다. 그런데 이젠 거의 다 되어간다는 느낌이 들 때 종업원들이 균열되기 시작했다. 아이가 셋이나 있는 수석 디자이너부터 무단결근을 하는 날이 많아졌다. 수석 디자이너가 규율을 어기니 다른 디자이너들이나 스태프들까지도 속을 뒤집었다.

수석 디자이너가 면담을 요청했다. 무슨 일이냐고 했더니 나를 디자이너 선생님들 방으로 데려갔다. 옷을 넣는 캐비닛 중 직원들이 하나씩 쓰고 남아있는 옷장을 열고 장난감 총을 보여줬다.

"원장님, 이 총이 며칠 전부터 있었는데 아무래도 길동이가 여기다 갖다 둔 것 같아요."

"며칠 전부터 있었다고요?"

갑자기 피가 거꾸로 솟는 것 같았다. 수석 디자이너는 말을 이어 갔다.

"예. 말씀 안 드리고 지켜보고만 있을까 했는데 아무래도 말씀드려야 할 것 같아요."

"알겠어요. 감사해요."

"길동아, 엄마 좀 보자."

"예."

"이 총 뭐야? 네가 갖다 놓았니?"

"예."

"어디서 났어?"

"샀어요."

"돈이 어디서 나서 샀는데? 거짓말하면 혼날 줄 알아. 솔직히 말해."

"큰아빠가 만 원 주셨고요. 아빠 친구들이 왔을 때 천 원씩 줬어요."

"총이 얼마였는데? 어디서 샀어?"

"저기요."

저기란 얼마 전에 대형마트로 바뀐 큰길을 건너야만 갈 수 있는 가게를 말하는 것이었다. 우선 아이가 이 큰길을 혼자서 건넜다고 생각하니 화가 났다. 가게에 가서 물으니 아이가 며칠 전에 와서 총을 구경하고 갔고 또 며칠이 지나서 와서는 총을 사려고 1만 2천 원을 주더라고 했다. 그래서 그 총은 만 원짜리 한 개 더, 천 원짜리 한 개 더 가져와야 살 수 있다고 했다고 했다. 아이는 그 길로 가게로 와 계산대에서 만 원 한 장, 천 원 한 장을 꺼내 갔던 거다. 원대로 총은 사다가 수중에 넣었는데 그 큰 총을 들키지 않고 가지고 놀 수가 없어서 며칠을 마음만 졸이며 숨겨 놓았던 상태이다. 얼마나 속이 상했을까? 다시 이때로 돌아간다면 아이에게 가장 현명한 벌은 무엇이었을까? 아이를 딱 두 번 혼내준 일이 있는데 정말 가슴이 아팠다.

아이가 돈을 꺼내 간 것에 대해서는 엄하게 한 번만 가르치면 될 일이다. 하지만 8차선 도로를 왕복으로 두 번이나 건넜다는 건 너무도 아찔했다. 엄히 다스려야 한다고 생각했다. 가게 주인도 아이 혼자 그런 돈을 들고 가게에 왔을 때는 살펴보고 부모에게 연락해주었다면 얼마나 좋았을까 생각해 본다. 나 역시 혼내고 내내 가슴 아프지 않아도 좋을 거고, 그때 알았더라면 협상도 잘해 봤을 텐데. 아이도 그 총을 만지지 못하고 가지고 놀지도 못하는 일은 없었을 텐데. 이번 일로 나부터 생각의 창고를 좀 키워야겠다고 다짐을 했다.

"길동아! 네가 한 일이 잘했다고 생각해? 잘못했다고 생각해?"

"잘못했어요."

"얼마나?"

"많이 잘못했어요."

"그럼 얼마큼 혼나야 한다고 생각해?"

"20대요."

"몇 대?"

"20대."

"그리고 그렇게 큰길을 혼자 건너라고 했어, 안 했어?"

"혼자 건너지 말라고 했어요."

"위험하니까 절대 안 된다고 했잖아. 차라리 엄마한테 사달라고 하지. 길동이가 다치면 엄마는 너무 힘들어. 엄마는 죽어. 그러니까 혼자 길 건너면 안 돼. 알겠지?"

내가 하고 싶은 말만 속사포처럼 쏘아댔다. 그렇게 말하는 그 아이가 며칠간 얼마나 힘들었을지 생각조차 나지 않았다. 단지 20대나 맞아야 할 만큼 잘못했다는 사실을 알고도 나쁜 짓을 했다는 것만 시정해줘야 한다고 생각했다. 생각하고 다시 생각해 봐도 어리석고 재수 없는 엄마, 무서운 엄마였다.

"길동이 네가 잘못했으니까 이건 엄마가 잘못 가르친 거야. 그러니까 네가 엄마를 20대 때려."

"...."

"빨리"

"..."

"그럼, 네가 못하니까 엄마가 엄마를 20대 때린다."

화가 가뜩이나 들어가 내 손바닥을 무섭도록 그리고 아프게도 내리쳤다.

"이제 네 차례다. 손바닥 내."

아이 역시 무섭도록 차분하게 붙어 서서 도망도 안 가고 그 매를 다 맞았다. '어휴, 손을 넣어버리고 피하든지, 아예 도망을 가지 왜 맞고 서 있담?'

엄마가 다른 형제들은 매를 추켜들면 다 도망갔는데 나는 무릎 꿇고 매 맞을 준비를 했다며 '내 딸이 얼른 도망갔으면 좋겠다, 그만 때리고 싶다'라는 생각을 자주 하셨다고 했다. 그렇게나 예쁜 내 아이는 그 좋지도 않은 버릇을 엄마를 그대로 빼다 박은 모양이었다. 그게 너무도 힘들었다. 아이를 때려놓고 아이랑 나는 서럽도록 부둥켜안고 울었다. 아이는 다시는 그런 짓 안 한다고 했다. 어쩌면 아이 얼굴 위로 아빠의 얼굴이 겹쳐져서 그렇게나 심한 매질을 하지는 않았을까 싶었다. 그 사건은 나에게도 영원히 잊히지 않는 가슴 미어지는 사건이 되었다.

어쩌면 아이를 핑계로 나를 자학하고 있었는지도 모른다. 그렇게 엄한 부모 교육을 자신에게 시키고 있었다. 부모 교육을 스스로 받은 그토록 어설픈 부모였다. 살다 보면 정말 현자가 되고 싶을 때가 있다. 언제까지 이렇게 답답한 판단을 할지 염려스러울 때가 있다. 삶의 순간순간 어려움에 봉착될 때마다 돈으로 메꿀 수 없는 문제들이 가장 어렵다. 돈이야 열심히 벌면 되지만 이렇게 자식에 대해, 남편에 대해, 인간관계에 대해 정답을 찾고 싶을 때가 많다. 정답이 어디 있겠는가! 상황과 경우와 처지에 따라 해답이 다를 텐데. 각자가 찾은 해답에 따라 최선을 다하는 것이 인생이고 부모 교육이 아닌가.

그날 밤에 아이를 꼬옥 안고 잠을 청했다. 한없이 아픈 가슴을 달랠 길이 없었다. 때리면서도 내 아이가 잘 자랄 거라는 믿음을 가지고 있었다. 꼭 나 같은 아이이기에 누구에게 피해를 주는 사람으로 자라지는 않겠다는 확신을 가졌다. 그래서 좀 더 열심히 사는 모습, 성실하게 사는 모습을 보여줘야겠다는 각오를 했다.

03
우리는 얼마나 괜찮은 부모일까?

아이를 때리고 며칠 후 수석 디자이너가 또다시 결근했다. 모든 것들로 지쳐있는데 그렇게 무단결근을 하니 화가 났다. 몇 년을 함께 했기에 누구보다도 내 사정을 잘 알 줄 알았다. 나는 왜 그러느냐고 말이나 들어보고 싶어 그녀의 집으로 간다고 했다. 그러자 그녀는 오후에 나갈 테니까 기다려 달라고 했다.

수석 디자이너에게는 자녀가 셋이나 있었다. 일찌감치 학교도 졸업 안 하고 결혼을 해서 아이들이 상당히 자란 상태였다. 막내가 아들이었는데 길동이보다 두 살 위였다. 며칠 전에 동네 슈퍼마켓에 가서 과자를 훔쳤더라고 했다. 그런데 그 주인이 봐주지 않아서 석고대죄까지 했고, 엄마가 돈 벌러 나오는 것이 맞나 의구심이 든다고 했다. 나는 무단결근 때문에 화가 머리끝까지 났었는데 할 말이 없었다. 나 역시 생활이 어지간하면 엄마의 성공보다 아이가 자라는 동안에는 적어도 고학년 때까지라도 집에서 아이를 양육하는 것이 옳다고 생각했기 때문이다.

"그래 선생님이나 나나 돈이 원수다. 못난 서방들 만나 애들 고생, 엄마 고생 정말 싫다."

종업원들 앞에서 운 적이 없었는데 둘이서 눈물 콧물 짜며 끌어안고 대성통곡을 하였다. 가게가 크고 빈방이 많았기에 망정이지 우세도 그런 우세가 없었다.

"그래 선생님이 그렇다면 할 말이 없네요."

"원장님 힘드니까 논문 제출하실 때까지 근무는 하겠습니다. 원장님은 그래도 정말 길동이 잘 키우셨어요."

"무슨 소리야?"

그리고 원장님은 부모 노릇 잘하셨어요. 원장님 살아오신 것 다 봤잖아요. 원장님은 울지 마세요. 남들은 몰라도 저는 원장님이 어떻게 살아왔는지 다 알잖아요. 다른 사람들은 말뿐인데 원장님은 언행이 일치하셔서 어떤 말씀을 하셔도 저희가 할 말이 없어요. 원장님이 말 안 해도 다 알아요. 운 것도 알고, 사장님한테 이 가게 줄려고 해도 안 받고 편히 살라고만 해서 자존심 상한 것도 알아요. 그럼에도 우리한테 한 번도 말 안 하잖아요. 부모가 어떻게 살아야 하는지 원장님을 보고 배웠어요. 실은 저도 가게를 열고 원장님처럼 가게에서 아이들을 보면서 돈 벌고 싶어요. 원장님이 항상 부러웠어요.

그랬었다. 수석 디자이너도 아이들 때문에 울고 있었던 거다. 그녀는 나를 존경한다고 말해줬다. 멘토로 삼고 있다고 했다. 울고 있는 나인데도 내가 부럽다고 했다. 나 역시 주위의 모든 사람을 스승으로 삼으며 살아간다. 배우면 안 될 점을 가진 스승, 배워야 할 좋은 점을 가진 스승. 그들을 보며 나 자신을 가르치며 성장해 간다. 그런 와중에 우리는 때때로 타인을 부러워하고 있다. 타인의 아픔을 보지 못하고 자신의 아픔만 크게 생각한다.

엄마가 나와서 일을 한다는 것은 여러모로 힘든 일이기도 하다. 그녀도 매일 울고 있었던 거다. 그녀는 가게를 그만두고도 삶에 지쳐 힘겨울 때마다 전화했다. 가끔 아이들을 데리고 가게에 나와서 인사도 시키고 함께 식사도 했다. 남편이 말이 없고 워낙 성실한 사람인지라 다행스럽게 취업과 함께 온 가족이 하나가 된 듯 보였다. 아이들도 예쁘게 잘 키워 내고 있어서 보기 좋았다. 단란한 가족이란 그림은 언제 보아도 보는 사람까지 행복하게 했다.

부모가 재혼하면서 새로 부모가 된 사람에게 미움 받고 쫓겨나 홀로 생활하고 있던 직원도 있었고, 부모가 부모답지 않아 마음고생하는 직원들도 있었다. 세상에는 나만 힘든 것이 아니었다. 모두에게 걱정거리가 많았고 모두가 힘들어 했다. 힘들게 일하는 직원들에게 대단한 건 못해줘도 월급은 안 밀리고 주고 싶었다.

여기저기에서 가게가 부도나 원장이 도망갔다는 이야기가 심심찮게 들렸다. 일을 시키고 월급을 떼먹고 도망가는 부도덕한 일은 안 해야겠다고 다짐했다. 이때부터 월급은 매일 지급했다. 30여명의 월급을 매일 한 명, 두 명씩 주면 늦어지거나 미지급하는 일은 없겠다고 생각했다. 내가 만약 임금체불하게 된다면 자존심이 허락지 않을 것 같았다. 여기저기에서 원장이 월급을 못 주고 폐업신고를 했다는 얘기를 듣게 되니 신경이 쓰였다. 다행히 나는 소심한 탓에 재료 대금이나 종업원의 급여를 떼먹는 일은 없었다. 책임감 강한 모습을 보여주었다. 그러다 보니 놀기를 좋아하던 종업원들도 나에게 오면 '공붓벌레'로 바뀌어 적응하거나, 적응을 못하면 가게를 그만두거나 하였다. 직원들 중에는 야간대학에 들어가는 사람도 많았다. 지금까지도 기능장이 되었다고 축하해 달라고 전화하는 직원도 있었고, 결혼해서 아이 낳고 잘 산다고 이제 걱정하지 말라는 직원도 있었다. 페이스북이나 인스타그램으로 연결이 되니 참 좋다.

사람들은 비슷한 부류끼리 하나 되는 습성이 있다. 늦게나마 공부에 눈을 뜬 제자나 종업원들은 정말 훌륭한 사회 일원이 되거나 부모가 되어주었다. 며칠 전에도 예뻐하던 직원에게 전화가 왔다. 우리 집에 오기 전까지는 사람들에게 5차원이라고 놀림받던 직원이었다. 너무 순수해서 어디로 튈지 모르는 자유로운 영혼이었다. 제주도 청년이었는데 내가 해주는 닭볶음탕이 어디에서도 먹을 수 없는 경이롭고 맛있는 음식이라고 좋아했었다. 이렇게 부모와 거리감을 가졌던 직원들에게 나는 부모가 되어있었다. 이젠 결혼도 했고 아이 아빠도 되었고 기능장도 되었고 교수도 되었다고 행복하고 감사하다고 했다. 놀러 오시면 맛있는 것 사드릴 테니 한번 들르라고 했다. 잘 성장해주어 고맙고 장했다. 부모에게 버림받던 아이들도 아이를 낳아 잘 기르고 훌륭한 엄마들이 되었다. SNS 프로필에는 자녀들의 사진으로 대체되어 있다. 가끔 그때의 직원들이 보고 싶을 때는 내 자녀를 보듯이 SNS의 사진들을 물끄러미 쳐다보게 된다. SNS가 있어서 좋고 그 정도는 마음대로 검색해서 찾아볼 수 있으니 그것도 좋은 일이다.

04
강사가 되고 싶어

어렸을 때부터 누군가를 가르치는 것이 재미있고 좋았다. 아마 내가 가르쳤던 첫 번째 대상이 가족이기 때문이었는지 모르겠다. 한글을 모르던 엄마에게 한글을 떼게 한 일도 중학교 2학년 겨울방학 때 일이었다.

병원치료가 끝나셨던 엄마는 자식들을 위해 완쾌도 덜 된 몸으로 장사를 다니셨다. 엄마는 명심보감을 달달 외우시던 실력만큼이나 만물박사일 거라 생각했다. 외가댁이 부자여서 엄마가 한글을 깨우치지 못했을 것이라고는 생각도 하지 못했다. 우체국장 사모의 몸으로 안 해본 장사가 없을 정도로 시장바닥의 좌판장사부터 시작하셨다. 한눈에 봐도 미모가 뛰어나고 도저히 어울리지 않는 귀티가 물씬 풍기는 외모이지만 좌판의 떡장수부터 골고루 섭렵하셨다.

정신력으로만 버티는 것이 부모라는 것을 엄마를 통해 이미 배워버렸다. 자식 일이라면 뼛골이 빠지도록 일하셨다. 아이들을 잘 가르치겠다는 것이 엄마의 일생 소원이었다. 반면에 그런 엄마를 너무도 사랑하고 존경했던 나는 '20세가 되어서도 부모에게 손을 벌리면 인간이 아니다'라고 일기장에 큼지막하게 써 놓고 세뇌를 시켰다. 그렇게나 엄마밖에 모르던 내게 엄마의 비밀 외상장부는 쇼크였다.

"엄마! 한글 다 쓸 줄 몰라?"

"응!"

"그런데 어떻게 읽어?"

"그냥 읽어. 읽기는 하겠는데 쓰는 것은 어려워."

"그럼 가르쳐줄까?"

"그래 가르쳐주라."

"엄마 학교 안 다녔어? 외갓집 부자였잖아."

"응 못 다녔어. 외할아버지가 딸내미 학교에 한 번 찾아왔다가 무용수업을 하는 걸 보더니, 기생수업 한다고 끌고 와버렸어."

"그때는 그러기도 했겠다. 진즉 말하지 그랬어. 한글 가르쳐줘?"

"그럼 좋지!"

엄마는 내게 한글을 배웠다. 명심보감을 다 외우고 〈이수일과 심순애〉라고 하는 연극의 대사를 줄줄 다 외우시니 엄마가 문맹일 거라고는 생각지도 못했다. 세상은 그렇게 자기가 해석할 수 있는 범위 내에서만 해석하고 그게 옳다고 생각하며 살아간다.

엄마를 가르치니 여동생도 나에게 공부를 좀 봐달라고 했다. 엄마가 잘 따라 해주니 더 신났다. 게다가 동생도 내가 가르쳐주는 것이 이해가 쉽다며 잘 따라주었다. 언니가 가르쳐준다 해도 동생은 작은언니가 가르쳐줘야 쉽다면서 굳이 나에게만 가르침을 받으려고 했다. 그러다 보니 가르치는 것이 연습이 되었다. 학교를 졸업하고 나서 가진 첫 번째 직업도 가정교사였다.

아들의 전화를 받고 그 순간의 재정 상태를 점검한 후 처음 생각한 것이 강사였다. 나는 강사가 되고 싶었다. 60세에 무엇인가를 다시 시작해야만 되는 처지가 되었다. 가게를 할 때처럼 시설비를 많이 투자해서 하는 일은 부담스러웠다. 강의하는 것은 해당 강의 시에 필요로 하는 지식과 코치, 상담, 소통, 공감, 강점과 재능 등의 능력만 있으면 되는 일이다. 게다가 가르치는 것을 재미있어하고 강의를 받는 사람들의 변화와 성장을 지켜보는 것이 보람되기도 하고 짜릿하기도 한 사람이라면 이보다 더 좋은 직업은 없을 것 같다.

어디서 어떻게 강의를 시작하는지 알 수가 없었다. 암담해서 강사 양성소를 찾아갔다. 강의 나갈 곳이 엄청 많고 소개를 다 해줄 것처럼 홀렸다. 마치 당연하게 소개해주는 듯이 흐릿하게 말을 했다. 말 그대로 홀리는 것이다. 수강료를 다 내고 나면 언제 그랬냐는 듯이 오리발을 내미는 경우가 허다하다. 차라리 처음부터 강의할 곳은 많으니 본인이 찾아야 하고 어떻게 찾는 것이라는 것을 알려주면 좋으련만 그렇게 알려주는 곳은 한 군데도 없었다. 정작 알고 나면 다 할 수 있는 일이고 쉬운 일인데, 본인이 그렇게 해보지 않았으므로 가르쳐줄 수가 없었던 것이었다.

　나중에 알고 보니 강의를 할 곳은 엄청나게도 많았다. 강의란 인간이 사는 곳은 요람에서 무덤까지 전 생애가 교육을 필요로 하는 것이었다. 그런데도 처음 강사 세계에 발을 디디면 나처럼 답답한 안갯속과 같은 길을 걷는 이들이 많을 거라 생각된다. 강사는 어쩌면 자신이 1인기업이라고 생각해야 맞는 일이었다. 요즘에야 1인기업이라고 하면 당연한 거라고 인식하지만, 그때는 강사가 1인기업이라고 하면 그게 무슨 소리냐고 의아해하는 사람들이 많았다. 《그대 스스로를 고용하라》는 고(故) 구본형 선생이 쓰신 책이 있을 정도였다.

　아들이 어렸을 때는 잊을 만하면 아이 아빠에게 전화가 왔었다. 아이를 데리고 야반도주한 사람이 전화가 오는 것도 이해 불가였고, 그게 모두 목돈이 지출되는 상황이란 것도 이해 불가였다. 그런데도 그 전화가 고마운 것은 그렇게 해서라도 아이를 위해 내가 할 수 있는 일을 할 기회가 주어진다는 것이었다. 좀 더 냉철하게 분석해 보자면 그렇게 아이와 떨어져 살게 한 아이 아빠가, 아이가 병원에 입원하거나 큰돈이 들어갈 때마다 어김없이 나를 찾는다는 것이다. 대신 비용을 지급하게 하기 위해서다. 이 대목에서 인간 심리의 이해가 필요했다. 자존심은 어디에 두었는지 참 독특했다.

　나야 워낙 아이를 좋아했던 터라 별별 일을 다 해도 오직 아들 하나만을 보고 행동에 옮길 수가 있었다. 그러나 주위에서 남의 일에 신경 쓰는 사람들은 한마디씩 거들었다. 그것이 더 힘들었다. 내 아들이기에 이유가 필요 없는데도 괘씸해서 어떻게 돈을 내주느냐고, 그 사람을 아직도 좋아하는 것 아니냐고 하면서 찍어댔다. 아이는 중학교에 가서도 인공고막 삽입 수술을 했고 대학 갈 때도 어깨를 수술을 했다. 그런데 다시 양악수술이라는 큰 수술을 앞두었다. 아들 수술을 시키려고 하니 당장 많은 돈을 벌어야 했다.

무엇부터 해야 할까? 일단 민간자격증이라도 자격증을 취득해야 했다. 밤낮으로 자격증을 취득하는 데 집중했다. 많은 돈이 필요한 시점이었는데 오히려 많은 돈을 갖다 바쳐야 했다. 정신을 차리지 않으면 안 되는 상황이 눈앞에 펼쳐진 것이었다. 일단 2보 전진을 위해 1보 후퇴를 하기로 했다. 지방인지라 정보가 없었고 한동안 관심 없던 세상이었던지라 서툴기만 했다. 평소 관심이 많았던 분야의 자격증을 모두 취득했다.

인성교육 지도교수 과정에 등록했다. 두 달 동안 상당히 빡빡한 수업을 받는 곳이었다. 물론 강의도 엄청 많을 거라고 했다. 인성교육진흥법을 제정한 분과 함께 진행하는 곳이었기에 강의가 많을 것이라는 얘기를 믿고 등록했다. 그러나 수업이 끝나고 나니 역시 강의하러 갈 곳은 없었다. 강사가 되기 위해 많은 곳에서 공부했지만 아무도 강의를 주지 않았다. 모두 내가 만들어야 했다. 차라리 그렇게 상담해주고 고기 잡는 법을 가르쳐줬어야 옳았다. 내가 하고 싶은 만큼의 열정과 필요성에 따라 스스로 해야 하는 일이었다. 그때의 경험이 노하우가 되었고 수입으로 연결되었다. 강사가 되기로 작정하고 나서 2년째에 해낸 일들이었다. 멋지고도 감사한 일이었다.

05
희망은 나로부터

이제 초짜 강사가 억대 연봉자가 되기까지 좌충우돌 헤매면서 일궈낸 본격적인 강사 세계로 들어가 보자. 언뜻 스쳐 가는 TV 속에서 힘든 여건 하에 웃음치료 강의를 하러 다니는 시니어 강사를 보게 되었다. 그 시니어 강사는 죽고 싶은 환경이었지만 강의하는 그 시간만이라도 웃을 수 있으므로 웃음치료 강의를 하러 다닌다고 하였다.

그렇다면 유머라고는 별로 없는 진중한 성격인 나도 웃음을 선물하고 싶어졌다. 나는 너무 지쳐 있는 상태였다. 그래서 제발 좀 웃고 싶었다. 미친 듯이 웃어보고 싶었다. 학원엘 가니 정말 웃고 싶어서 온 사람들이 많았다. 그 시니어 강사의 말이 나를 사로잡았다. 나는 돈도 벌고 그 시간만이라도 웃고 싶어서 웃음치료 강의를 가르쳐주는 곳에 등록했다. 강의를 연결해주는 곳이냐고 물으니 강의는 얼마든지 있다고 등록만 하라고 했다.

나는 등록하고 잠을 줄여가며 공부에 매진하여 자격증을 취득했다. 이곳 역시 별의별 명목으로 돈을 내게 하고는 강의 연결은 본인이 하라는 거였다. 순진하게도 강의 연결이 되는 줄 알고 등록을 했으니 어이가 없었다. 답답해 죽을 것 같았다. 숨이 멎을 듯했다.

아들 수술 시키자고 강사 세계에 나온 것인데 그나마 목돈은 들어가고 강의는 없다니 환장할 일이었다. 나이는 예순이고 연금도 준비해야 하는데 답답한 노릇이었다. 처음으로 강의를 하나 주었다. 시급 5만 원이었다. 다급해진 나는 한번 가보기로 하였다. 장애인복지시설이었는데 최선을 다했음에도 성적은 좋지 않았다. 우울해졌다. 행복해지고 싶어서 열심히 살아가고 있고, 강의도 하고 있는데 첫 강의를 잘하지 못했다는 자책의 마음이 나를 움츠러들게 했다.

기도가 절로 나왔다. 이때처럼 무기력하게 느껴진 적도 없었다. 없는 돈에 그나마 부족분은 외상까지 하면서 학원비로 다 써버렸으니 그 암담함은 이루 말로 다 할 수가 없었다. 힘든 사람들에게 상담을 해주러 다닐 때는 그들이 밥을 따뜻하게 잘해주어서 밥 걱정은 해보지 않았다. 반찬도 여기저기서 해줬기에 걱정해 본 적이 없었다. 그런데 강사가 되어 돈을 벌겠다고 하고서는 끼니가 걱정되었다. 아이러니가 아닐 수 없었다. 안 벌고 상담이나 다닐 때는 풍족했고 벌겠다고 열심히 쫓아다녔더니 힘이 들다니 말이다.

'전략적으로 움직여야겠구나!'라는 생각을 했다. 뭔가 전략을 찾아야 했다. 마침 그때 강의가 많은 강사님이 강의를 패스하는 문자를 보게 되었다. 나는 내가 가겠노라고 말하고 나서 바로 신청했다. 가서 보니 바로 앞에 갔던 강의와 유사한 강의였다. 문제는 그 강의는 전에 내가 갔던 강의보다 시급이 무려 6배였다는 것이다. 이게 무엇이지? 그런데 강의하는 내내 모두가 너무 좋아해주셨다. 일은 같은 일을 했고, 강의하는 수준도 같았는데 강사료가 너무 달랐고 반응도 너무 달랐다. 게다가 강의하는 내내 행복감과 보람으로 충만되는 느낌이었다.

처음에는 '강사가 미끼를 던졌나?' 하고 의심을 했다. 언제부터인가 말을 곧이곧대로 믿지 못하고 의심부터 하게 되었다. 강사료를 그 관공서에서 입금해줬기에 미끼일 리가 없었다. 강사비와 강의하러 갈 곳이 천차만별이라는 것을 이 일로 인해 알게 되었다. 내가 알아야 할 것이 이것이었다. 무작정 강사가 되겠다고 하면 안 되는 것이었다. 이런 정보조차 없었고 그렇게 생각해 보는 변별력도 없었다. 이제부터라도 제대로 배워야 했다.

그래서 총각강사를 따라다녀 보기로 했다. 잠깐의 개인지도를 봐주며 두 당 레슨비를 만만찮게 받아 갔다. 그것으로 끝나지 않았다. 다시 컨설턴트를 소개해주겠다며 두 당 큰돈을 요구했다. 사기처럼 느껴졌지만 따라다녀 보기로 했다. 정보가 너무 없어서 함께 다녀 보지 않고서는 이 강의들이 어디서 나오는지 알아낼 방법이 없었기 때문이다. 범을 잡으려면 범의 굴로 들어가라고 했다. 그는 비싼 교육비를 자신의 통장이 아닌 다른 통장으로 입금해달라고 했다. 마음이 찜찜했지만, 이 길이 아니면 알아볼 방법이 없었기에 그냥 해달라는 대로 해줬다.

나는 인상 좋고 인성이 좋은 총각선생님 한 분과 같이 따라다녔다. 총각선생님에게는 이 길이 아니면 다른 곳에 연결해줄 자신이 있었기에 함께하자고 했던 것이다. 혼자보다는 둘이서 따라다니는 것이 정보를 알아내기가 더 유리했다. 그 강사가 좋아하는 빵, 커피, 김밥을 사서 1년여를 따라다녔다. 일거수일투족을 지켜보며 하나라도 포인트를 놓치지 않으려고 노력했다.

우선 그 강사와 담당자와의 전화 내용을 유심히 들었다. 강의 의뢰가 어떻게 오는지?, 상담은 어떻게 하는지?, 강사료를 올리고 싶을 때는 어떻게 하는지?, 클로징은 어떻게 하는지를 자연스럽게 익힐 수 있었다. 그리고 강의장에서는 어떠한 대상에, 어떤 교육에서, 어떤 스킬을 쓰는지, 멘트는 어떻게 치는지도 알 수 있었다. 강의안은 어떻게 준비하는지도 알게 되었다. 다급할 때는 강의안을 어떻게 맞춰서 어떤 식으로 하는지도 곁눈질로 알게 되었다.

강의장 안에서는 수강생들을 어떻게 들었다 놨다 하는지도 익혔다. 강사의 스킬은 현장에서 익히는 것이 제일이었다. 강사가 되고자 하는 사람들만 놓고 시범을 보이는 데 대한 반응과 현장에서의 반응은 달랐다. 물론 강사의 같은 시범도 너무 달랐다. 현장이 주는 생동감은 강사가 되고자 하는 이들의 학원이 아니었다. 목소리도 달랐다.

어이가 없는 것은 밤새 술을 마시고 맨발에 무릎이 찢어진 청바지와 면티를 입고 가도 앙코르 강의를 받았다. 강사가 가져야 하는 장점이 그것이었다. 물론 총각강사는 우렁차고 좋은 목소리에 말이 유창했다. 그러나 유창한 말주변보다 더 중요한 것이 있었다. 현장에서의 쥐락펴락하는 스킬과 카리스마와 목소리였다. 강의 내용은 더러는 충실하지 않았다. 그런데도 앙코르 강의를 받았다.

본시 배운 것도 없는데다가 별나게 공부도 하지 않았는데도 가능했다. 그는 내가 보는 앞에서 멋지게 해내는 거였다. 현장교육의 중요성을 알 수 있었다. 특히나 놀라웠던 것은 유명한 강사의 강의를 그대로 토씨 하나 안 틀리게 워드로 작성하여 가는 차 속에서 한두 번 읽고 가는 것이었다. 그 암기력은 술에 취해도 탁월했다. 그런 날까지도 함성과 함께 앙코르 강의를 받았다. 그만큼 노련했다.

따라다니면서 각양각색의 담당자들과 수강생들과 청중을 만났다. 강사들도 만났다. 강사 세계에서의 인간관계 연구를 하게 된 셈이었다. 강사 세계가 쉽기도 하고 힘들기도 했다. 그러나 쉬운 만큼 탈락이 될 수도 있고 힘든 만큼 보람이 있기도 했다. 강의할 장소도 많았다. 강의 종류도 너무나 많았다. 요람에서 무덤까지 가는 세대가 모두 대상이며 강의 내용 또한 그만큼 다양했다. 우리 주위의 삼라만상에 대한 소재가 다 강의 거리였다. 하다못해 맨 마지막에 버리게 되는 쓰레기에서부터 물, 공기, 숲, 약초, 꽃, 식물, 동물, 재활용, 아기 이유식, 코로나, 심폐소생술, 웰다잉, 요리, 수예, 뜨개질, 공예, 미술, 음악, 노래, 춤, 댄스, 운동, 웃음, 요가, 명상, 독서, 환경, 취미 등 모든 것이 강의 자료였다. 말로 열거하기도 힘들다.

이런 다양한 것들이 모두 강의 소재가 된다는 것을 생각이나 할 수 있을까? 관공서의 모든 과에도 다 강의가 있다. 절박한 상황이었다면 충분히 찾아냈을 것이다. 아마 몇박 며칠을 얘기해도 다 못할 것 같다. 결국은 우리 주변 환경에서부터 시작하여 지식, 경험, 노하우 이런 것들이 모두 강의다. 자격증이 필요한 것도 있고 필요 없는 것도 있다. 심지어는 전문 강사가 유리한 것도 있고 주부가 유리한 것도 있다. 이러하다 보니 나이 예순에 시작해도 자신의 노력에 따라 넉넉하게 강의할 수 있었다. 단 처음에는 누구든 힘든 고비는 있을 것이다.

N잡러가 많아지는 요즘이다. N잡러를 하는 정신과 의사 오진승 씨는 이렇게 얘기한다.

"정신과 의사로서 제가 가장 좋아하는 단어가 '꾸역꾸역'입니다. 제가 N잡을 할 수 있는 것도 '꾸역꾸역' 해나가고 있기 때문이에요."

정신과 의사이면서 70만 명이 구독하는 '닥터프렌즈' 유튜버, 방송인 그리고 최근 게임 개발에도 도전한 오진승 씨는 하나도 아니고 여러 개 직업에서 성공한 비결을 묻자 이같이 대답했다.

"모두 겉으로는 우아하게 보이는 백조지만 밑에서는 물장구를 열심히 치고 있다. 모든 것이 잘 풀리고 잘 지내는 것도 좋지만 가끔은 버겁고 지쳐도 꾸역꾸역 살아내는 게 열심히 살고 있다는 증거다."

이것이 진리다. 이 세상에 태어나서 일하는 동안 어떤 분야에서도 힘들지 않은 고비는 없다. 기왕 할 거면 처음부터 좋아하고 재미있는 분야를 선택하면 되는 것이다. 재미가 없는데도 목구멍에 풀칠해야 하니 재밌는 척 할 수도 있고, 때로는 하다가 의외로 재미있어지는 일이 생기기도 한다. 힘들지만 성취감도 있고 수입도 되고 대우도 받는 직업이 강사이다.

나 역시 60세에 다시 강사 세계에 뛰어들어 바쁘게 돌아다니는 것이 신나고 보람 있으며, 수입 또한 만만치 않다. 물론 아들 때문에 상황이 긴박하기도 했고 가끔은 힘들었지만 말이다. 그러나 힘든 것에 비해서 본인이 맥을 잘 짚고 노력만 한다면 충분한 소득과 보람을 느낄 수 있는 것이 바로 이 길이다. 나이 예순에 강사 세계에 뛰어들어 좌충우돌 정신없지만 보람된 그날들의 추억과 비결을 공개해 보고자 한다.

06
강사 준비의 기본

강사가 되겠다고 나섰다면 현재 돌아가는 상황을 뉴스를 통해 살펴 봐야 한다. 비단 강사뿐이 아니다. 어떤 일을 하더라도 나아갈 직업 이 어떤 상황인지는 살펴봐야 한다. 현재는 이직을 준비하거나 재택 근무를 원하는 사람들도 많아졌다. 그렇다면 우리가 취해야 할 바를 살펴보기로 하자.

잡코리아 뉴스에 따르면 직장인 37.5%가 '나는 퇴준생'이라고 답 했다. 한마디로 취업을 하자마자 이직 준비를 했다는 것이다. 직장 인 10명 중 4명은 취업과 동시에 이직을 준비하는 퇴준생이라고 하 는데 퇴준생은 '퇴사'와 '취업 준비생'을 조합한 신조어라고 한다. 어 디 사연 없고 핑계 없는 무덤이 없다는데 이들 또한 갖가지의 사연이 왜 없겠는가? '급여가 조건이 마음에 들지 않는다.' '일하는 환경이 마음에 들지 않는다.' '하고 싶었던 업무가 아니다.' '갑작스럽게 그냥 들어온 곳이다' 등등 이유도 제각각이었다. 정확한 데이터를 보자.

작년에 잡코리아가 알바몬과 함께 직장인 1,476명을 대상으로 '퇴준생'을 주제로 설문조사를 했다. 먼저 취업하자마자 이직을 준비하는 퇴준생인지 질문했다. 그 결과, 응답자 37.5%가 '취업하자마자 이직을 준비하는 퇴준생이 맞다'라고 답했다. 이들이 이직을 준비하는 이유는 급여 불만족과 급하게 취업을 결정한 이유가 가장 컸다. 퇴준생이 된 이유를 묻자 '급여 조건이 마음에 들지 않아서(40.3%)', '급한 마음에 취업한 곳이어서(39.9%)'가 가장 높은 응답률을 보였다. 이어 '하고 싶었던 업무가 아니어서(35.9%)', '회사 복지가 거의 없어서(22.9%)', '직장 내 상사/동료와 관계가 좋지 않아서(10.5%)' 등이 뒤따랐다. 퇴준생들은 코로나19 장기화로 취업난이 지속하여 급여 조건 등 원하는 근무 환경이 아니어도 우선 입사를 결정하고 이직을 준비했던 것이다.

한편, 설문에 참여한 직장인 과반수는 코로나19 사태 이후 이직 가치관에 변화가 있는 것으로 나타났다. 설문에 참여한 응답자 중 61.8%가 '코로나 사태 이후 이직 가치관에 변화가 있었다'라고 답했다. 변화를 준 부분은, '고용안정성/정년보장을 가장 중시하게 됐다'가 응답률 57.7%로 가장 높았다. 다음으로 '재택근무 등 코로나 사태에 적극적으로 대응한 기업을 선호하게 됐다(44.2%)', '집에서 가까운 회사를 선호하게 됐다(21.2%)', '언택트 사업을 운영하는 회사를 선호하게 됐다(16.3%)' 등이 있었다.

직장인 31.5%가 '올해 재택근무 경험이 있다'라고 한다. 잡코리아가 직장인 746명을 대상으로 '올해 재택근무 경험'에 대해 설문 조사를 진행했다. 조사 결과, '올해 재택근무를 했다'라고 답한 직장인이 31.5%로 10명 중 3명 정도에 달했다. 올해 재택근무를 한 직장인은 대기업 직장인 중에는 37.5%, 중견기업 직장인 중에는 45.2%, 중소기업 직장인 중에는 25.6%로 중견기업에 근무하는 직장인이 가장 많았다.

올해 재택근무를 한 직장인 비율은 작년 대비 절반 수준인 것으로 조사됐다. 지난 1월 잡코리아가 직장인 839명을 대상으로 '작년에 코로나19 발생 이후 재택근무를 했는지' 조사한 결과, 대기업 직장인 중에는 76.4%, 중견기업 직장인 중에는 70.7%, 중소기업 직장인 중에는 46.8%가 재택근무를 했다고 답했다.

한편 설문에 참여한 직장인 82.4%는 '코로나19 종식 후에도 재택근무로 일하고 싶다'라고 답했다. 희망하는 재택근무 형태는 '상시 재택근무(26.0%)'보다는 격주나 격일 등 재택근무와 출근을 병행하는 '혼합형 재택근무(74.0%)'를 선호하는 직장인이 많았다고 했다.

이들 중에는 집에서도 가능한 강사를 해봐도 좋을 성 싶은 사람들이 있다. 강력히 추천한다. 그렇다면 강사가 되려면 무엇을 어떻게 준비해야 할 것인가? 본인의 이력서나 프로필 정도는 깔끔하게 정리정돈 할 수 있어야 한다. 특히 서류에 붙이는 사진은 반드시 프로필용 사진 찍기를 권한다. 이것이 첫인상이 되는 거라는 것은 상식 중의 상식이므로 더는 거론 않겠다. 필요하다면 잡코리아 등에서

안내를 받거나 인터넷 검색만 해도 유용한 정보가 너무 많으니 이것
으로 간략하게 마무리하겠다.

파워포인트 스킬

강사를 하든 발표를 하든 파워포인트는 기본기가 된 세상이다.
강사가 되려고 한다면 기본적으로 당연히 할 줄 알아야 한다. 모르
면 강사가 되겠다고 입문한 순간부터는 늦었지만 그래도 바로 배울
생각을 해야 한다. 강사가 되겠다고 배우러 왔어도 아예 배울 생각
도 안 하고 '강의안 만들어서 주나요?' 하고 당연한 일인 듯 물어보
는 사람들이 부지기수다. 어쩌면 거의 그런 상태에서 들어오기도 한
다. '내가 교육비 냈으니 당연한 일 아닌가요?'라는 말이 내포되어
있기에 당황스럽기도 하다. 강의안은 본인이 작성하고 만들어야 좋
은 강의가 나온다는 걸 모르기 때문에 생긴 경우다.

명강사가 되고 싶다면 가장 기본인 파워포인트는 내 손으로 만
들어야 한다. 안 될 때는 내가 강의안을 작성하고 파워포인트를 잘
하는 사람에게 사례하고 부탁을 해야 한다. 제발 자신도 못 하는 것
을 '공짜로 좀 해줘!' 하는 어리광을 부리는 아마추어는 되지 말자.
경험에 비춰 볼 때 공짜로 해달라는 그런 마음가짐을 갖고 부탁하
는 사람 본인은 절대로 공짜 강의는 안 해준다. 누구 부탁을 공짜로
들어주지도 않는다. 무료로 가르쳐주는 파워포인트 기초강좌가 널
려 있다. 구글이나 네이버 등에서 무료 파워포인트 기초강좌 한 번
만 검색해도 누구나 알 수 있도록 쉽게 가르쳐주는 곳이 많다. 강의

를 듣는 게 불편한 사람들은 구글이나 네이버에 파워포인트 기초 또는 시작이라고만 검색하면 친절하게 포스팅을 해놓은 고마운 네티즌들이 많다. 나 역시 파워포인트를 배울 때 검색의 수고로 혼자서 배운 실력이다.

파워포인트 특징 익히기부터 시작해서 기본 사용법(슬라이드 삽입, 구성 선택, 이동, 틀), 문자열 입력(글머리 표 사용, 서식, 내어 쓰기, 들여쓰기)하는 방법을 알 수 있다. 텍스트 상자를 이용한 슬라이드를 작성하게 된다. 클립아트와 그림 사용법(그룹 해제, 효과 주기)을 알아 파워포인트를 풍성하게 만들 수 있다. 캡처 기법을 통한 그림 삽입법도 알 수 있고 웹사이트 연결법도 알 수 있다.

슬라이드 번호 매김이나 슬라이드 바닥 글, 머리글 삽입 및 인쇄하고 저장하는 기능을 알 수 있다. 슬라이드 쇼 진행법을 익혀 화면 전환 시의 효과를 넣을 수도 있고 애니메이션 지정으로 지루함을 달래고 기술을 발전시킬 수 있다. 슬라이드에 도표를 삽입한다든지 표와 조직도를 삽입하는 등의 기술을 익힐 수 있다. 동영상, 음향 등 기타 개체를 삽입하는 법을 익혀 강의의 분위기를 집중할 수 있게 만들 수 있고, 서식 파일 사용법도 알 수 있다. 슬라이드의 바탕을 꾸미기 위해 색 지정이나 그림 삽입법 등을 알 수 있다.

도형을 사용해서는 슬라이드의 변신을 가져올 수 있으므로 도형 사용법을 알아 도표를 만드는 기술 등을 연마할 수 있다. 도형이 얼마나 많은 응용을 할 수 있는지도 배울 수 있다. 다이어그램을 이용한 도형 다루기 등을 가르쳐주고 슬라이드 마스터를 이용한 디자인

서식 파일의 작성, 수정이 가능하게 할 수 있다. 이런 것들을 좀 더 높은 사양으로 사용하고 싶다면 예스폼 등 다양한 곳에 유료회원으로 가입하면 된다. 회원 등급에 따라 1개월에 1만 원 정도 회비만 계산하면 다양한 서식들을 마음대로 쓸 수 있다.

강사가 되려면 갖추어야 할 것이 많다. 그러니 이런 것들을 사전에 마스터하고 간다면 멘토 강사를 따라다니면서 현장감을 빠르게 익혀 유사시나 다급할 때 바로 현장에 투입될 수가 있다.

수익을 낼 수 있는 카카오톡 (모임, 강의 등을 유치)

강사들이 카카오톡을 해야 하는 이유가 있다. 예전에는 누군가 초대해야만 들어갈 수 있는 폐쇄적인 카카오톡 모임방에서 모임이나 강의(독서 모임, 간단한 그룹 강의, 강사 양성) 등을 유치하여 운영했다. 적지 않은 수입을 올렸다. 그러다 카카오스토리도 운영했다가 지웠다가를 반복하며 수익을 내며 운영해 보기도 한다. 물론 사람들이 네이버 블로그에 접속하는 것이 많아지자 블로그에 집중하는 사람들이 많아졌다. 나 역시 그들의 요구에 응하고자 네이버 블로그에 더 집중했다. 덕분에 짧은 기간에 고수익을 올릴 수 있었다. 그렇게 운영해오다가 현재는 카카오톡 오픈 채팅방의 기능이 대거 강화되고 업그레이드되어 이 모든 것들을 오픈 채팅방에서 행하고 있다. 코로나로 인해 언택트, 온택트 시대가 되다 보니, 트랜드에 맞는 글과 강의, SNS 도구 활용은 강사도 예외는 아니다. 올해 시작했어도 이미 600명 이상의 회원을 보유하고 있다.

오픈 채팅방은 카카오톡 이용자들이 전화번호나 '톡 ID' 같은 정보를 가지고 친구로 등록을 하지 않은 사람과도 채팅할 수 있는 편리한 기능이다. 내가 그런 방들을 찾아서 들어갈 수 있다. 다만 현재는 방에 들어와서 무례한 홍보를 하는 사람들이 많아지자 방장들이 비밀번호를 설정해 둔 곳도 많다. 오픈 채팅방을 개설하면 인터넷 주소가 생기게 된다. 참여자는 해당 링크(인터넷 주소)를 통해 오픈 채팅방에 입장할 수 있다. 개설한 사람은 오픈 채팅방에 입장할 때 비밀번호를 설정하거나, 참여자를 차단·해제하거나, 해로운 메시지를 삭제하거나 가리기를 하는 등 관리기능을 쓸 수 있는 이름하여 '방장'이 된다.

오픈 채팅방에서는 방장은 물론 참여자들도 활동하는 사람들을 대상으로 유료, 무료 강의를 홍보하고 사람을 모아 줌을 통해서 강의해주고 수입을 창출하기도 한다. 인터넷이 가능하고 줌이 가능한 곳이라면 지구촌 사람들은 현장에 가지 않더라도 모두 참여가 가능하다. 이런 수익을 만들어 내는 것도 강사의 능력이다. 적게는 몇 만원에서 억대까지도 가능한 것이 오픈 채팅방에서의 활동이다.

현재는 비단 강사뿐이 아니고 사업가나 가정주부도 다양하게 디지털 노마드 사업, 1인지식기업을 운영하고 있다. 세상이 코로나로 인해 5년여가 빠른 변화를 맞고 있다. 카톡이 또한 시대에 발맞춰 폐쇄형에서 오픈형으로 발전하며 계속 진화해 나간다. 진화에 발맞춰 기본지식을 갖추기도 해야 한다. 불과 몇 개월 사이에 기하급수적으로 늘어나고 있고 앞으로의 세상이 비대면이 많아질 것으로 본다면 엄청나게 큰 시장으로 역할을 하게 될 것이다. 알리고 모으는 역할도 하지만 카카오톡 이모티콘을 만들어 수익을 내기도 한다. 그 기능 또한 대단한 것들이 많다.

강사가 꿈이거나 강사를 하고 있다면 게다가 디지털 노마드라면 카카오톡에 대해 제대로 공부해 보라고 권해 본다. 집중해서 남들보다 월등히 한다면 도구로 삼아 무한한 수익을 낼 수 있다. 그런데 얼마 전까지 내 오픈 채팅방에서 이상한 일을 꾸미는 사람들이 있었다. 공지란에 들어가서 공지사항을 맘대로 적어놓고 튀었다. 기계치인 나로서는 그 사람을 잡을 수도, 못하게 막을 수도 없었다. 만약 카카오톡에 대해 좀 더 많이 알고 있었다면 다른 방안을 취할 수 있었을 터였다.

다행히 지난 6월 17일 카카오 측이 정책을 바꿔 오픈 채팅방에서 활동하던 사람은 누구나 올리는 것이 가능했던 '공지' 작성 권한이 방장과 부방장만 쓸 수 있게 되었다. 활동자로서는 채팅방 일정·투표 작성 기능 등은 사용할 수 있으나, 공지로 띄우고 싶을 때는 방장·부방장만 할 수 있게 만든 것이다. 또 새로워진 정책은 방장이 없는 오픈 채팅방에서는 계속 대화를 나눌 수 없게 되었다. 예전에는 방장이 나가도 참여자들끼리 대화를 이어 갈 수 있었던 것과는 달라진 점이다. 대화를 할 수 없으니 그 방은 종료된 것이나 마찬가지다.

SNS가 발전하고 진화하는 가운데 정보를 일찍 알아서 지식으로 만들고 경험을 쌓고 노하우를 터득한 사람들이 사업으로 연결하는 세상이 되었다. 이외에도 SNS를 이용해 수익을 올릴 수 있는 도구들은 너무도 많다. 페이스북, 인스타그램, 트위터, 블로그, 구글 등 미처 생각지도 못했던 도구들을 이용해 수익을 내는 세상이 된 것이다. 이런 도구들을 사용하여 직접 수익을 창출하거나 주력으로 삼는 콘텐츠들을 홍보하기 위한 수단으로 삼아 수익을 내도 된다. 이미 이 길을 걷고 있는 사람들은 너무 많다.

디지털 노마드, 1인지식기업, 지식노마드 이런 직업들이 상식이 되어버린 시대가 왔다. 나만 모르고 있는 건 아닌지 생각해 보자. 나 역시 오프라인에서 불러주었던 곳마다 정신없이 바쁘게 뛰어다녔던 강사다. 아마 코로나가 아니었다면 이런 정보를 들을 수가 없었고 설령 누가 전해준다 해도 들으려고도 않았을 것이란 걸 부인하지 않는다. 바빴던 때의 나처럼 내 생각 속에서 내 앞만 보고 가기도 바쁜 삶을 산다는 걸 누구보다도 잘 안다. 코로나로 인해 오프라인 강의들이 전면 취소 되어있는 상황이 길지 않았다면 그냥 지나쳤을 것이다.

사람들이 코로나로 우울한 기간에 나는 훨씬 더 바빴다. 새로운 세상 디지털 지구, 메타버스를 알았고 그 세상에서 알아야 할 공부를 하느라 정신없었다. 새로운 방법들을 적용하여 수익 내는 방법을 사람들에게 가르쳐주고 그들이 성장하여 가장으로서 힘을 내게 도울 수 있었다. 특히 경력단절 여성들은 새로운 사업을 시작해 가정의 경제가 살아나도록 도울 수 있어서 행복했다. 심지어 다단계 판매업자를 시작한 지 두 달 만에 천만 원 이상의 수익을 올리는 사람으로 만들어주기도 했다.

　그는 이미 콘텐츠가 있었으나 어디에 어떻게 유용할 줄도 모르고 네트워크를 한다면서 다단계 물건만 열심히 팔면서 민폐 아닌 민폐를 끼쳤던 사장님이었다. 본인이 팔러 다니는 물건이 좋은 것은 맞다. 안 좋은 물건을 가지고 다닐 수는 없는 것이다. 하지만 소비자 입장에서는 내게 필요하지 않은 물건을 가지고 왔으나 지인의 소개로 온 사람을 문전박대할 수가 없었다. 거금을 주고 어쩔 수 없이 구매하고 한 곳에다 처박아 놓고 있다. 나는 그게 민폐가 아니고 뭐냐고 얘기해줬다. 그런 말을 들어도 팔려는 욕심에 귓등으로도 안 듣던 사장님이었다.

　물론 한곳에 처박아 놓을 물건을 지인의 낯을 봐서 사줬다. 그 물건은 말 그대로 한 번도 열어보지도 않고 냉장고 위에 덩그러니 놓여 있다. 이런 것들은 절대적으로 필요한 것도 아니니 생산할 때부터 환경오염만 시킬 뿐이다. 물론 필요해서 요긴하게 쓰는 사람도 있을 것이다. 그러나 코로나와 같은 어려움을 만들어 낸 주범이 우리 인간이니만큼 환경문제도 생각하고 지켜야 할 때가 왔다. 물론 사장님의 잘못은 아니다. 사장님을 나에게 보낸 지인이 문제이다. 인간관계라는 것이 가끔은 손해를 볼 때도 있다. 그러나 그 손해는 나중에 더욱 돈독한 인간관계를 맺기도 하기에 기꺼이 투자라고 생각하고 맺어가는 것이다. 1보 후퇴, 2보 전진일 때가 종종 있는 것이 인간관계이다. 사장님은 결국 나와 협업을 하고 있다. 1보 후퇴 2보 전진한 셈이 되었다.

아마 지금쯤은 그 말을 알아들었을 것이다. 먼저 공부한 것이 다른 사람들에게 요긴하게 사용되는 순간이다. 다른 사람들을 가르치고 도와줘서 수익을 낼 수 있도록 도와주는 사람이 된다는 것은 얼마나 멋진 일인가? 가슴이 뛰는 일이다. 디지털 노마드나 1인지식기업가들은 그들의 지식, 노하우, 경험을 콘텐츠로 만들어 사업을 할 수 있도록 돕는다. 물론 그들이 알아들을 때까지 컨설팅을 해주기 때문에 강사 양성 때처럼 컨설팅 비용은 들어간다. 그러나 새로운 일을 시작할 때 공부도 안 하고 시작할 수는 없지 않은가.

여기에는 특별한 학력도 자격증이나 스펙도 필요한 게 아니다. 그러니 그런 쓸데없는 자금은 들어가지 않는다. 열정과 배우고 나누려는 자세만 있다면 누구나 1인 지식창조기업을 만들어 직업이 생기고 수익을 올릴 수 있는 세상이 된 것이다. 정보를 알아낼 때 그들의 노하우를 듣느라 교육비가 들어간다. 그 후로는 속도나 이해도 몰입력에 따라 일찍 수익을 내느냐 늦게 내느냐의 차이일 뿐이다. 간절함이 있다면 내 노력만 가지고도 누구든지 가능한 일이므로 빌 게이츠의 말대로 어른이 되어 가난하게 사는 것은 죄가 되는 세상이 된 것이다.

페이스북, 인스타그램, 트위터, 메일 등을 이용한 마케팅

페이스북, 인스타그램, 트위터, 메일 등을 이용하는 대단한 마케팅 기법들이 많다. 그러나 초짜였던 내가 사용했던 것은 네이버 블로그와 카카오톡 오픈 채팅방이었다. 인스타그램과 페이스북은 어떤 효과를 냈는지도 모르고 해야 한다고 하니 가끔 글을 올리는 정도였기에 구체적인 언급을 할 상황은 못된다. 기계치인데다가 거기까지 하기에는 실력도 시간도 부족했다. 그러나 내가 하고자 했던 소기의 목적은 달성하고도 남았다는 얘기를 전한다. 그래도 강의 다녀와서 인스타그램과 페이스북에 글은 올렸다. 내 이름이라도 검색되기를 기대했다. 간절했기에 잘하고 못하고가 중요하지 않았다. 내가 꾸준히 그 일을 수행하고 있느냐에 초점을 맞췄다. 나만의 원칙을 정하고 그 원칙에 철두철미하게 성실히 임했다. 내 실력이 그곳까지 미치지 못했고 SNS가 얼마나 중요한지 알지 못했기에 그만큼만 실천했다. 이제는 SNS가 얼마나 중요한지 알기에 기왕 할 거면 모두 제대로 배워서 잘하기를 권해 본다.

　나보다 더 큰 수익이나 목적, 목표를 가지고 있다면 선배들이나 유튜브 속에 존재하는 강사들의 얘기를 듣고 실천해도 가능하다. 많은 유료 강의들도 있다. 뜻이 있는 곳에 길이 있다. 부디 말로는 듣고 글로는 읽어 이해는 하면서도 흘려 넘겨 버리는 우를 범하지 않기를 부탁해 본다. 63세인 나도 늦은 나이에 시작해서 지금도 열심히 뛰고 있지 않은가. 이해력도 늦어서 남들 잘 때 잠도 못 자고 인터넷을 뒤지고 유튜브를 뒤져가며 공부한다. 그런데도 지치지 않는 것은 재밌는 일을 하고 있고 수익도 되며, 나로 인해 남까지 도울 수 있기 때문이다. 열등감 덩어리며 별반 타고난 능력이 없다고 알기에 날마다 나에게 격려를 보낸다. SNS에 공표한다. '된다! 된다! 잘된다! 될 때까지 한다. 하늘이 돕고 SNS가 돕고 사람들이 돕는다. 최고

다! 할 수 있다! 할 수 있다!' 강의 가는 차 속에서 소리도 질러본다. 그렇게 된다.

강사 양성을 하다 보면 강사들도 그런 사람이 많았고, 컨설팅을 해봐도 그런 이들이 너무 많다. 그러면서 그들은 고수익을 내고 싶어 했다. 노력보다 훨씬 많은 수익을 원하면서도 노력을 안 하는 사람들이 의외로 많다. 반면에 하라고 하면 즉시 실행에 옮기는 사람도 많다. 즉시 실행에 옮기는 사람은 짧은 기간 내에 바로 수익을 낸다. 그때 이끌어주는 사람도 뛸 듯이 기쁘다. 남을 기쁘게 해주고 내가 성장하는 사업, 그들의 지식, 노하우, 경험을 전하며 수익을 내는 사업이라면 해볼 만하다. 그것이 다른 사람까지 살게 해주는 일이라면 미래에 유행할 사업은 정말 멋지지 않은가. 혹시 일자리가 필요하다면 이런 산업에 뛰어들어 함께 행복해지자고 권한다.

스피치 능력

우리는 흔히 똑똑한 사람이 스피치 능력이 좋으리라 생각하는 경향이 있다. 그렇다면 세기의 석학 아인슈타인 부부를 예로 들어보자. 와튼 스쿨 조직심리학 애덤 그랜트(Adam Grent) 교수는 아인슈타인처럼 최고의 전문가가 도리어 최악의 강사가 되는 경우가 더 많다고 말한다. 어떤 근거로 그런 얘기를 하는지 뉴욕타임스에 기고한 그의 이야기를 통해 알아보도록 하자.

"아인슈타인은 우주가 '어떻게' 팽창하는지 가르쳤지만 '왜' 팽창하는지는 알려주지 않았다. 자신은 그것들에 대해 너무 많이, 잘 알고 있었다. 자신이 너무 잘 알고 있다 보니 상대가 모를 수 있다는 사실은 생각조차 하지 못하는 것이다. 그런데도 사람들은 잘 알면 잘 가르칠 거라고 착각한다. 아인슈타인과 같은 지식의 저주에 갇힌 사람에게 배우는 학습자들은 흥미를 잃게 된다."

그렇다면 강사가 되고자 하는 사람이라면 많이 알고 있다는 자기만족형 강사를 꿈꾸기보다는 자신이 상대에게 얼마나 필요한 사람이 될 것인지 살펴보는 것이 좋을 것이다.

첫째, 지금 배워야 할 것들에 대해 자신이 배운 지 얼마 안 된 사람인가? 예를 들자면, 학부생들에게 가장 훌륭한 강사는 대학원생들이다. 대학원생들은 학부생들에게 가르칠 것을 배운 지가 최근이기 때문에 초보자에게 필요한 게 무엇인지 가장 잘 알고 있기 때문이다. 물론 자신이 최고라고 생각하는 사람은 이미 그 정도의 수준에 있는 사람들을 상대로 뛰고 있을 것이다.

둘째, 같은 맥락인데 학습자들이 모두 자신처럼 천재가 아닌 비슷한 지능과 학습 능력을 가진 사람인가? 그 정도 수준이 가르치기 정말 좋은 대상자이기 때문이다. 타깃 고객은 좁고 명확해야 서로의 목적을 달성할 수 있다. 아인슈타인과 같은 천재에게 배운다고 우리가 그의 지식 습득 능력까지 따라잡지는 못한다는 것은 모두 알고 있다.

셋째, 자신이 말하는 것과 설명하는 것을 학습자가 알아들을 수 있는가? 가르치는 사람은 학습자들과 커뮤니케이션을 잘하는 게 중요하다. 대학교에서 학생들을 가르친다고 해도 전문적인 지식만 가르치면 들으려고 하지 않는다. 그런 강사가 최악의 강사이다. 그런 전문적인 지식은 담당 교수나 전문서적에서 찾을 수 있기 때문이다. 이렇듯이 자신이 너무 잘 아는 사람들의 맹점은 타인도 그 정도는 상식인 줄로 안다는 것이 정설이다. 아인슈타인 얘기가 나왔으니까 그의 부인 얘기도 소통에 대한 소재로 많이 쓰이기에 살펴보기로 하자. 《광수생각》에 나오는 얘기인데 기자가 와서 부인에게 질문했다.

"혹시 아인슈타인의 상대성이론에 대해서 이해를 잘하세요?"

부인이 뭐라고 했을까? 상상해 보시라. 부인 왈,

"저는 상대성이론에 대해 잘 모릅니다. 다만 상대성이론을 발표한 아인슈타인에 대해서는 누구보다 잘 압니다."

혹시 잘 안다고 과시하고 싶어서 이렇게 얘기를 풀어가는 강사님은 없을 것으로 생각한다.

그럼, 말을 잘하려면 어떤 습관을 지녀야 할까? 첫 번째로는 상대의 입장에 서서 말하는 습관을 지녀야 한다. 그러려면 먼저 관찰력이 있어야 한다. 주변의 상황이나 사람을 관찰하는 습관을 들이자. 여기에서 일어나는 모든 것이 말의 소재가 되기 때문이다. 대중이 아니더라도 몇 사람만 모여도 사람들 앞에서 말하는 걸 두려워하는 사람의 공통점은 '할 말이 없어요'이다. 그러니 주위 상황과 사람을 관찰하는 습관을 들이는 것이 도움이 될 것이다.

다음으로 유념해야 할 점은 말할 것에 대해 준비를 하고 나서 말을 하는 것이다. 아무 준비 없어도 되는 친구들과 말할 때처럼 생각 없이 입에서 나오는 대로 말을 내뱉지 말라는 것이다. 말할 때는 일단 머릿속으로 한번 그려 본다. 내가 어떤 말을 할 것인지 미리 생각해 보는 것이다. 예를 들면, 옷장을 열었을 때 옷이 가지런히 정리되어 있으면 어떤 옷이 어디에 있는지 쉽게 찾을 수 있듯이 말하기도 그렇다는 것이다. 그런데 정리되지 않고 그냥 여기저기 널려 있다면 어떨 것 같은가? 보기도 민망하고 지저분해 보이고 옷을 찾기도 쉽지 않을 것이다. 그러므로 말을 할 때는 일단 생각을 정리하고 말할 내용을 추려서 말을 해야 한다. 그래야 말하는 사람도 편하고 듣는 사람에게도 이해하기 쉽게 전달이 될 것이다.

무엇보다도 말을 할 때는 핵심을 정확하고 간결하게 정리해서 말하는 습관을 지녀야 한다. 말을 잘하지 못한다는 것은 정리가 안 돼 두서가 없고 장황하다는 것이다. 의미를 전달하고자 할 때는 글이나 말을 통해서 하게 되는데 책은 눈앞에 글자가 있어서 보이니까 이해할 수 있지만, 말이란 목소리로 전해져 귀로 전달이 되었을 때 가능하기에 간결하고 정확해야 가능하다.

어떤 강사가 비대면 줌 강의를 통해 유료 회원 강의를 하고 싶다고 해서 기회를 준 적이 있었다. 한 시간만 해도 되는 강의를 아무리 말려도 두 시간을 끌어가면서 회원들을 모두 잠을 재워 버리는 것을 목격했다. 난감한 상황이었다. 교장선생님 훈화 말씀도 그보다는 재미있을 것 같았다. 그 강사는 말을 해야 한다는 것을 잊었는지 PPT를 읽고 있었다. 원고를 읽을 것 같으면 차라리 그 원고를 문서화해서 팔아야 한다. 핵심은 글에 생명을 줘서 말로 바꾼 다음 그 생동감 있는 강의를 팔아야 한다.

말이란 리드미컬해야 한다. 그래야 그 리듬에 따라 학습자가 신이 나기도 하는 것이다. 그렇게 리듬감을 주기 위해서는 말의 속도나 톤, 억양, 목소리 크기, 장단 등 적절한 변화를 줘야 한다. '시작부터 끝까지 미로 시작해 미미미미 이렇게 노래한다고 해보자. 얼마나 괴로운 소음이 되겠는가? 기억하자, 노래는 멜로디가, 스피치는 리듬감이 있어야 한다는 것을.

정말로 유념해야 할 것이 있다. 의미를 전달하는 글과 말은 직접적인 표현을 쓰지 말고 오감으로 표현해줘야 한다. 예를 들자면, '오늘 낮에 먹은 칼국수가 너무 맛있었습니다.' 이렇게 쓰지 말고 '뜨끈한 국물, 쫄깃한 면발, 거기다가 행복감을 부르는 시원한 해물육수까지! 식당 전체가 후루룩 소리로 가득했습니다.' 이렇게 오감의 언어를 다 사용하라는 것이다. 그리고 자신 또한 얼굴 표정, 미소, 제스처, 옷차림새 등 오감의 언어를 적극적으로 활용해서 글이나 말에 살아 움직이는 힘을 불어넣어줘야 한다.

함께 참여하게 하는 것도 염두에 두어야 한다. 앞에서 말을 해야 한다고 하면 혼자 말한다는 생각을 하는 사람이 많다. 한마디로 혼자가 아닌 상대에게 질문도 하고 청중의 말을 듣기도 하고 또 호응이 있을 때는 적절하게 반응을 해준다면 말하기가 어려운 일도 아니다. 혼자 말하지 않아도 된다. 이게 바로 소통이 아니겠는가. 소통하면 혼자 한다는 중압감이나 두려움이 없어진다.

스피치를 하다 보면 어색함과 부자연스러움 때문에 '어', '아', '음', '저' 같은 군소리들이 많다. 주로 긴장을 한다거나, 내용을 잊거나 하는 경우 자신도 모르게 필요 없는 군소리가 나온다. 이럴 때는 미소나 표정 관리, 제스처 등을 사용하면서 잠시 침묵을 하다가 다시 말을 이어가는 것도 좋은 방법이 될 수 있다. 이런 불필요한 군소리 등은 자칫 자신감이 없어 보이기도 하고 준비가 안 된 사람처럼 보이기도 하므로 꼭 고쳐야 하는 나쁜 습관이다.

연습을 많이 하면 말하기가 훨씬 더 부드러워질 수 있다. 제아무리 명연설가도 말을 하다 보면 실수를 한다. 기획력만 있고 실습이 없다면 본인이 원하는 100퍼센트 결과는 가져올 수 없다. 이론도 실기도 100점 맞은 장롱 면허증과 같다고나 해야 할 것이다. 내가 스피치를 해야 할 그날에 어떤 장소, 대상, 분위기, 성격에 따라 실전 같은 연습을 해봐야 한다. 강의인지, 브리핑인지, 회의인지, 고객 응대인지에 따른 모든 게 달라져야 하기 때문이다. 실전은 연습처럼, 연습은 실전처럼 할 때 좋은 스피치가 나온다.

모든 면에서 다 잘해도 유연한 태도나 유머감각이 없다면 스피치가 살아나지 않는다. 내가 원했던 상황과 다르게 전개되어 버릴 수도 있다. 이런 때에도 유연하게 대처할 수 있는 여유를 가져야 자연스럽고 멋진 스피치가 완성된다. 당황하기 쉬운 이때, 약간의 유머로 그 상황을 넘길 수 있다면 이미 멋진 스피치를 하고 있다고 보면 되겠다. 기왕 실수했다면 연연하지 말고 뻔뻔하게 가벼운 유머로 그 상황을 넘기는 것이 중요하다. 당황할 뻔한 실수를 태연하게 넘겼다면 이미 명강사가 될 자질이 만들어진 것이다. 잊지 말자. 연습만이 실전에서 나를 가장 빛나게 해줄 무기라는 것을.

이미지 메이킹

공자가 말하기를 "知之者 不如好之者. 好之者 不如樂之者(지지 자 불여호지자 호지자 불여락지자)"라고 했다. 알기만 하는 사람은 좋아 하는 사람만 못하고, 좋아하는 사람은 즐기는 사람보다 못하다고 했 는데 지금의 세상이 지식 기반 위에 즐기는 세상이 실현되었다. 인 간의 기본 욕구 중에서 최상위의 욕구가 행복을 위한 욕구가 아닐까 싶다. 그 행복이란 것이 즐거운 것, 기쁜 것이라면 인간과의 관계에 있어서 제대로 된 평가와 대우를 받는 것이라고 할 수 있다.

'인간과의 관계'라는 말에서 볼 수 있듯이 사회생활을 하는 데는 내 의지보다 상대에게 평가받는 것이 중요하다. 이미지 메이킹이 필 요한 이유다. 사회생활에서의 인간관계는 3초 만에 이미지가 파악된 다고 해서 첫인상에 관해 얘기할 때 '3초 법칙'이라고 얘기하기도 한 다. 미국의 사회심리학자 솔로몬 애쉬(Solomon Asch)는 이것을 '초두 효과(primacy effect)'라고 했는데 먼저 입력된 정보가 나중에 알게 된 정 보보다 더 강력한 영향을 미치는 현상을 말한 것이다. 이를 인상형 성에 첫인상이 중요하다는 의미로, '첫인상 효과'라고도 한다. 고로 이미지 메이킹이란 첫인상을 어떻게 보이게 만드는가가 중요하다고 할 수 있다.

잘못 인식된 첫인상은 그 후로 상당히 오랜 기간을 만나면서 인 식 전환을 시켜야만 겨우 바꿔줄 수 있다고 한다. 그런 불필요한 에 너지 낭비가 없게 하기 위해서는 첫인상에서 내가 원하는 대로 나를 제대로 보여줘야 한다. 이것이 진정한 이미지 메이킹이다. 이렇게 내 이미지가 긍정적으로 잘 보였을 때 사회생활이 원만하게 유지될 수 있다. 이미지 메이킹이 성공하기 위해서는 다음과 같은 5단계를 거친다. 이는 타고난 것이 아닌 후천적인 노력으로 만들어지는 것이기에 다행스럽고 감사한 일이기도 하다. 또 책임이 따르기도 한다.

잘 만들어진 이미지 메이킹은 사회생활이 순탄하기도 하고 잘못된 경우는 본인의 의지와 상관없이 평가절하되기도 한다. 본인의 이미지는 본인이 만든 것이기에 상대의 평가에 이의를 제기하기보다 그렇게 보인 자신에게 물어야 할 때가 있을 것이다. 상대에게 보이는 첫 번째가 이미지이기에 살아가면서 기본인 사칙연산(四則演算)을 하듯이 이미지 메이킹을 위해서도 기본이라 생각되는 사칙연산을 해보고자 한다.

더하기를 잘하자. 내가 꿈꾸는 최상의 이미지를 현재의 이미지에 더해 간다면 원하는 삶이 플러스가 되고 목표에 더 빨리, 더 정확하게 도달할 수 있다. 나에게 없는 것이 무엇인가 찾아서 더해 보자.

기초이자 기본인 사칙연산도 빼기는 더하기보다 더 어려웠다. 내 이미지 메이킹을 완성하려면 새로운 것을 채우는 것도 중요하지만 혹시라도 나에게 있을 편견이나 나쁜 습관들을 제하여 버리는 것이다. 나에게 어울리지 않은 컬러, 스타일, 태도, 버릇, 군소리 등을 버리는 것이다. 그러면 내 이미지는 새로워질 것이다. 버릴 때는 과감하게 버리자.

다음은 곱하기 개념이다. 단순하게 무에서 유를 창출해 나가는 것을 더하기라고 한다면 곱하기는 더하기 빼기를 통해 시너지를 발휘해 본인의 목표치에 가까운 이미지 메이킹에 접근해 가는 상태라고 정의해 본다. 곱하기를 자유자재로 할 수 있을 때 버릴 건 버리고 변화시킬 건 변화시킨 이미지가 경쟁력에서 우위에 서게 한다. 그러면 삶을 더욱더 멋지게 이끌어 갈 수 있을 것이다. 이제 나의 브랜드가 제대로 만들어졌다면 자신의 브랜드 가치를 높여 뛰어볼 준비를 해보자.

나누기는 더하기, 빼기, 곱하기를 통해 최상의 이미지 메이킹이 되었다면 타인들에게 나누어주어 보탬이 되는 일을 해서 어디서나 환영받는 이미지가 형성되어야 한다. 그런데 이미지 메이킹으로 내가 업그레이드될 수 있다는 것을 알면서도 못 하는 이유는 무엇일까? 변화해 가는 모습이 완벽하지 않더라도 보여주면서 노력을 계속하자. 안 되면 많은 지인 앞에서 하겠다고 공표하자. 자신의 말에 대한 책임감 때문에 더 빠른 변화를 가져올 수 있을 것이다. 최상의 이미지가 되었을 때 본인이 하고 싶은 일에 도전한다면 결과도 최상이될 거로 생각한다. 인상은 내 속의 것이 겉으로 드러나기에 속사람을 완성해 겉 사람이 멋지게 연출될 수 있도록 만드는 것이다. 이때 겉사람과 속사람이 일치되게 만들어 가는 것이 이미지 메이킹이다.

끝으로 이미지 메이킹, 퍼스널 브랜딩, 디자인 씽킹 등을 적용하여 내면의 나를 가장 나답게 포장해야 한다. 기껏 나라는 상품을 잘 만들어 놓고 포장을 잘못해서 불이익을 당하는 일은 없어야 한다. 나의 내면을 안팎이 일치하게 포장해 보자. 자신의 노력을 인정할 정도만 포장해도 성공했다고 할 수 있을 것이다. '퍼스널'이란 단어는 그리스어로 연극배우가 쓴 가면을 뜻하는 말 '페르소나'에서 유래된 말이다. 내 속이 어떻든 그걸 그대로 드러내지 않고 감정의 찌꺼기들을 걸러 내어 아름답고 평온해 보이는 좋은 의미의 가면 얼굴을 만들어 보이라는 의미로 해석해 본다. 이렇듯 정제된 가장 인간다운 얼굴을 만들어 내는 것이 이미지 메이킹이다. 잘못된 습관, 언어, 표정, 생각 등으로 만들어져 있던 내 이미지를 더하고 빼고 곱하고 나누어서 거듭난 '페르소나'를 장착하고 이미지 메이킹에 성공해 브랜드 가치를 높여 보자.

이미지 메이킹을 위한 사칙연산을 잘하려면 자신을 정확하게 알려는 노력을 해보자. 장점은 극대화하여 강점으로 만들고 단점은 빼가면서 보완해 가자. 그리고 자신을 계발하는데 노력을 게을리 하지말자. 노력한다는 것은 생각한 것을 실행에 옮겨야 한다는 것이다. 이미지 메이킹을 잘해서 성공한 연예인, 잘못해서 실패한 연예인을 종종 볼 수 있다. 그런데도 바로 노력을 하지 않고 차일피일 미루다보니 생각과 차이가 나게 되고 결국 포기하게 된다. 그러니 하루 1%씩이라도 변화를 위해 실행에 옮기자. 중요한 것은 생각이 아니라, 생각을 실행에 옮기는 것이다.

자신을 잘 알게 되었고 계발해 가기 시작했다면 자신을 잘 팔기위해 포장을 해야 한다. 자신을 잘 팔기 위해서 자신의 내면이 겉으로 멋진 포장이 되어 나오기 시작할 것이다. 화장, 스타일, 의상부터분위기, 태도, 언어, 목소리 등이 나라는 상품에 입혀질 것이다. 포장이 내면과 같이 잘되었다면 드디어 나라는 상품을 팔아야 한다.

파는 기법도 중요하다. 상품을 잘 만들고도 판매를 잘못한다면 덤핑이 될 것이다. 나를 덤핑으로 판매해 버렸다면 이것도 내 책임이다. 판매를 잘하려면 나를 잘 알리고 광고를 잘해야 한다. 세상에는 비슷비슷한 많은 펭귄이 있다. 그렇다면 나를 핑크 펭귄으로 만들어 눈에 띄게 해야 한다. 나를 핑크 펭귄으로 만들었고, 보석을 잘 다듬었다면 자신을 잘 팔 수 있어야 한다. 이미지 메이킹은 나를 잘 팔기 위해 절대 필요한 요소이다.

마지막으로 나다움을 개발하고 자신에게 진실해야 한다. 진실하지 않은 채 이미지 메이킹을 한다면 포장지가 속 상품인 나와 어울리지 않기 때문에 조화롭지 않게 된다. 멋지게 포장한 포장지가 벗겨진다고 생각해 보자. 속이 드러난 상품이 얼마나 초라해지겠는가. 진실함을 절대 잊지 말자.

이미지 메이킹에 성공했던 예로 케네디 대통령이 있다. 그 시절 불리했던 케네디가 4회의 TV 토론을 제시했고 닉슨이 수락해서 진행되었다. TV 토론은 사람들의 예상과는 다르게 무명의 케네디를 일약 정치 스타로 만들었고, 대통령으로까지 당선시켜줬다. 토론하는 동안 케네디의 열정적인 모습이 TV로 비쳤고 닉슨은 지친 모습이 비쳤다. 케네디의 물빛 셔츠가 보였고 닉슨은 창백한 얼굴이 보였다. 토론 내용은 예상대로 노장인 닉슨이 우위였다. 라디오에서도 닉슨이 우위였다. 결과는 케네디가 승리를 했다. 케네디는 TV가 자신을 살렸다고 했다. 왜 그랬을까? 귀보다 눈이 우위라는 말이다.

시각적인 것이 더 먼저라는 것, 이미지 메이킹을 해야 하는 이유다. 미국 캘리포니아 대학교 심리학과 명예교수인 앨버트 메라비언 (Albert Mehrabian) 교수는 대화하는 사람들을 관찰하여 상대방에 대한 호감을 느끼는 순간을 포착했더니 결정적 요인은 상대방의 말의 내용이 아니라 이미지였다고 했다. 인상이나 호감을 결정하는데 목소리는 38%, 보디랭귀지는 55%의 영향을 미쳤고, 내용은 겨우 7%만 작용했다는 거다. 비언어적인 요소가 차지하는 비율이 93%나 된다. 미국의 가장 훌륭한 대통령 3위에 뽑힌 레이건 대통령은 정치적 업적으로가 아닌 미소와 목소리 때문이라고 한다. 심지어 그의 실책까지도 가려졌을 정도라고 하니 이미지 메이킹을 해야 하는 것은 강사에겐 중요하고 또 중요한 일이다.

최근에는 뇌를 스캔해 들여다 볼 수 있게 되면서 뇌와 표정의 연관성을 보여주는 연구가 많이 나왔다. 미소도 그냥 만들어지는 것은 아니라는 얘기다. 이 또한 오랜 훈련과 기억의 결과라는 것이다. 그러기에 이미지 메이킹도 실행과 반복, 노력이 다시금 중요해지는 이유다. 물론 강사뿐만 아니라 사회생활을 하는 모든 사람에게 가장 중요한 일 중의 하나가 이미지 메이킹이란 것을 거듭 강조해 보는 바다.

배움의 자세

스피노자가 이렇게 말했다.

"인간이 행할 수 있는 가장 고귀한 행동이 배움이다. 배우면 이해할 수 있고 자유로워지기 때문이다."

이 말은 배움에서만이 여하한 경우에도 이해할 수가 있고 자유로울 수 있다는 말이다. 한마디로 배움에 정진했을 때 좀 더 고차원의 몰입을 가져 볼 수 있고 그로 인해 자신의 경험에서 인생관, 세계관, 신조 등을 얻을 수 있다는 것이다. 그러므로 무수한 명언을 갖다 붙이지 않더라도 귀에 딱지가 붙은 엄마의 말씀대로 사람이란 죽을 때까지 배워야 한다. 거기에 대한 답은 살아오면서 점점 더 강하게 느끼는 바다. 수많은 철학자, 위인들이 뇌리에 콕 박히게 명언들을 남긴 것도 배움이란 것이 그만큼 중요한 것이기 때문이다.

별반 머리도 좋지 않고 내세울 것도 없는 60대의 엄마가 다시 세상에 나와 해야 할 일을 해낸 것도 배움을 그만큼 중요하게 생각했기 때문에 가능했던 것 같다. 배우는 것을 좋아하다 보니 나도 모르게 그런 명언들이 나를 이끌었던 결과다. 배움이란 아무런 공로도 없이 우연히 얻지 못하는 것이다. 열정적으로 구하고 부지런하게 참여해야만 얻을 수 있는 것이다. 이 세상에 무엇을 하건 기본은 배움이며 배움에 대한 자세로부터 시작된다.

공자는 인생의 배움에 대해 15세에 배움에 뜻을 둔다 해서 지학(志學), 20세에 성인이 되는 관을 올린다고 해서 약관(弱冠), 30세에 자립을 해야 한다고 해서 이립(而立), 40세에는 미혹 받지 않아야 하니 불혹(不惑), 50세에는 천명을 알아야 하는 나이 지천명(知天命), 60세에는 귀로 들으면 이치를 깨달았다고 해서 이순(耳順), 70세에 마음이 하고자 하는 대로 따라도 법도에 어긋나지 않는다고 하여 종심(從心)이라고 했다.

공자의 이 말은 한마디로 이런 나이 때에 이만큼의 깨달음이 있어야 한다는 것이니, 곧 인생 공부를 얘기한 거다. 그러니 배움이란 것은 삶에 있어서 기본으로 깔고 가야 할 철학인 셈이다. 그런데 요즘 우리는 어떤 배움을 하고 있으며, 공부를 하고 있는가? 단순히 지식을 익히고 있는 것은 아닌가? 배움이란 것이 성공을 위해서 하는 것은 아닌지 되돌아봐야 할 것 같다.

대학에서 강의할 때 자기 이름을 겨우 그리던 학생이 있었다. 아예 의사소통이 제대로 안 되는 학생이었다. 그 학생을 본 순간 마음이 답답했다. 그 학생 뒤로 엄마가 보이는 것 같았다. 그 학생 하나만 제대로 가르치면 내 임무는 끝날 것 같은 사명감이 들었다. 수업 시간 때마다 이 학교에 내가 들어오는 이유를 그 학생에게 맞췄다. 다행스럽게도 아이들은 그것을 재밌어하며 함께 힘을 실어주었다. 2년 후 그 학생은 학과 친구들의 졸업작품을 혼자서 다 만들어주다시피 했다. 그때의 아이들 역시 졸업하고 나서 다른 대학에 편입하는 등 훌륭한 사회인으로 자라주었다. 학교 공부보다 인간 공부를 시키니 학업은 절로 따라와주었다.

탈무드에도 배움에 대한 부분이 있다.

"나는 스승에게 많은 것을 배웠고 친구에게도 배웠고, 제자들에게도 배웠다."

그렇다. '삼인행필유아사(三人行必有我師)'라는 공자의 말은 만인이 나의 스승이라는 내 생각과도 일맥상통하기도 하다. 누군가의 좋은 행동을 보고 배우며, 옳지 못한 행위는 보고 절대 행하면 안 된다는 말이다.

강사가 되고자 했을 때 방향을 모르다 보니 수많은 자격증을 취득하며 공부에 전념했다. 앞으로 어떤 주제의 강의가 이슈가 될 것인가? 지금의 트랜드는 무엇인가? 뉴스를 뒤지고 인터넷을 뒤지고, 유튜브를 뒤지며 공부했다. 자격증을 취득하는 데만도 많은 돈이 들어갔다. 정보를 모르니 나름의 검색을 통해 공부하는 수밖에 없었다. 지금 같으면 좀 더 많은 돈이 들더라도 제대로 가르쳐주는 곳을 찾으라고 하고 싶다. 돈 없이 강사 세계에 뛰어들다 보니 적은 돈이 더 많이 들었고, 결국은 들어가야 할 돈은 다 들어가고 나야 정보를 제대로 취할 수 있었다고 생각해 보게 된다.

배움에서는 평생교육을 해야만 하는 시대인 것 같다. 이젠 좀 안다고 생각할 때면 어김없이 미처 모르는 분야가 나타난다. 결국은 일생을 통해 배워야만 하고, 배우지 않으면 어두운 밤에 길을 걷는 것처럼 앞뒤 분간을 못해 길을 잃게 되고 말 것이다. 평생 배우기에 힘을 쓰다 보면 본인의 길을 찾게 된다. 특히 어떤 분야에서든지 가르치는 일을 하게 되는 경우가 많다. 그간 배운 것들은 결국 지식과 경험과 노하우가 되어 누군가에게 풀 수 있게 된다. 그러니 꼭 무엇이 되겠다는 소망이 없더라도 배움에 충실하기를 권해 본다.

배우다 보면 어떤 분야에서는 희열을 느끼게 될 것이고 그 분야에서는 다른 사람을 지도해줄 수 있을 만큼의 열정이 생겨나기도 할 것이다. 설령 지도하고자 하는 열정이 아니어도 직업으로서 가지고 가는 일도 생길 것이다. 그도 아니라면 삶의 지혜가 생길 것이고 인

성이 굳혀지기도 할 것이다. 배움에 힘쓰는 것만큼 변화를 가져올
수 있는 일은 없다. 배우며 살아간다는 것은 매 순간 삶의 의미를 깨
닫는 것이다. 가장 자기다운 색깔과 방식으로 생각하고, 선택하고
행동하는 삶을 그려 내도록 돕는 일이다. 학창 시절 정답만을 강요
했던 공부에서 이제 자신만의 해답을 찾아보고 행동하는 것이다. 그
리고 자신만의 삶을 그려가는 것이다. 그러기에 우리에게 배움이 멈
춘다면 진정한 의미의 삶도 멈추는 것이 아닌가 생각해 본다.

신뢰가 실력이다

강의를 다니다 보면 피치 못하게 실수를 할 때가 있다. 고속도로
에서 차가 막혀 40분 넘게 제자리에 서 있었던 적이 있다. 차를 빼지
도 박지도 못하는 상황이었다. 담당자는 국도로 빠져서 오라고 말도
안 되는 소리를 했다. 얼마나 당황했으면 말이 안 되는 요구를 했겠
는가? 강의장에 일찍 도착하는 성격인지라 늦지는 않았으나 하늘이
노래졌다. 그런 일은 내 힘으로 어쩔 수가 없는 일인데도, 이런 일이
발생하면 신뢰는 쉽게 무너진다.

또 한 번은 자타공인 시간 개념이 철저한 내가 늦게까지 서류 정
리하느라 잠에서 깨어나지를 못했다. 근처에 사는 나보다 강의를 훨
씬 잘하는 강사를 보내 놓고 가고 있는데 고속도로에서 공사 중인
바람에 길이 막혔다. 물론 강의는 이미 정시에 도착한 다른 강사가
잘하고 있었다. 그날 그곳에서 소위 말하는 찍힌 강사가 되었다. 어
쩔 수 없는 상황이었지만 실수에 대한 예외는 없었다. 실력까지 의

심받고 신뢰는 무너진다. 다른 부서에서는 좋은 이미지를 얻었는데도 이 부서만큼은 지금까지도 회복이 안 된다.

고대 그리스 로마의 노예 출신 철학자로 알려진 에픽테토스(Epictetus)가 '자신의 마음은 바꿀 수 있는 일이며 타인의 마음은 바꿀 수 없는 일이다'라고 했다는 말이 정답인 것 같다. 그만큼 한 번 신뢰를 잃게 되면 회복하기 힘들다는 말이다. 그런 실수도 좋은 해답을 줄 때가 있다. 나는 내가 실수를 해보면서 타인의 실수도 있을 수 있다는 것을 알게 되었다. 내 품이 커진 것이다. 실수한 것에서도 뭔가를 배우려고 하고 상대를 이해하려는 품이 커진 내가 자랑스럽기도 하고 믿음직스럽게도 느껴졌다. 실수 속에서도 성장이 일어나고 있었다. 자신을 신뢰할 수 있는 여유가 생긴 것이다.

다른 사람과의 관계에 있어서도 신뢰가 중요하다. 하지만 그보다 더 중요한 것은 자신을 신뢰하는 것이다. 자기 신뢰가 성공을 위한 첫 번째 비밀이라고 생각한다. 자신에 대한 신뢰는 성실을 낳고 긍정을 가져온다. 그러니 지키지 못할 약속이라면 하지를 말고 약속을 했다면 지켜야 한다. 자신과의 약속도 마찬가지다. 고로 우리는 수시로 자신을 점검해야 한다. 지금 나는 믿을 만한 사람인가? 신뢰를 얻고 있는가?

카네기는 미국의 대부호 록펠러가 어떻게 해서 거대한 부를 이루게 되었는가를 연구한 적이 있다. 연구한 결과 그 숨겨진 비밀은 '신뢰'였다. 록펠러는 거래처나 투자자 및 심지어 어린아이들에게서까지 무한한 신뢰를 얻고 있었다고 한다. 록펠러의 신뢰를 얻는 비결은 그가 미국의 윌슨 대통령의 조언을 믿고 따르고 있었던 것에 있었다. 지갑 속에 윌슨의 말을 적은 메모를 간직하고 다녔다. 아래는 그 메모에 적힌 '신뢰를 얻는 비결'이다.

'만일 누군가가 내게 주먹을 쥐고 달려든다면, 나 역시 주먹을 움켜쥘 수밖에 없을 것이다. 나의 뇌도 반사적으로 행동할 것이기 때문이다. 만일 누군가 다가와서 온화한 모습으로 차분히 대화를 요청한다면, 그에게 신뢰감을 느낄 것이다. 사람의 뇌는 그렇게 훈련되고 길들었기 때문이다. 누군가가 나에게 주먹을 휘둘러도 똑같이 행동해서는 안 된다는 생각을 입력하기 시작했다. 이것이 감정을 제어한 이성적 판단이다. 감정이 격한 사람은 진정시키고 대화를 시도할 것이다. 우리의 의견이 다른 건 무엇인지, 왜 다른지. 공동의견보다 얼마나 더 중요한지, 서로 무엇을 양보할 수 있는지, 하나하나 풀어가다 보면 서로 같은 마음을 느끼고 있다는 것을 발견할 수 있을 것이다. 이 마음이 신뢰의 힘줄이다.'

작은 실수가 감정을 상하게 하고 이성을 잃게 만든다. 고로 실수를 좀 했다고 해서 감정을 상하게 할 말이나 행동은 하고 있지나 않은지 체크를 하자. 말이나 행동은 불평을 초래하는 씨앗이기도 하지만 신뢰를 자라게 할 씨앗이기도 하다. 씨앗은 씨앗 채로 두어서는 효과를 볼 수가 없다. 정성스럽게 가꿔주고 자라게 해줘야 한다. 나는 강의 의뢰를 받으면 당일에 하는 행동이 있다. 출발할 때는 '지금 출발했습니다. 몇 시쯤 도착합니다.' 문자나 전화를 해준다. 끝났을 때는 의뢰를 받은 쪽에 '무사히 마치고 갑니다. 감사합니다. 강의장에서 어떤 분위기 어떤 평가를 받았습니다. 참고하십시오. 덕분에 '칼'이란 별명이 생겼고 모범이 되었다. 작은 행동과 말이 큰 신뢰를 낳기도 한다. 팥으로 메주를 쑨다 해도 믿게 되는 거다.

강사에게 꼭 필요한 건 자신의 일거수일투족에서 생길 수 있고 깨질 수 있는 신뢰 쌓기이다. 신뢰는 또한 실력이다. 그것은 작은 강의 하나하나 불러주심에 대한 감사하는 마음에서 시작이 된다. 감사를 알고 실천하자. 신뢰가 생길 것이다. 신뢰=실력이다.

시간 관리는 철저하게

강사가 생각하는 시간 관리는 두 가지로 나눠서 생각해 볼 수 있다. 대상들에 대해서, 강사 자신에 대해서 시간 관리를 해야 한다. 나의 시간을 소중히 쓰는 사람은 상대의 시간도 소중하게 여길 줄 안다. 어떤 때는 앞 시간 강의를 하신 분이 끝나지 않아서 기다려야 하는 경우가 있고, 또 어떤 때는 앞 강사님의 강의가 지루해 다들 졸고 있다고 하면서 일찍 끝내려고 하니 빨리 좀 와줄 수 있느냐고 하는 경우도 있다. 이래저래 좌불안석이 된다. 모두 프로답다는 소리를 듣고 싶은 게 같은 강사로서의 바람이다.

강의를 듣는 사람들도 대체로 한결같다. 시간을 꽉꽉 채우는 강사보다는 간단명료하게 핵심만 짚어주고 일찍 끝내주길 바란다. 그래도 예외가 있기는 하다. 딱 한 번 부녀회장님들 대상으로 한 강의였다. 강의를 하는 중간 중간 각 군, 각 시에서 고위 공무원들이 부녀회장님들을 만나기 위해 강의장으로 들어오시는 것이었다. 부녀

회장님들과 인사를 나누고 나면 회장님들은 그들을 배웅하러 나가면서 한결같이 이렇게 말하는 거였다.

'다시 강의를 들어야 하니 올 때까지 진도 나가지 마세요.'

그 분위기를 상상해 보라. 회장님들은 계속 들락날락하고, 진도는 못 나가고 상상이 될 것이다. 하는 수 없이 요점만 간단히 끝내야 했다. 담당 공무원이나 회장님들은 좋은 강의 못 들었다고 안타까워했다. 그러나 인연은 계속되었다. 결국, 120여분의 리더들이 모인 강의에 꽤 고액을 들여 강사로 초청해주셨다. 좋은 인연 맺는 것은 감사할 일이다.

강의는 이렇게 의도치 않은 방향으로 발전하기도 한다. 그래서 매 순간 긴장하며 강의를 하게 된다. 이 순간이 어떻게 발전할지 모르고 어떤 실수가 나올지 몰라 잠시도 안심을 할 수가 없다. 내가 실수한 시간이 아닌 주최 측이 이렇게 시간을 허비하는 수도 있다. 이런 경우는 강사에게 플러스가 되기도 한다. 그러나 대부분의 시간 관리가 잘못된 경우는 강의 시간 30분 전에 도착해서 미리 챙겨야 할 것들을 점검하지 못한 경우다. 그렇다면 미리 와서 무엇을 챙겨야 하는가?

❶ 담당자와 인사하며 친숙해져야 한다.
- 미리 얘기하며 준비했던 상황과 지금의 상황이 같은지, 혹은 변수가 있는지 체크한다.
- 강의 중 부탁하고 싶은 상황이 있는지 점검한다.

❷ 강의 준비를 한다.

- 기기(마이크. 빔프로젝트. 음향) 상태를 점검하고 확인한다.

❸ 청중과 교감을 한다.

- 청중과는 사전에 눈인사하고 대화하여 친밀도를 형성한다.
- 강의 시작과 함께 느닷없이 들어가는 것보다 이미 친밀도를 형성해 놓았기 때문에 강의할 때 호응도가 좋으며 강사 평가 설문 조사 때도 훨씬 좋은 평가가 나온다.
- 오늘 강의가 어떤 강의가 되길 바라는지 살펴볼 수 있다.
- 일찍 끝내기를 원하며 지친 상태인지, 강의를 좋아하는지 살펴서 맞춰줄 필요도 있다.
- 마지막 시간이라면 너무 빠듯하게 시간을 쓰지 않는다. 담당자들 나름대로 마무리해야 할 것들이 많다.

❹ 자기계발을 위해 시간 관리를 잘해야 한다.

- 시간 관리는 기록에서부터 시작된다. 미국의 경영학자 피터 드러커는 '계획이 없는 실행이 모든 실패의 원인이다'라고 했다. 그러니 우선순위를 정해서 시간과 노력을 분배해야 한다. 최악의 시간 활용은 필요하지도 않은 일을 매우 잘하는 것이라고 했다. 나 역시 새로운 프로젝트가 들어갈 때마다 시간 관리에 특별히 신경을 썼다. 우선순위를 정하고 그 일에 집중을 했다. 그 결과, 우선순위를 최단기간에 완수한 적이 많다. 기능장 시험을 볼 때 한 달 만에 합격할 수 있었던 것도 그 경우이다. 책을 쓸 때도 다른 것들을 조금씩 뒤로 미루고 책에 몰입했다. 그러지 않았다면 지금도 책 한 권을 쓰지 못했을

것이다. 강의 준비하랴, 1인기업 운영하랴 너무 바빠서 책을 쓸 엄두가 나지 않았다.

❺ 자투리 시간을 융합하여 큰 시간으로 만든다.

• 작은 시간을 가지고는 어떤 일도 할 수 없다. 그러므로 하나의 프로젝트를 감당할 수 있도록 유용한 시간으로 만든다.

강의 전 점검 사항

적어도 출강 1주 전에는 강의 자료 요청 사항에 대하여 전달해야 한다. 만약 교육 담당자가 지원이 어려운 경우 강의 계획을 조정해야 한다. 강의 전에 점검해야 할 것들도 살펴보자.

❶ 컴퓨터나 노트북이 설치되어 있는지 확인한다.

❷ 개인 노트북이나 기타 장비를 활용할 경우, 별도의 연결 장치가 있는지 확인한다.

❸ 빔프로젝터 등 영상장비가 지원되는지도 확인한다.

❹ 마이크 및 음향장비 작동 여부를 확인한다.

❺ 강의장 형태(예: 일반 대형 강의실인지, 책걸상이 이동 가능한지)를 확인한다.

❻ 학습자별 교재 제공 여부를 확인한다.

❼ 학습자 활동을 위한 준비물 지원 여부를 확인한다(포스트잇, 펜, 컬러 펜, 매직, A4 용지, 팀 활동을 위한 전지/이젤 패드 등).

❽ 강의 시간 체크를 위한 벽시계 설치 여부를 확인한다.

❾ 장시간 교육 시 학습자 식사/간식 지원 여부를 확인한다.

❿ 팀 활동 시 인센티브 제공 여부를 확인한다.

⓫ 학습자 분석 내용

- 분석내용

① 일반적 특성:

    -나이, 학력, 직위, 문화·사회·경제적 요인 등 참석인원, 남녀 비율, 대학생, 인턴사원, 재직자인지 알아본다.

    -재직자라면 신입사원인가, 경력사원인가? 어떤 직무 혹은 부서에 소속된 사람이 많은가?

② 지식·경험 수준:

    -학습자가 가지고 있는 지식이나 기술 등 교육 참석 목적, 강의 주제와 관련된 지식과 경험을 어느 정도 알고 있는가?

③ 기타:

    -강의와 관련, 사전 파악해야 할 맥락적 정보 및 기타 이해관계자의 요구 등 강의에서 학습자 외에 경영진이나 담당자가 기대하는 특정한 요구가 있는가를 파악해서 그 욕구를 충족시켜줘야 한다. 이렇게 점검하고 간다면 만반의 준비를 했다고 볼 수 있다.

이렇게 만반의 준비를 해도 불편한 상황이 생긴다. 이외에도 강의하러 갈 때에는 만약을 대비해서 반드시 준비해야 할 것이 또 있다. 마지막으로 USB는 2개 정도를 준비해서 강의안을 복사해 가야 한다. 본인의 메일에도 올려놓아야 한다. 그리고 노트북은 예비로 언제나 준비하고 가야 한다. 요즘에는 커피나 물을 한 잔도 얻어먹지 못할 경우도 있다. 예전과는 분위기가 사뭇 달라졌다. 철저하게 자기 일은 자기가 해야 하는 세상이 되었기에 이런 상황에 대비해 내가 마실 음료는 가지고 가는 것을 추천한다.

07
꿈은 진화한다

누구는 생각지도 못할 만큼의 능력을 발휘하고, 누구는 능력이 있는데도 재능을 죽여 버린다. 강사 세계에 똑같이 나와도 역량은 천차만별이다. 나이가 들어서 강사 세계에 나오면 시니어 대상으로 강의를 하는 경우가 많다. 그러나 나는 어찌 된 일인지 나이와 상관없이 하는 강의가 많아 잠도 제대로 잘 수가 없었다. 몇십 억을 버는 스타 강사가 아니다 보니 팔도강산을 다 휘젓고 다녔다. 우리나라 산수가 저렇게도 아름다운지 감탄을 할 때가 많다. 전국을 돌아다니다 보니 여행도 하고 강의도 하고 즐거울 때도 많다.

　즐거움이란 게 강사비, 경비, 수고 정도, 투자 시간 등이 합당할 때는 만족도가 컸다. 가끔은 이건 너무 힘들다 싶을 때도 있다. 노력 대비 수고비가 맞지 않는 경우다. 강사는 강의 한 시간을 준비하기 위해 몇 시간씩 자료를 찾기도 한다. 준비 시간은 안중에도 없는 강사비다. 보조가 필요한 강의인데 혼자 할 때도 있다. 이런 날은 파김치가 되기도 한다. 그러다가 교통사고를 내기도 했다.

지칠 땐 의도적으로 내 안의 머피를 오기로 쫓아내 버린다. 머피에게 지는 나를 구경만 하고 싶은 나이는 지났다. 이제는 다스릴 나이가 되었다. 머피를 쫓기에는 명랑한 목소리, 활기찬 노래만큼 좋은 것이 없다. 노래 부르는 실력은 점점 형편없어지는데 머피를 쫓아내는 용기와 배짱은 두둑해져 간다. 행복해서 웃는 게 아니고 웃으니까 행복해졌다지 않는가! 지금까지 인생이 쉬워서 긍정적으로 살아가려 하는가. 어려우니까 긍정적으로 살아보는 것 아닌가.

환경 파괴, 기후 변화, 산업 발전, 인구 증가 등으로 인한 총체적인 난관 코로나19가 우리 곁에 와있다. 세상은 갑자기 정지 상태다. 외부 세계와는 단절된 채 디지털 지구 안에서만 사는 느낌이다. 지난 시간이 주마등처럼 스친다. 재미있었던 강의 현장, 보람된 강의 현장, 행복했던 강의 현장, 이러한 것들이 의미를 지닌 채 추억속에서 뭐가 두려운지 맥을 못 춘다. 아무래도 쉽게 원상복구는 안될 것 같다는 싸한 느낌이 온다. 강사 이력서의 학력 칸에 슬며시 저서와 논문 제목을 끼워 넣는다.

갑자기 모든 게 바뀌고 있다. 강의 시장도 줌을 통한 온라인 의뢰가 많아지고 있다. 이때는 무엇을 해야 할까? 미래는 어떻게 준비해야 할까? 독서하기로 한다. 책을 통해 접하는 세상은 별천지다. 새로운 미래가 온다, 새로운 가난이 온다, 새로운 시대의 부자가 온다, 새로운 전쟁, 온통 '새로운'이다. 강의 시장도 새로운 시대의 강의가 시작되고, 그 기운도 새로운 기운으로 바뀌게 될 것 같이 예상된다. 그런데 이 디지털 세계에서는 글쓰기가 더 중요해진다고 한다. 글의 명확성이 사고의 명확성을 나타내게 되니 글을 쓰는 사람이 미래의 기회를 얻는다고 한다.

글로 사람의 마음을 얻고, 설득하고, 사로잡고, 변화시키는 시대가 왔다. 나 역시 독서로 모든 정보를 얻는다. 언론마저 믿기 힘든 세상이다 보니 글에 더 집착하고 신뢰하게 된다. 그렇다. 나를 더 잘 팔 수 있었던 것도 블로그였다. 마케팅은 생존이다. 쓰기다. 이젠 책쓰기가 대세다. 강사의 저서가 명함이 되어버린 시대다

다수가 좋아하는 것보다 내 소신대로 해야 할 때다. 감에 의존하기보다는 지식, 경험, 비결이 답이다. 그것들을 팔아야 하는 시대다. 글로, 책으로, 영상으로, 내가 잠들어 있는 시간에도 나에게 부를 만들어 주는 것은 다단계도 아니고 강의만도 아닌 N잡러다. 지금 당장 할 수 있는 일, 해야 할 일이 있다면 지금까지의 지식, 경험, 노하우를 글로 적고 책을 쓰는 것이다. 이젠 책쓰기다. 이게 기본이다. 블로그에 적고 책으로 펴내는 것이다.

시도하지 않고 할 수 있는 것은 아무것도 없다. 그냥 이대로 살겠다는 것은 실패의 주문일 뿐이다. 갑작스러운 범유행(팬데믹, pandemic) 때문에 우왕좌왕할 때 시간을 어떻게 활용하는가가 우리의 미래다. 우왕좌왕하느니 공격적으로 공부하고 공격적으로 글을 쓰고 책을 써보자. 관리보다는 공격하는 것이 효과가 좋다고 했다. 작

가가 되겠다는 꿈을 크게 가져보자. 강사로 태어난 것이 아니고 강사가 되겠다고 꿈꾸고 뛰었기에 가능했다. 기능장으로 태어난 게 아니고 기능장이 되겠다고 꿈과 목표를 정하고 뛰었기에 가능했다.

실행이 답이다. 하루 1%씩만 더 변화되어도 인생은 완전히 달라진다. 작가가 되겠다고 꿈을 바꿨다면 거기에 따른 행동도 달라져야 한다. 전념해 보자. 꿈이 진화한다. 로또 1등 당첨보다는 책을 써서 인세를 조금이라도 받는 건설적인 꿈을 키워보자. 그러면 행동도 진화한다. 매년 책을 써봐야겠다. 꿈은 계속 진화 중이다.

제3장

억대 연봉은
마음먹기부터

01

어떻게 하면 억대 연봉자가 될까?

강사가 되고 싶다면 무엇보다도 먼저 자신이 진정으로 원하는 직업이 강사인지 자신과의 대화가 필요하다. 어떤 직업이든 그 직업을 해보겠다고 한다면 우선 간절함과 아울러 절박함이 필요하다. 나 같은 경우에는 절박함이 있었기에 나이 예순에 시작했어도 단기간에 앞만 보고 뛸 수가 있었다. 그리고 할 수 있다는 자신감과 자신에 대한 책임감이 있어야 한다. 그러기 위해 가장 먼저 알아야 할 것들에 대해서 살펴보자.

❶ 내가 가는 길에 필요한 것이 무엇인가?
❷ 강의를 할 수 있는 곳이 어디인가?
❸ 어떻게 해야 그곳에 있을 수 있는가?

❹ 그곳에 있다면 어떻게 앙코르를 받을 것인가?

❺ 몸값은 어떻게 올릴 것인가?

❻ 나를 알렸는가?

❼ 어떻게 강사를 키워 낼 것인가?

이런 것들도 우선순위를 정하고 중요한 일들과 급한 일들을 구분지어 갔다. 요령도 필요했다. 맨 먼저 나의 강점과 장점을 알아내는 것이었다. 예전에 내가 해온 경험 중에서 제일 좋아했고, 잘했고, 실패가 적을 것 같은 것을 기억해 냈다. 역시나 강사였다.

적어도 강사를 하려면 내가 나가고자 하는 강의에 자격증이 필요한 것인지 알아야 한다. 같은 강의도 출강 기관에 따라 자격증을 요구하는 곳이 상당히 많다. 내가 가고 싶은 길이 이러한 길이라면 우선 자격증을 취득하기 위해 상당한 돈을 투자해야만 된다. 자격증뿐만 아니고 기본을 갖춰야 한다. 무엇인가 새로운 일을 하려면 투자는 기본이다.

누구나 투자를 적게 하고, 얻는 것은 손쉽게 다 얻고 싶어 한다. 그건 당연한 일이다. 나 역시 그렇다. 그러나 자신이 어렵게 얻은 정보는 자신도 사업을 하고자 투자해서 얻은 것들이기에 그냥 주지는 않을 것이다. 나는 내가 하고자 했고 관심 있는 분야에 대한 사전 공부를 철저하게 했다. 그런 후 자격증을 취득했고, 강사 양성 기관에 가면 뭔가 서광이 보일 것만 같았다. 하지만 그곳에 가도 답은 없었다. 강사가 되는 것은 먼저 강의를 뛰는 사람들을 곁눈질하면서 본인이 다 알아내야 했다. 그게 더 빠른 답이었다. 양성 기관은 자격증을 취득하거나 먼저 그 길을 걷고 있는 사람들에게 정보를 얻을 수 있었다. 그러나 막막하기는 이곳도 예외가 아니었다. 내가 누구를 택해, 제대로 된 길을 제대로 터득해 가며 빨리 걷게 될 것인가에 대해 모든 신경을 집중해야 했다.

눈치가 빠른 놈은 절간에서도 고깃국을 얻어먹는다고 했던가. 처음 강의를 소개해준 사람이 나와 잘 맞지 않았다. 최선을 다했고 나에게 뭐라고 하지는 않았지만, 또 오라고 해도 다시 가고 싶지 않았다. 그런 면에서 보자면 강의를 하고 싶고 기업체 등에서 강의를 한다는 보장이 지금 당장 있는 게 아닌 경우에는 봉사 기관에 가서 무료 봉사 강의를 해보는 것을 권한다. 강의장에 선 순간 빨리 그곳을 벗어나고 싶은 곳이 있고, 착 달라붙는 느낌이 오는 곳이 있다. 이 느낌을 한마디로 '설렘'이라고나 해야 할까.

아직은 잘하지 못해도 기분 좋은 설렘을 준 곳이 있고 어쩐지 터덕거리는 불협이 있는 곳이 있다. 이 설렘을 주는 곳을 단골로 만들어야 한다. 좀 버거워도 그곳을 향한 나의 마음과 생각과 행동은 늘 곤추서 있어야 한다. 문자 메시지 하나를 날려도 고민을 해야 한다. 문자는 주 1회 보내야 하는지 아니면 월 1회 보내야 하는지 거기에 대한 답은 《죽어도 사장이 되어라》의 저자인 1인기업의 대부 김형환 교수의 의견이 맞는 듯하여 요즘은 그렇게 보내려고 애를 써본다. 친구라는 건 한자로 붕(朋)인데 달 월 두 개가 합쳐진 것이다. 너무 자주도 아닌 너무 멀리도 아닌 두 달에 한 번 보면 족한 것이 친구가

아닌가 싶다. 실생활에서 보면 그 말도 맞다. 너무 잦은 문자 메시지
는 공해인 것도 맞다.

　열심히만 살면 되는 줄 알았다. 그러나 열심히 사는 것은 그냥
기본이었다. 열심히 살면서도 알아야 할 것들이 너무 많다. 같은 강
의인데도 강사비가 너무 다르다. 갈 곳도 너무 많다. 종류도 너무 다
양하다. 그렇게 다양하고 많은 강의가 있는데 모를 땐 눈앞이 캄캄
하다. 조급하지 말고 차근차근 우선으로 해야 할 일부터 해야 한다.
먼저 자신이 강사로 나갈 준비가 되어있는지 확인했는가? 강의를 어
디로 가야 하는지 알고 있는가?

　준비되었다 치자. 그러면 담당자들은 내가 누구인지, 어디 있는
지, 연락은 할 수 있는가? 강의하고 싶어서 안달이 난 내가 여기에
있어도 누군가가 찾을 수 있게 만들어야 하지 않는가? 나를 보일 수
있어야 한다. 강사를 필요로 하는 곳에서 나를 어떻게 찾도록 만들
것인가가 관건이다.

　나는 사람들이 유튜브를 좋아하니 유튜브를 찍어야 한다고 생각
했다. 동영상을 찍는 곳에서 강의한 적이 가끔 있었다. 동영상 촬영
을 하면서 중간에 커트 없이 몇 시간을 찍는 강사는 드문 경우라며
강의 영상을 찍으라고 권했다. 그러나 내가 나를 찍는 유튜브는 어
색해서 찍지를 못했다. 지금은 기능이 좋은 스마트폰으로 뚝딱 찍으
면 될 테지만 그 어색함은 쉽게 적응하지 못한다. 셀프로 찍는 어색
함에 유튜브 적응이 안 되니 유튜브 영상은 사진으로 대신했다.

　강사가 되고자 등록했던 기관에 어떻게 하면 나를 찾게 만들 수

있느냐고 물어보았다. 성공한 강사는 광고전단을 만들어서 뿌린다며 그 방법을 권했다. 맞는 방법이건 아니건 그대로 해보기로 했다. 없는 돈에 전단지를 만들기로 했다. 설레는 마음으로 시안을 만들었다. 5천 장을 만들어서 뿌렸다. 주소는 각 관공서 홈페이지를 참고하여 일일이 기록했다. 처음에는 우표를 사서 붙이느라 고생했다. 나중에는 계산만 하면 우체국에서 알아서 한다는 것을 알게 되어 그나마 시간이 절감되었다. 하지만 전단지를 뿌렸는데도 세상이 많이 변한 것인지 시안이 별로였는지 효과를 보지 못했다. 그렇다고 여기서 멈출 수는 없었다. 또 다른 방법을 찾아보기로 했다.

다시 나를 알리기 위해 차선책을 쓴 것이 블로그였다. 일단은 그동안 썼던 블로그가 없었기에 하루 3포스팅은 꾸준히 하리라 마음먹고 실행에 옮겼다. 성실과 열정, 끈기가 나의 장점이기 때문이었다. 6개월 이상을 하루 2~3개의 블로그를 올렸다. 하나둘 강의 의뢰가 오기 시작했다. 그 블로그가 나를 살렸다. 불러준 강의장에 가서 성심성의껏 최선을 다했다. 한 번 불러준 곳에서 10회나 불러주었다. 그리고 몇 해를 계속 불러주었다.

나는 아직도 블로그 로직이나 전략을 모르는 강사다. 그렇다고 해서 손을 놓을 수는 없었다. 강사가 되고자 했기에 해야만 했다. 블로그 역시 로직은 몰라도 강사가 되려면 그에 맞는 핵심은 가지고 가야 했다. 꼭 된다는 보장은 없었지만 해야만 한다고 생각했다. 안 된다고 포기만 하고 앉아 있을 수는 없었다. 혼자된 뒤로는 스스로가 단절해 버린 세상이기에 누구에게 부탁할 곳도 없었다. 새삼스럽게 찾아갈 곳도 없었다. 죽든 살든 어찌 되었든 간에 모든 걸 혼자서 감당해야 했다.

잘 몰라도 어깨너머로 배운 상식으로 노출이 되게 하려고 애썼다. 나보다 유명한 사람들이나 검색이 잦은 듯한 단어에 해시태그를 붙였다. 그리고 먼저 성공의 길을 걷고 있는 거인의 어깨를 빌리고 싶은 마음에 거인의 이름 덕을 볼 수 있는 강의 종목을 찾았다. 앞으로 하고 싶거나 자신 있게 할 수 있겠다고 생각하는 강의 종목에 대한 포스팅을 중점적으로 게으름을 부리지 않고 했다. 차선으로 가고 싶은 강의들도 다뤘다. 해시태그는 어디에 붙일지?, 띄어쓰기는 어디에서 할 건지?, 또 여기서부터는 몇 포인트, 이 글씨는 몇 포인트, 이 단어는 무슨 컬러 몇 포인트, 줄 바꾸기는 어디에서 할 건지? 모든 것을 나름의 계산 하에 썼다.

나는 아직도 블로그에 대해 어떤 정석이 있는지는 모른다. 그러나 아무것도 안 하고 있기엔 이건 아니다 싶어 그냥 내 나름의 혼을 블로그에 불어넣었다. 아무것도 안 하고 안 되더라는 핑계는 대고 싶지 않았다. 그러기엔 내 인생을 책임져야 할 주인으로서 내게 너무 무책임한 행동이라고 생각했다.

아뿔싸! 이걸 어떻게 해야 할까? '블로그 이까짓 거'라고 생각했는데 포스팅 하나 올리는 데 4시간이 걸렸다. 손들고 싶어졌다. 1일 3포스팅 하겠다는 호기로움은 금방 언제 그랬냐는 듯이 잊고 싶어졌다. 그때마다 목표를 떠올렸다. 적어도 500만 원은 벌어야 할 것 아니냐! 목표에 집중하자. 500만 원 벌 수 있을 만큼 노력했는지 묻고 싶었다. 500만 원을 벌 때, 그 사람들이 무슨 일을 얼마만큼 하는지 비교 분석을 해봤다.

얼음물에 발을 담그고라도 블로그에 기록하기 시작했다. 강의 다녀온 것, 그날그날 공부한 것, 뉴스를 보고 꼭 챙겨야 할 일, 앞으로 해보고 싶은 강의 과목 등 기록해야 할 것이 너무 많았다. 드디어 혼자서는 감당하기 힘들 만큼 강의가 몰려왔다. 광고전단을 돌리지도 않았고, 광고비가 든 것도 아닌데, 도리어 애드 포스트에 신청해서 광고를 해줬다고 수익이 발생하기까지 했다. 이게 무슨 횡재란 말인가! 네이버 애드 포스트는 미디어에 광고를 게재하고 광고에서 발생한 수익을 배분받는 광고 매칭 및 수익 공유 서비스라고 네이버에 명시되어 있다. 물론 적다고 하는 이들도 있지만 나는 이 시스템으로 이렇게나 많은 강의 의뢰까지 오다니 기적이었다.

애드 포스트에서 나오는 수익보다 강의가 오길 바라는 목적이었기에 고마운 마음이 훨씬 컸다. 덕분에 강사들에게 입소문이 절로 났다. 거기 가면 강의 준대! 모처럼 그 강의장에 불려갔다면 나는 어떻게 관객들을 환호하게 할 것인가? 내 모든 열정과 스킬을 쏟아 내어 앙코르 강의를 받아낼 수 있는가? 내 경험에 의하면 강의를 많이 한 횟수만큼 숙련도와 앙코르 강의를 받을 확률은 비례했다. 물론 100퍼센트 다 일치하는 건 아니지만 특별한 경우가 아니고는 거의 그랬다. 내가 파견하는 강사들도 거의 같은 확률이었다. 경험에는 당할 자가 없다. 심지어는 십수 년을 강의 한 사람도 내게 와서 강사로서 꽃이 피기도 했다. 자주 서다 보니 그만큼 요령이 생겼고 앙코르 받는 확률이 높아졌다. 어디에서나 현장 경험과 경력이 필요한 이유이다.

다른 양성 기관에서 양육 받던 강사들이 제 발로 나를 찾아왔다. 내가 하는 방법을 그대로 벤치마킹해서 금방 독립해 나갔다. 이건 좋은 현상이기도 했지만 불편하기도 했다. 특별한 모집을 안 해도 소문을 듣고 강사들이 몰려들었다. 나의 발전을 음해하는 집단이 생겨도 강사들은 몰려들었다. 그저 내 일만 하고 있다 보면 강의가 많아서 강사들이 몰려왔고 그들로 인해 또 몰려왔다. 그렇게 사람에게는 운이 따로 있었다. 팝콘이 한 번 튀기 시작하면 계속 튄다더니 예열의 시간이 지나자 팝콘이 튀듯 시스템이 가동되었다.

내 강의가 한 달에 20~30여회 정도, 강사들에게 줄 강의가 한 달에 30여회 정도로 몰려들었다. 60세에 시작해서 어디로 가야 할지 몰라 우왕좌왕하며 강사 양성소 눈치만 봤던 강사에게 이런 기적 같은 놀라운 일들이 벌어졌다. 그렇게 코로나 전까진 계속 강사도 강의도 몰려왔다. 덕분에 내 몸값이 올라갔고, 강의도 이미 선약이 많아서 더 받을 수 없었다. 기존 거래처에서 내 몸값을 올릴 수 있는 데까지 조금 신경 써 보겠다고 했다. 대단한 일류 강사들과는 게임도 안 되지만 처음 시작하는 강사도 이렇게 몸값이 조금씩 올라가고 있었다. 몸값이 오르고 강의는 많아지고, 오는 강사들을 통해서 또 다른 강사들이 몰려왔다. 자연스럽게 강사들을 양성할 수밖에 없었던 거다. 꿈같은 날들이 계속되고 있었다.

강의가 들어오면 내가 가야 하는 강의부터 챙기고 나서 준다고 해도, 강사들은 강의하고 싶어도 갈 곳이 없었기에 몰려들었다. 처음 내가 헤맸던 것처럼 강사들 또한 그런 상태였다. 시급 5만 원짜리도 감사했다. 내 강의가 많아서 행복한 것은 물론이고 강사들까지 챙겨줄 수 있다니 행복하고 보람된 날의 연속이었다.

02
부자가 되려면 지식 부자를 따라 하자

사람들은 대체로 부자를 꿈꾼다. 부자라는 말이나 단어에서 느껴지는 뉘앙스가 싫다는 사람이라도 하고 싶은 일을 할 수 있을 정도의 경제적 자유는 원할 것이다. 그러나 부자를 꿈꾸면서도 부자 되기 위한 공부를 하는 사람은 드물다. 한마디로 부자가 되고 싶으면서도 재테크나 자산 관리, 자본 이런 단어에 관심이 없다. 자본주의 사회에 살면서 기본 단위인 자본, 즉 돈에 대한 감각조차 없는 것이다. 수학을 잘하고 싶다면서 사칙연산도 제대로 모르는 경우나 영어를 잘하고 싶은데 문법을 모르는 경우와 같다.

살다 보니 가장 먼저 자괴감을 느끼게 된 것이 돈이 없어서 당한 것들이었다. 육성회비를 못 내서 학교에서 쫓겨나거나 매 맞은 것, 준비물을 준비 못해 가서 점수를 받지 못했거나 매 맞은 것, 헌 교복만 물려 입어서 너무도 초라했던 것, 엄마의 병간호를 하고 오자마자 돈 벌어 오라고 오빠에게 쫓겨난 것, 하고 싶은 동아리 활동도 단복을 맞출 돈이 없어서 포기한 것 등 참 많았다. 이로 인해 초등학교 때부터 열등감에 젖어 살아야 했다. 이 열등감이 평생을 따라다녀 어떻게 하면 벗어날 수 있는지 그 환경을 만들려고 누구보다 열심히 뛰어다녔다.

그러나 죽을 정도의 힘과 열정을 쏟아 부어도 겨우 평균 이상의 성적만 낼 뿐이었다. 힘들었던 삶이었다. 뭔가 잘못되었다는 것을 안 것은 책을 통해서였다. 1인지식기업, 디지털 노마드, 지식 노마드에 대한 공부를 하다 보니 돈으로 인한 열등감에서 벗어나고자 자기계발에 성공한 사람들이 많다는 것을 알게 되었다. 성공 확률이 높았다. 간절한 사람은 이겨 냈다. 그들이 이겨 낸 것은 타개책을 배우면서 노력했다는 것이다. 그건 먼저 그 상황에서 벗어나려면 공부를 해야 한다는 것을 알았고 첫 번째가 책이었다. 열등감은 우월감과 맞닿아 있는 의식이다. 어떻게 받아들이고 이겨 내느냐이다. 알아야 벗어난다. 결국은 운동도, 예술도, 경제도, 기술도 정복해서 우월감을 가지려면 가장 기본은 그것에 대한 앎이었다. 지식보다 강력한 것은 없다.

열등을 벗어나려면 그 분야의 지식 부자들과 가까이 지내면 된다. 그런데 그렇게 열등한 능력을 갖추고도 세계를 좌지우지하는 민족이 있다. 바로 유대 민족이다. 세계 민족 중에 유대인은 0.2% 정도밖에 되지 않는다. 세계 인구 75억 명 중에서 한국은 남북한 7,500

만 명, 유대인은 1,500만 명으로 한국 인구의 5분의 1수준이다. 이 많지도 않은 유대인들이 세계에 강력한 영향력을 행사하는 것은 뭐라고 할 수 있을까? 심지어 세계를 지배한다고까지 하는데 어불성설이라고 치부할 수만 있을까? 이들의 능력 발휘와 성과 창출에 대해서 알아보고 배울 바가 무엇인지도 알아보도록 하자.

사람의 능력을 끌어올리는 방법 중에서, 우리는 유대인에 대해서 많이 들었고 잘 알고 있다. 지금까지의 교육과정을 통해서 유대인들이 노벨상 수상자들의 22% 정도를 차지한다고 알고 있다. 물론 유대인이 IQ 때문이 아니라는 것도 알 거라 믿는다. 유대인의 지능지수는 평균 97, 우리는 평소에 농담으로 너 두 자리 숫자냐? 하곤 했었다. 나 역시 정작 보통 사람의 지능이 두 자리 숫자가 있는 줄도 몰랐던 무지한 사람이었다. 지능지수가 좋은 것으로 치자면 우리 한국인들이 홍콩에 이어 두 번째다, 아니다 첫 번째다, 의견이 분분하다. 한국, 일본, 중국, 북한, 홍콩의 지능지수는 최고 수준인 104~106이라고 한다. 그런데 낮은 지능지수에도 유대인들은 모든 부문에서 왜 최고를 차지하는가? 이들이 가지고 있는 의식 수준이 다르다는 것이다.

유대인들은 먼저 선민사상을 갖고 있다. 하늘의 선택을 받은 민족이라는 것이다. 자신들은 특별한 존재라고 믿으니 이 정도 자부심이라면 못할 일이 없을 듯도 하다. 게다가 노벨상 수상자가 22%라고 하니 유대인 중에 흔히 찾을 수 있는 존재이고, 미국 최고 명문이라고 할 수 있는 아이비리그 학생 분포도가 약 28%, 미국 400대 부호

중에서 35%가 유대인이다. 그들은 오늘날 세계를 하나로 묶는 언론사를 독점적으로 소유하고 있다. 즉 AP, UPI, AFP, 로이터 통신을 비롯해 뉴욕 타임스, 월 스트리트 저널도 소유하고 있고, 미국의 3대 방송사인 NBC, ABC, CBS와 영국의 BBC도 소유하고 있다. 가히 세계의 미디어 시장을 장악하고 있다고 볼 수 있다.

아인슈타인, 마르크스, 프로이트, 오펜하이머(원자폭탄 개발자), 파스테르나크(닥터 지바고 저자), 헨리 키신저, 놈 촘스키(철학자), 조지 소로스, 스티븐 스필버그, 도미니크 스트로스 칸(IMF 총재), 빌 게이츠, 마크 저커버그(페이스북 창업자), 워런 버핏, 래리 페이지(구글 창업자), 마이클 블룸버그, 벤 버냉키, 앨런 그린스펀, 닐 다이아몬드, 밥 딜런. 모두 유대계 인물들이다. 머리 좋고, 세계적 석학이고, 돈 잘 벌고, 정치·경제·학계·문화예술계 각 분야에서 탁월한 재능과 실력을 갖춘 사람들이다. 한마디로 이름만 대면 모두 놀랄 사람들이 유대인이다. 영화사 주인도, 언론사 주인도, 배우들도, 가수들도, 클래식, 재즈 할 것 없다. 유니버설, 파라마운트, MGM, 폭스, 워너 브러더스, 컬럼비아 이것들은 영화사이다. 모두 유대인이 창립했다.

이런 내용을 다 알고 있으면서도 우리는 따라 하지 못한다. 의식 때문이라는 것을 알면서도 말이다. 그렇다면 이제 변화를 시도해 보는 것이 좋지 않겠는가. 그 해법을 찾아보는 것이 좋을 것 같다는 생각이 든다. 예전에는 한국 축구선수들이 세계무대에서 잘 뛰지 못했으나 지금은 잘 뛴다. 왜 그런가? 박지성 선수 이전에는 그만큼 잘 뛰는 사람들을 볼 수가 없어서 우리는 못할 것이라고 미리 의식해 버렸다. 그런데 그 이후 우리는 변했다. 의식이 변했다. 우리도 할 수 있다는 자신감을 갖게 된 것이다. 노벨상 수상자가 없는 이유도 못 봤기에 그렇다.

우리는 이렇게 누군가가 이끌어주거나 도와주고 보여줘야 의식 전환이 이뤄지고 성공의 길로 다가설 수 있다. 한 마디로 그 누군가를 우리 인생에서의 귀인이라 할 수 있다. 그런 귀인들을 힘들 때마다 만날 수 있다면 인생이 얼마나 좋겠는가. 어렸을 때는 하늘의 도움을 받아 요행으로, 성인이 된 후에는 그런 행운이 내게 오지 않으면 귀인들을 찾아 나서야 한다. 내가 그 분야에서의 부자가 되려면 그 분야의 지식 부자를 만나야 한다.

아는 것이 힘이다. 내 주위의 사람들을 만나면 내 실체를 알 수 있다. 내 주위에는 어떤 지식 부자들이 있는가? 억대 연봉 강사가 되고자 한다면 거기에 다다르지 못하게 만드는 나의 열등한 것들을 우월하게 만들어 갈 수 있는 지식이 있어야 한다. 그 분야의 지식 부자를 만나면 해답을 빨리 찾을 수 있을 것이다. 주위를 그런 지식 부자들과 어울리는 환경으로 만들자. 그들이 행하는 지식을 따라 하자.

03

500만 원이라도 벌 만큼 노력했는가?

강사 양성 과정이라고 하면 특별하게 느끼는 것이 있다. 강사 양성을 한다는 것은 강사들의 일자리까지 만들어주는 것이라고 착각하고 온다. 그런 곳의 모집 광고 내용을 보자.

모집 대상자들은 강의안만 있다면 바로 강의를 할 사람들이다. 아니 강의안이 없어도 만들어서 강의할 사람들이다. 아무런 경력이 없는 사람을 양성하는 것이 아니다. 게다가 꿈은 너무나 크다. 연봉 1억을 벌고 싶다고 하고 대표님이 가는 강의 정도를 달라고 한다. 기가 막힌다. 500만 원을 벌 실력부터 갖추라고 하고 싶다. 본인이 조금만 노력하면 강의 의뢰가 계속 오게끔 방법을 가르쳐줘도 실행에 옮기지 않는다면 믿겠는가? 기왕지사 강사가 되려고 한다면 '본인이 되고 싶은 만큼 일해야 한다'라는 것이 철칙이라는 것쯤은 알고 시작해야 한다.

강사가 되려는 자가 파워포인트 하나 만들 줄도 모르고 수정할 줄도 모른다는 것이 말이나 되는가? 잘해낼 수 있도록 연습을 하고 기다리든지, 아니면 현장에서 뛰면서 기다려야만 한다. 그런데 모든 방법을 다 가르쳐줘도 극히 적은 사람들만 따라 한다. 그렇게 500만 원이라도 벌려면 어떻게 해야 할지 살펴보자. 광고지에 등장한 관공서에서의 강사 양성 과정 뽑는 조건에 맞추어서 분석해 보자.

❶ 강사를 찾는 곳이 어디인지 파악했는가?

흔히 교육 기관인 학교에서부터 유치원, 관공서, 기업, 종교 단체, 군대, 마을회관, 경로당 등에서의 교육이다. 깊이 들여다보면 교육해야 할 곳이 너무나 많다. 아니 교육이 없는 곳이 더 드물다. 일일이 들여다보면 경찰서, 군청, 도청, 시청, 행정복지관, 소방서, 보건소, 관제센터, 봉안당, 공장, 회사 등. 이루 헤아릴 수 없는 모든 기관이 강의할 곳이다.

❷ 강의 대상 나이는?

요람에서 무덤까지, 즉 유아에서부터 시니어까지 장애인, 비장애인 등 모든 사람이 교육 대상이다.

❸ 강의 과목은 무엇인가?

어린아이 이유식부터 시니어 대상 놀이 교육, 인지 교육 그리고 관공서에서 필요한 교육, 기업체에서 필요한 교육 등까지의 모든 교육이다. 심지어는 들어본 적도 없는 다양한 강의까지 널려 있다. 법정 의무 교육부터 인문학, 소통, 역량강화, 공감, 배려, 협동, 창의, 인성, 청렴 교육, 인권 교육, 다문화 교육, 심폐소생술 교육, 건강 교육, 위생 교육, 종이접기, 요리, 바느질, 재봉, 수예, 퀼트, 공예, 춤, 노래, 무용, 운동, 마사지, 컴퓨터, 스마트폰, 온라인상의 카페 만들기, 디지털 교육, 게다가 자연환경 교육 등 별의별 교육이 다 해당이 된다. 일일이 열거하기도 힘들다.

❹ 내가 할 수 있는 과목은 무엇이고, 하고 싶은 과목은 무엇인가?
나의 강점, 나의 재능, 내가 좋아하는 과목, 강의 등을 알아야 한다. 그런데 내가 어떤 교육을 하고 싶은지, 어떤 교육을 할 수 있는지 세세하게 알아보지도 않는다.

❺ 내가 갖춰야 할 자격증 등은 무엇인가?
내가 하고자 하는 강의가 자격증이 필요하다면 자격증도 갖춰야 한다. 물론 자격증이 없이도 할 수 있는 강의도 있다.

❻ 나는 강의 받는 것을 좋아하는 사람인지 알아야 한다. 나는 교육 받는 것을 싫어하면서 다른 사람을 가르친다는 것은 어불성설이요 언어도단이다. 양심이 알 것이다. 교육 받기를 좋아하는 사람들이 강의도 잘한다. 그런데 강사를 하고 싶다면서 본인은 교육 받

기를 싫어하는 사람이 너무 많다.

❼ 적어도 강사가 되려는 자는 타인의 강의가 재미있어야 한다. 그 강의를 들으면서 재미있는 부분들처럼 자신도 언젠가는 그런 강사가 되어갈 것이기 때문이다.

❽ 남을 가르칠 만큼 자기계발 하기를 게을리 하지 않고 열심인 사람인지 자기 점검이 필요하다. 열심히 하고 성실한지 점검하자.

❾ 내외적인 이미지 메이킹이 제대로 갖춰져 있는지 살펴보자.

❿ 강사라면 영원히 자신에게 도움이 되는 지식에 목말라하며 공부하기를 멈추지 않아야 한다. 10년 20년 후에도 건재할 수 있는 지식을 배워야 한다. 이를 위한 시간 투자, 물리적인 돈 투자도 아끼지 말아야 한다. 강사 매출의 상당 부분은 부단한 자기계발비에 투자되어야 한다.

04
경험을 당할 자가 있을까?

앞에서도 누누이 얘기했듯이 내 강의가 넘쳐나자 강의 갈 곳이 없는 사람들에게 전화가 왔다. 나는 강의를 주겠다고 하지 않는다. 노력하지 않는 사람에게 강의를 줬다가는 나까지 신뢰를 잃기 때문이다. 나는 물고기를 주지 말고 물고기 잡는 방법을 알려준다. 어떻게 하면 물고기를 잡을 수 있는가? 디지털 노마드 시대의 상품들이 어디에서 많이 유통되는가를 알려준다.

강사도 역시 상품이다. 강사가 가지고 있는 지식, 노하우, 경험 등 모든 것이 지적 상품이다. 모든 노하우를 가르쳐주고 현장에도 참관이 가능한 곳은 데려간다. 현장감을 익혀야 하기 때문이다. 강의를 준다고 하기보다는 나처럼 강의가 많게 만드는 법을 가르쳐준다고 했다. 그 말에 믿음이 갔는지 강사들은 그 자리에서 등록을 했다. 내가 가르쳐줄 수 있는 것은 내가 강의를 만들어 낸 경험을 알려주는 것이었다. 누구도 그렇게 디테일하게 무엇을, 어떻게 하라고 가르쳐준 적이 없었기에 내가 한 그대로만 하면 되는 일이었다.

강의 의뢰는 점점 많아졌다. 나는 예전에 사업할 때의 경험을 강의하는 것에다 접목해 나갔다. 그때도 나는 가장 화젯거리인 프로그램에 내 사업체의 광고를 넣었다. 광고비는 생각보다 비쌌다. TV는 언감생심이었고 라디오의 제일 비싼 시간대에 광고를 활용했다. 덕분에 항상 평균 이상의 매출은 기록할 수 있었다. 이런 경험들이 세대가 바뀌어도 광고를 해야 한다는 것을 바꾸지 못했다. 강사를 양성하면서 바로 1인기업이 되어야 한다고 역설했고, 본인이 본인을 마케팅해야 한다고 역설했다. 로직이 무엇인지도 모르는 나다. 그러나 성실하게만 하면 기계로 보는 컴퓨터, 즉 디지털은 알아주리라 생각했다. 기계는 성실하면 노출도 시켜주고 검색도 가능하리라 생각한 것이다.

자신의 현실을 파악하며 분석하기 시작했다. 사소한 자격, 경험, 노하우까지 자랑하는 것이다. 나는 교수를 한 경험이 있다. 나는 기능장이었다. 나는 교원자격증도 있다. 나는 가르치기를 좋아한다. 나는 배우는 것을 좋아한다. 나는 사회복지사이다. 나는 성실하다. 나는 열정적이다. 나는 끝까지 한다. 나는 매달 한 번씩 봉사를 쉬지 않고 했다. 그 외에 나는 자격증을 100여개 가지고 있다. 다른 사람들이 아무리 나를 부러워한대도 나는 항상 배움에 대한 갈급함이 있었다. 나를 가만히 들여다보니 이미 해온 일이 너무 많았다.

나는 많은 곳에서 다양한 사람들을 만나고 가르치면서 그들과 나와의 묘한 공통점을 발견했다. '그들은 나에게 다소 열등감이 있었다. 나 역시 그들에게 그랬다.' 그것을 발견하자 '유레카'를 외쳤다. 사람들은 열등감이란 단어를 매우 싫어한다. 나는 열등감이란 단어를 그렇게 싫어하지 않는다. 내 열등감은 누구보다 내가 잘 아는데 굳이 싫어할 이유가 없다. 부지런히 계발해 우월하게 만들어 나가면 그뿐이었다. 그런데도 사람들은 계발하고 극복해 나가려는 노력을 잘 안 한다. 그들은 애써 결핍이란 단어로 포장을 하곤 한다. 나는 열등감으로 시작된 나의 단점을 조금씩 만회하려고 애를 썼고 그들은 결핍을 채워가려고 애를 썼다. 열등감이건 결핍이건 상호 간에 가지고 있다는 것을 안 후로는 더 편안해졌다. 가르치기도 더 편해졌다.

　　사람들은 남을 서로 부러워하면서 사는구나. 나만 그런 게 아니구나. 당연한 것이로구나! 서로가 다르니까. 좋아하는 것도, 잘하는 것도, 견해 차이도 다르구나. 그건 자연스러운 것이구나, 그것을 지나쳐서 자신도 타인도 망가뜨리지 않으면 되는 것이로구나! 부족한 부분을 메워 가면 되는 것이구나!

　　이민규 교수는 그의 저서 《생각의 각도》에서 이같이 말했다.

　　'스스로 못났다고 믿으면 못난 사람이 된다. 스스로 가치 있다고 믿으면 누가 뭐래도 가치 있는 일을 할 수 있다. …(중략)… 사랑스러운 점이 많은데도 자기연민에 빠지는 사람이 있고, 별로 내세울 것이 없는데 당당하게 살아가는 사람도 있다. 초라하게 여기는 것도 자랑스럽게 여기는 것도 모두 자기 자신을 그렇게 규정하기 때문이다.'

다른 삶을 원한다면 자기 자신을 이전과 다르게 규정해야 한다. 자기 자신에 대한 믿음이 바뀌면 그 새로운 정체성(identity)에 따라 태도와 행동이 자동으로 바뀐다. 소중한 사람이 되고 싶은가? 그렇다면 '나는 소중한 사람이다'라고 규정하라. 자기규정(self-definition)을 바꿀 수 있는 가장 효과적인 방법은 어떤 자질을 갖고 싶을 때, 마치 그런 자질을 이미 갖추고 있는 사람처럼 행동하는 '마치 ~ 인 것처럼 기법(as if technique)'을 활용하는 것이다.

이 구절을 읽을 때 일견 통하는 것도 있고 결론은 같으나 견해를 달리하는 것도 있다. 비록 내세울 것 없는 보통 사람이나, 못났다는 소리 어린 시절 내내 들어온 사람이 무슨 생각을 할 수 있었을까? 이 책을 읽고 있는 독자라면 못난이라고 놀림당하는 상황이 자신이라 치고, 그런 입장에서 한번 생각해 보라고 하고 싶다. 아주 어릴 때 사람들의 말을 알아듣기 시작할 때부터 '걔는 집의 딸 아니지요?'라는 말을 노상 들어야 했던 사람은 자신을 멋지다고 한 번이라도 생각할 수 있었을까? 아마 나는 못난 사람이라고 억지로 세뇌 당한 상태에서 자랐을 것이다. 그런데 그건 내 의지로 어쩌지 못했을 때 한해서 있을 수 있는 일이었다.

나이 스물이 되면 자신을 책임져야 한다는 내 인생관이 적용된 지가 벌써 40년이 넘었다. 모든 일은 자신이 책임지는 것이다. 스스로 잘 제어해 왔던 내가 야반도주 사건 하나로 나를 잃어버렸다는 게 말이 되지 않는다. 이제 아들이 나에게 '엄마'라는 새로운 과제를 주어 성장시키려 하고 있다. 물론 자식은 하늘이 내린 것이니 하늘이 내게 그런 공부를 가르치고 있는 것이다. 시련과 고통은 성장과 변화를 가져다주는 선물이다. 넘어지려고 할 때마다 외친다. '감당할 만하니까 주시는 거니 감당하라고! 가끔은 넘어지는 실수를 하더라도 오뚜기처럼 금방 다시 일어서자고!'

정말 힘들 때 《성경》의 잠언서와 비유 경전인 《백유경》을 베개 삼아 살았다. 《백유경》은 동방의 이솝우화로, 중국과 한국의 민간 서사문학 발전에 중대한 영향을 준 인도의 불경 이야기집이다. 그 책은 온갖 비유로, 해학성이 넘치는 이야기 가운데 단순히 불교 가르침 이상의 깨달음이 있다. 이 보편적인 깨달음은 1,500년 전 이야기가 아닌, 현재의 이야기로 다가와 우리에게 교훈을 준다. 각각의 이야기에 대한 두세 줄의 쓸모없는 듯하나 쓸모있는 말은 세상에 대한 깊은 통찰을 가져다주었다.

05

어제보다 나은 내일의 나를 위한 습관

옛날 어떤 나라의 왕에게 좋은 나무 한 그루가 있었다. 나무는 키가 크고 가지도 무성하여, 장차 향기롭고 맛있는 열매를 많이 맺을 것 같았다. 그때 한 사람이 왕 앞에 왔다. 왕이 그 사람에게 "이 나무는 장차 맛있는 열매를 많이 맺을 것이오. 그때는 당신에게도 맛있는 열매를 함께 먹게 할 것이오." 하고 말했다. 왕의 말에 그 사람은 "나뭇가지가 이렇게 높이 있는데 열매가 맺힌들 따 먹을 수가 있겠습니까." 하고 대답했다. 그 말을 들은 왕은 나무를 베어 버렸다. 그러자 나무는 밑둥치만 남아서 열매를 맺을 수가 없었다. 왕은 얻는 것도 없이 헛수고만 한 셈이었다. 《백유경》에 나온 설화다.

세상 사람들도 이와 같다는 것이다. 법의 왕인 부처님에게는 계율의 나무가 있어 훌륭한 열매를 맺는다고 했다. 마음으로 원해서 즐거워해야 하며, 그 열매를 따 먹으려면 당연히 부처님의 계율을 지키고 온갖 공덕을 닦아야 가능하다는 것이다. 그러나 어리석은 중생은 마치 나무를 베어 버리고서야 다시 살리려는 왕과 같다는 얘기다. 힘이 들어도 미리 가지치기하고 잘 보살펴야 한다. 이제라도 가지를 끌어내어 튼튼한 기둥 같은 곳에다가 묶어서 아래로 향하게 해야 한다. 그것도 아니라면 다시 가지가 자랄 때까지 나무를 잘 가꾸며 기다려야 한다는 것이다.

이런 수고와 인내가 없으면 아무것도 얻을 수 없다. 《성경》에도 잠언서의 시작이 이렇다.

'다윗의 아들 이스라엘 왕 솔로몬의 잠언이라 이는 지혜와 훈계를 알게 하며 명철의 말씀을 깨닫게 하며 지혜롭게, 공의롭게, 정의롭게, 정직하게 행할 일에 대하여 훈계를 받게 하며 어리석은 자를 슬기롭게 하며 젊은 자에게 지식과 근신함을 주기 위한 것이니 지혜 있는 자는 듣고 학식이 더할 것이요 명철한 자는 지략을 얻을 것이라 잠언과 비유와 지혜 있는 자의 말과 그 오묘한 말을 깨달으리라.'

하늘의 지혜를 듣고 고치라는 말씀이다. 또 이렇게도 말씀하신다. 히브리서 12장 5절의 말씀이다.

'또 아들들에게 권하는 것 같이 너희에게 권면하신 말씀을 잊었도다 일렀으되 내 아들아 주의 징계하심을 경히 여기지 말며 그에게 꾸지람을 받을 때에 낙심하지 말라 주께서 그 사랑하시는 자를 징계하시고 그가 받아들이시는 아들마다 채찍질하심이라 하였으니 너희가 참음은 징계를 받기 위함이라 하나님이 아들과 같이 너희를 대우하시나니 어찌 아버지가 징계하지 않는 아들이 있으리요 징계는 다 받는 것이거늘 너희에게 없으면 사생자요 친아들이 아니니라.'

칭찬만이 사람을 살리는 것도 아니고 꾸지람만이 사람을 살리지 않음을 많은 경험이 있어서 익히 알 텐데도 우리는 어린아이처럼 칭찬에만 목말라 있다. 사랑으로 약간의 가르침을 주면 무조건 거부하거나 화를 내기도 한다. 힘들었던 시절에 묵상했던 성경 구절이다. 꼭 교회에 다니지 않더라도 한두 번쯤은 이 말을 들어 보았을 것이다. 참사랑이 무엇인지 우리 한번 생각해 보자.

'사람이 감당할 시험 밖에는 너희가 당한 것이 없나니 오직 하나님은 미쁘사 너희가 감당하지 못할 시험 당함을 허락하지 아니하시고 시험 당할 즈음에 또한 피할 길을 내사 너희로 능히 감당하게 하시느니라'(고린도전서 10장 13절)
'내 아들아 여호와의 징계를 경히 여기지 말라 그 꾸지람을 싫어하지 말라. 대저 여호와께서 그 사랑하시는 자를 징계하시기를 마치 아비가 그 기뻐하는 아들을 징계함 같이 하시느니라'(잠언 3장 11절)
'훈계를 좋아하는 자는 지식을 좋아하거니와 징계를 싫어하는 자는 짐승과 같으니라'(잠언 12장 1절)

자신의 능력으로 안 될 때는 종교나 절대자의 힘을 빌려 견뎌 내다 보면 마음에 평화가 찾아왔고 그 하늘에 대고 기도하며 간절히 바라면서 노력했더니 참 많은 것들을 주셨다. 하늘은 간절한 사람이 최선을 다하면 누구나 이렇게 돌보아주실 것이다. 내게도 그랬듯이.

힘들었던 상황에서 내가 날 가치 있는 사람이어야만 한다고 의무감을 줄 수 있었던 것은 경서와 책들, 힘든 사람들과 '엄마!'라는 가슴 저며오는 자리였다. 더구나 엄마라는 자리가 가슴 저미는 것은 엄마 노릇을 하고 싶어도 할 수 없는 '엄마'이기 때문이다. 내가 넘어질 것 같이 힘들 때, 죽고 싶도록 아플 때, 그때마다 나는 '엄마야, 엄마라고!'를 스스로 각인시켰다.

내게는 빚과 의무가 있었다. 오늘 내가 존재할 수 있는 이유는 엄마라는 빚과 의무이다. 내가 세상에서 제일 사랑했던 분도 보고픈 분도 엄마, 존경하는 단어도 엄마다. 나는 제일 큰 빚을 진 엄마다. 나를 나답게 세운 건 내 아들이다. 아들이라는 가장 큰 빚이 있기에 자신에 대한 믿음도 바꿀 수가 있었다. 울엄마가 나를 철저하게 믿어주었듯이 나는 아들에게 큰 산이 되어주고 싶었다. 그래서 스스로 살아 있어야 하는 소중한 사람이 되었다. 언젠가 아들이 보면 불행한 엄마보다는 당당하고 행복해하는 엄마 모습을 원할 거로 생각했다.

나이 마흔에 평생 누워있으라고 하기에 아들 좀 키워놓고 쉰에 죽고자 했었다. 애 아빠가 아들을 데리고 야반도주 후 현실에서 도망쳤다. 봉사와 상담을 해주며 사회에서 스스로 격리되었다. 아들이 방학과 동시에 학교도, 이사한 주소도 흔적도 남기지 않고 사라지자

나는 반미치광이가 되었다. 조금만 더 건강했더라면 술의 힘을 빌려서라도 취하고 싶었으나 엄마도 오빠도 간암으로 돌아가신 가족력이 있어서 정신을 붙잡아야 했다. 병원에서도 6개월에 한 번씩 정기검진을 받으라고 하는 사람인지라 철저한 자기 관리가 필요하기도 했다. 상담을 많이 해줬던 소외된 사람들을 보고 아픈 몸을 이끌고도 안 아픈 척 세뇌했다. 슬퍼도 기쁜 척 세뇌했다. 이것을 심리학적인 표현으로 '자기규정'이라 이민규 교수가 언급했다. 어쨌거나 아들 앞에서는 마치 여전사인 것처럼 열정 덩어리인 것처럼 행동했다.

느닷없이 예순이나 된 여자가 강사 세계에 나와서 종횡무진으로 움직이며 성공자들까지 만들어 내자 시기, 질투도 많았다. 돈을 떼먹는 사람들도 있었다. 빠른 성장을 하자 자신의 강사 양성소가 위태로운지 거짓으로 모함했다. 악성 소문이 났다. 그렇게 힘들 때 이민규 교수의 책을 읽고서 내 마음을 다스렸다. '원수를 어떻게 사랑할까? 이미 사랑하고 있는 것처럼 행동하면 된다. 감정은 뒤따라올 것이다.' 이렇게 말이다.

그러나 그 어떤 것보다도 앞으로 나아가기도 바빴다. 이들의 말에 관심 가질 여유조차 없었다. 이들이 씹는다고 포기하면 내가 지금까지 열심히 쌓아놓은 것이 수포가 된다. 저들의 거짓말보다 더 중요한 것은 내 아들과 지금 나를 바라보고 있는 나의 회원들이다. 엄마라면, 그리고 리더라면 해내야 하고 보여줘야 한다고 생각했다. 미워하며 감정을 소모하느니 차라리 사랑하는 게 더 낫고 사랑할 여유가 없다면 아예 관심을 끊고 내 일만 해나가라고 권하고 싶다. 그게 나의 방법이기도 하다.

리더를 하면서 비록 최고가 못 되더라도 쭉 성장하는 모습을 보여주고 싶었다. 덕분에 누군가는 내 모습을 보고 더 빨리 자랄 수도 있고 적어도 나만큼은 따라 하리라 생각했다. 보여주는 것 외에 답이 없다고 생각했다. 덕분에 아들은 책을 좋아하는 모범생이 되었고 인사성이 밝은 아이로 자라주었다. 강사들도 일찍 1인기업이 되었다. 내 방법 그대로 전수해줬기에 그 길대로 성장해 나갔다. 따라쟁이가 되어준 사람들이 고맙다. 나 역시 먼저 성공을 이룬 선배들을 따라쟁이가 되어 현재를 만들었다. 적어도 따라쟁이만 되어도 그만큼이라도 성공할 수 있다는 것이 얼마나 멋진 일이고 감사한 일인가.

오늘도 멋진 리더들을 따라쟁이하고 있다. 나는 아마 죽을 때까지도 '학이시습지면 불역열호아(學而時習之면 不亦說乎아)'라고 배우고 익히면 또한 기쁘지 아니하냐는 공자의 말씀대로 살아가고, 따르는 많은 사람과 협력하며 상생의 길을 걷고 있을 것이다. 나 역시 누군가를 따라 하는 따라쟁이가 되어있기도 할 것이다. 누군가를 이끌려면 누군가에게 계속 지도를 받아야 한다. 배움은 끝이 없다고 생각한다. 배우는 시간처럼 행복한 시간은 없다.

06
마음먹기에 따라 모든 것이 결정된다

비전, 즉 꿈과 이상을 가지고 이뤄 가는 길에 있어서 가장 중요하게 생각하며 실천에 옮겼던 것은 몰입과 집중이었다. 목표를 정했다면 분명하게 그 목표를 보고 나아가야 하며 그 목표를 이룰 방법을 생각해야 한다. 그리고 반드시 그 목표를 이뤄 내야 한다. 우리가 못 이루고 있는 것은 꿈이나 목표가 없어서가 아닌 집중을 하지 못하기 때문인 경우가 많다. 영국 태생의 미국 과학자 알렉산더 그레이엄벨 (Alexander Graham Bell)은 이같이 말했다.

'지금 하는 일에 모든 정신을 집중하라. 햇빛은 한 초점에 모아 질 때만 불꽃을 내는 법이다.'

그렇다. 목적이 태우는 것이라면 초점을 잘 맞추고 불꽃을 낼 때까지 집중해야 한다. 그때까지는 집중은 물론이고 불꽃을 피웠더라도 불꽃이 탈 때까지의 시간이 필요하다. 생각해 보자. 내가 강사가 되고자 한다면 나에게 집중하여 태울 수 있는 돋보기는 무엇인가? 가지고 있는가? 무엇을 준비하고 집중적으로 행동해 나갈 것인가? 탈 때까지의 시간 동안 집중하고 있는가? 점검해 볼 일이다.

정확하게는 한국 나이 쉰아홉 살. 10월 11일. 한마디로 예순이 라는 나이를 목전에 두고 강사를 해보겠다고 강사 세계에 뛰어든 것이다. 자격증을 따려고 강사 양성 기관에 왔더니 목돈이 들어가야 한다고 했다. 그럴 형편이 안 된다고 하니 외상으로 시작해서 돈이 생기는 대로 갚아도 된다고 했다. 참 독특한 계산법의 원장을 만나 좀 더 쉽게 강사 세계에 입문하게 된 것이다. 원장은 내가 외상은 죽어도 못하는 성격인 것을 아는 것 같았다. 그래서 더 열심히 공부했다. 간간이 나가서 벌어 오는 강의료는 외상값을 갚아 나갔다.

그런데도 외상값 걱정이 되었고, 돈을 벌어야 살아갈 수 있다는 압박감에 숨을 멈추고 싶었다. 나이를 먹어감에 따라 이상하게도 미래만큼은 두려웠다. 돌이켜 보니 참 열심히도 살아왔건만 미래에 필요한 연금을 마련하지 못해 놓은 터였다. 자영업자는 스스로 국민연금을 마련해야 하는데 그걸 놓치고 있었다. 게다가 마흔 살에 평생을 누워있어야만 하는 진단을 받은 뒤였고 몸은 하루도 아프지 않은 날이 없었다. 살덩이가 아파서 견디기조차 힘들었다. 서른 이후는 아픈 것이 점점 잦아졌다. 아픈 것을 억지로라도 잊고자 노력하며 살아온 세월이었다. 긍정의 언어를 써야 우주의 기가 돕는다고 하니 날마다 윤항기의 노래 '나는 행복합니다. 정말 정말 행복합니다'를 불러대던 날들이었다. '쩅하고 해 뜰 날 돌아온단다' '그대 사랑하는 난 행복한 사람' '잘 살 거야' 등 평소에 노래를 부르지 않고 듣는 걸 좋아했으나 저 하늘도, 자연도, 아니 온 우주가 들으라고 노래를 불렀다. 그렇게 아픈 몸을 가지고 다시 시작하는 것이 두려웠다.

강의하러 가는 차 안에서도 노래를 흥얼거렸다. 자신에게 세뇌를 시켜보려고 노력했다. 내가 자신을 설득시키지 못하면 타인을 설득시키지 못하는 것은 당연하고 내 인생도 그렇게 흘러가고야 말 것이라는 생각이 들었다. '내 나이 예순 살이다! 지금부터 시작해도 할 수 있다. 내가 못 해내면 내 아들이 얼마나 실망할 것인가! 어린 시절 학교에서 쫓겨날 때마다 내가 얼마나 비참했던가! 내 아들에게 그런 비참한 기분이 들지 않도록 우주의 에너지라도 끌어다 써보자.'

하늘에다 대고 오기를 부리며 나를 몰아갔다. 그럼에도 소심하기 짝이 없는 열등감을 가지고 있는 나로서는 예순이라는 나이를 딛고 강사 세계에 다시 선다는 것이 두려웠다. 대학 강의와 외부 강의는 확연히 다를 것이라는 생각이 들었기 때문이었다. 여기저기 부탁도 해야 하고 심지어 강의에 대한 호불호도 있을 것을 알기에 두려움이 컸다. 소심함과 두려움이 늘 앞을 가리며 주저앉고 싶게 했다. 쉽게 변하지 않는 성격을 바꿔 보기란 쉬운 일이 아니었다. 이런 엄마에게 용기를 주었던 것은 역시 부모와 자식이라는 핏줄이었다. 이 세상에 존재하는 말 중 가슴으로 품을 애틋한 말 '울엄마!', '내 자식!'은 누구도 대신해줄 수 없는 관계인 것이다. 나에게는 세상에서 가장 위대한 '엄마'라고 불리는 권리와 의무가 있었다.

예순이라는 나이가 두렵게 느껴졌다. 대작을 남긴 영웅들을 생각하며 부정적인 생각들을 거둬 냈다. 미켈란젤로가 시스티나 성당에 〈천지창조〉라는 명작을 남길 때도, 박항서 감독이 약체 베트남을 이끌고 새로운 결과를 창출한 것도 60대에 했던 일이다. 미켈란젤로가 시스티나 천장에 〈천지창조〉라고 하는 그림을 그릴 때의 일화가 있다. 4년이란 세월 내내 천장을 보고 그려야만 했기에 시력은 점점 잃어가고 등은 휘어 장애가 되면서도 그렸다고 했다. 천장 구석에 있는 인물화조차 정성스럽게 그리고 있는 미켈란젤로에게 친구가 '잘 보이지도 않을 곳을 누가 알아준다고 그렇게 정성스럽게 그리며 고생하느냐?'고 했을 때 그의 대답은 너무도 간단했다고 한다. '내가 알지.' 무언가를 해낼 때는 아무도 몰라줘도 4년여를 노력해야 하고 무슨 일이든 중용 23편처럼 정성을 기울여야 한다는 것이다.

유네스코에서 65세를 청춘이라고 규정한 것을 보면 미래의 삶에서의 우리가 해야 할 일이 보이는 듯하다. 미국의 국민화가 모지스 할머니는 75세에 난생처음 붓을 잡았다! 일본의 시바타 도요 할머니는 92세에 아들의 권유로 시를 시작했고 만 98세에 마련해 두었던 자신의 장례식 비용을 털어 첫 시집을 냈다! 그런데 그들은 어떻게 되었을까?

모지스 할머니는 그녀의 100세 되던 생일날을 뉴욕시가 '모지스 할머니의 날'로 지정해서 전 국민이 축하해주었고 아울러 그녀의 죽음까지 슬퍼했다. 할머니는 관절염이 너무 심해서 가정부의 일을 하지 못할 때 비로소 손자들의 그림 그리는 붓을 처음 보았고 배우지도 않은 그림을 그렸다. 결국은 미국의 국민화가로 불렸다. 시바타 도요 할머니는 첫 시집 《약해지지 마》가 일본에서만 자그마치 160만 부 팔렸다. 그리고 죽기 2년 전에 100세 생일을 기념하기 위해 쓴 《100세》라는 두 번째 시집은 사전주문만 해도 30만 부나 되었다. 불행한 삶을 살았던 할머니는 평범한 언어로 많은 감동을 주었다. '너도 좋아하잖아. 그래서 사후까지도 그 시집이 대단한 위력을 발휘하고 있잖아'라고 자신을 무장시켜 가면서 스스로 정신 교육을 했다.

나 역시 그렇게 정신무장을 하고 뛰어 2년째에 연봉 1억을 달성했다. 그 2년은 감사와 희열감에 힘든 몸이 아픈 줄도 모를 만큼 바쁜 나날들이었다. 바쁘고 힘든 날들이었지만 몰입하고 집중하니 60세가 넘은 내가 그런 성과를 내고 있었다. 두 분이 모두 102세까지 활동하시다가 돌아가셨으니 나도 열심히 살아가겠다고 다짐을 해보곤 한다. 멀리 있는 일이 아니더라도 나의 할아버지도 105세까지 사셨다. 할아버지가 85세에도 논에서 머슴들과 함께 풍로질을 하시는 것을 이 두 눈으로 생생하게 보았으니 움직일 수 있을 때까지는 움직여야 한다. 그러니 60이라는 나이를 탓하며 뒤로 물러서지 않겠다고 다짐해 본다.

일찍 60대에 돌아가신 엄마와 60세도 못 되어 죽은 오빠는 암으로 죽었기에 병원에서는 가족력이 있어서 조심하라고 강조한다. 그러나 사람의 미래는 아무도 알 수 없으므로 사는 동안에는 될 수 있는 대로 재미있는 일을 하려고 했다. 재미있는 일이 없다면 재미있게 하려고 돌아가지도 않은 잔머리를 굴려보려고 애를 썼다. 그게 행복감을 유지하기 위한 습관의 일환이 되었다. 기왕이면 일이 있다는 것에 감사하고 내가 힘을 들여서라도 일할 수 있다는 것에 감사했다. 특히 좋아하는 일을 하고 있다는 것에 감사했다.

그러나 아무리 좋아하는 일을 한다 해도 그 과정까지 즐겁고 좋은 일은 아니다. 가끔은 다급하고 느닷없는 강의를 수락해야 하는 일이 있기 때문이다. 이틀을 7시간씩 강의를 해야 하는데 강의안도 없이 어떠한 개념과 내용의 강의를 해달라고 이틀 전에 통보가 올 때도 있었다. 이런 일들은 여러 가지 사정과 관계들이 맞물려서 해줘야 하는 경우로, 하고 나면 부수적으로 얻어지는 것들이 많았다.

어떻게 보냈는지 모르게 2년이란 시간이 바쁘게 흘러갔다. 덕분에 좁은 집에서 벗어나 애묘와 함께 넓은 집으로 이사를 했다. 위층에 사는 마흔 넘은 남자가 괴성을 질러대니 지난 몇 년을 어떻게 보냈나 싶어서 더는 견딜 수가 없었다. 몇 번 얘기를 해봤지만, 씨알도 안 먹히는 남자의 엄마 태도에 답이 없었다. 바빴던 때는 집에 있는 시간이 그나마 적었기에 버틸 수가 있었던 것 같다.

이제 목돈을 쥐고 나니 일단 내가 살아야 하기에 이사부터 했다. 아들이 장애인이기에 부모가 안쓰러워서 하고 싶은 말도 제대로 못 했다. 나 역시 부모인지라 뭐라 말을 못하고 참고 살았지만, 전직 선생님을 했었다는 그 엄마는 남자가 괴성을 지르고 돌로 벽을 쿵쿵 쳐대도 미안한 마음이 전혀 없었다. 심지어 시골 쪽에 집을 사뒀다는 데도 그곳으로 가지 않았다. 그 엄마는 이 집이 생겼을 때부터 살아왔다는데 주변 사람들은 오래전부터 쉬쉬하며 말들을 아끼며 살고 있었다. 아들이 수돗물을 틀어 놓고 비눗방울 놀이를 하면서 거기다 무엇을 틀어막았는지 아래층까지 물이 새서 우리 집과 아랫집은 내가 산 이후로 벌써 두 번이나 수리했다. 밤에는 물 흐르는 소리도 정말 고역이었다. 지방 사람들이나 되니까 이 정도 힘들어도 버틸 수 있는 것 같다. 엄마 한 사람의 고집으로 양쪽 위아래 층들은 정말 괴로움의 연속이었다.

코로나로 인해 관계 기관이 모두 휴업 중이라 어디를 나갈 수가 없으니 아래층에 있는 나는 너무 괴로웠다. 남자의 엄마에게 주의를 시켜 달라고 했더니 남들은 다 아무렇지도 않은데 나만 예민한가 보다고 했다. 남편은 이사하자고 집까지 사두었는데, 아내는 이사 안 간다고 동네 사람들이 수군거렸다. 아이 때문에 지친 모양인지 말이 통하지 않았다. 예전에 아이들을 가르쳤던 사람이라는 것이 믿기지 않았다. 하기야 저런 모양으로 30여년을 살아왔을 것 같다. 결국은 내가 그 집을 나오는 수밖에 없었다. 절이 싫으면 중이 나간다는 말이 어쩌면 이럴 때도 해당할 수도 있겠다. 그 집을 비워둔 채로 이사를 했다. 어찌 보면 예의범절 모르는 그 엄마를 피해 내가 나오게 된 것이다. 참 아이러니다. 기가 막힐 노릇이었다.

07

제2, 제3의 억대 연봉 강사를 키워 내다

갑자기 부상한 초짜 강사를 그래도 믿고 전화해주고 찾아온 강사가 있었다. 자발적으로 찾아와서 밥을 사주더니 다짜고짜 회원이 되어 주었다. 그래서 모든 비결을 다 가르쳐주었다. 물어보지 않은 비결까지도 모두 공개했다. 심지어 그 강사가 집에서 쉬고 있는데도 끌고 가다시피 해서 현장으로 데리고 갔다.

　제아무리 빠른 성장을 한다 해도 강사 경력을 무시할 수 없다. 세상의 나이가 아닌 강사 세계에 입문한 나이 말이다. 그래서 나는 항상 초짜라고 생각하며 초심을 잃지 않고 설렘과 떨림을 유지하려 애쓴다. 나의 장단점을 자연스럽게 보여주고 나도 별 차이가 없음을 보여준다. 당당함, 설렘, 열정, 떨림, 영혼 이런 것들이 혼합되어 있는 것이 내 강의다. 강연 기법이 녹아 있는 스토리텔링 강의를 하고 있다. 그래서인지 내 강의는 들으면서 입력이 되어버린다고들 한다.

여하한 강의라도 당당함과 겸손을 같이 가지고 간다면 호평을 받게 되어있다. 이런 모습을 여과 없이 보여주고, 펀(Fun) 강의를 하러 갈 때는 스팟 도구들을 준비해 간다. 말로 재미있게 못하면 스팟이나 도구들로 웃음 코드를 유발하도록 이끈다. 덕분에 강의 시작 10분간은 즐겁게 이끌어 간다. 그러면 강의 평가는 끝나는 거다. 강의를 처음 시작할 때 자신 있는 스팟을 골라 5개 정도를 입에서 술술 나오도록 연습해 간다.

'팬텀싱어 2'에서 아마추어이자 비전공자로 거세도 안 했는데 카스트라토(변성기가 되기 전에 거세하여 소년의 목소리를 유지하는 남자 가수) 같은 음역을 소화했던 강형호가 전문가 2명 앞에서 노래를 부르는 동안 긴장했던 모습이 역력해 보였다. 전공자인 앞 사람들의 노래를 안 들었으면 덜 떨릴 건데 비전공자로 그냥 집에 가야 하는 것 같다며 긴장한 모습으로 입장했다. 세 번째로 나와서 심사위원도 관객도 시청자들도 숨죽이게 하고 무대를 쥐락펴락했다.

강형호가 잔뜩 설레는 모습과 긴장한 모습으로 나와 세계 4대 뮤지컬 중 하나인 〈오페라의 유령(The Phantom of the Opera)〉의 대표곡을 부르던 그 모습을 다시 한 번 기억해 보자. 괴기스러우면서 동시에 아름다운 멜로디가 특징인 곡을 풍부한 감정을 담아 완급을 조절하는 그가 경이로웠다. 비전공자가 전공자보다 더한 극찬을 받아 냈다. 강의장에서는 그를 닮으려고 애를 썼던 나였다. 몰입하면서 본인도 취해 있던 그 순간을 지금도 잊지 못한다.

화학회사 연구원인 강형호가 '장르 파괴 싱어'라는 찬사를 받으며 나타나서 불렀던 감미로운 〈오페라의 유령〉. 강형호가 그때 불렀던 이 노래는 나의 최애곡이 되었다. 감동에 벅찬 채 노래하던 강형호를 그가 노래하던 순간만큼이나 가슴 떨리게 좋아하고 있다. 가수나 연예인이나 선생님이나 그 누구도 그렇게 좋아해 본 적이 없었다. 그렇게 떨려본 적도 없었다.

지금도 그때를 생각하면 전율이 일고 클라이맥스에서는 카타르시스까지 느끼게 했던 순간이었다. '낄 자리가 아닌 것 같다'. '제스처는 계산된 거냐'고 물었을 때 '그냥 열심히 했다.' '필을 받다 보니 그렇게 나왔다.' 한마디로 본인이 도취되어서 본인의 감격의 떨림이 그런 제스처로 나왔다는 얘기였다. 자신도 모르게 말이다. 그런데 아마추어인 관객도 알 수 있었다는 게 문제다. '내 노래는 비전공자로서 흉내 낸 것일 뿐이니까 가짜가 탄로 날 것 같아서'라고 수줍게 말했다. 그의 마음을 표현하며 자기도 모르는 사이에 표현되었던 바디 랭귀지였다. '그 노래를 선택했다는 것은 본인의 음역을 알 텐데⋯⋯'라고 하자 계명을 모른다고 했던 강형호. 지금 다시 그 장면을 생각만 해봐도 떨린다.

강의장 특히나 큰 강의를 들어갈 때는 강형호가 보여줬던 그 날, 그 순간을 만들려고 노력한다. 그 설렘과 떨림을 유지하고자 한다. 자신의 강의 열정에 자신도 동화되어 얘기하듯 나오는 말투와 제스처. 내 몸에다가 열정 한 스푼, 몰입과 집중 한 스푼, 감동 한 스푼을 담아 오페라에 취한 관객처럼 만들고 싶었다. 지금도 그렇고 미래도 그러고 싶다. 덕분에 강사를 양성할 때도 그것들을 적용한다. 그런 떨림은 영원히 가지고 가고 싶은 떨림이다. 자신 없어 하는 강사를 현장에 데려가서 보여주면 나는 이미 강의 신이 접신한 듯 전혀 다른 사람이 되어있다고 한다. 그래서 현장에서 보고 익히는 것이 좋다. 아직은 약간 자신이 부족한 강의 분야에서도 이런 노력을 몇 개월 하다 보면 금방 재미가 붙는다.

강의 의뢰가 하나 둘씩 늘어났다. 하나의 강의가 들어오면 다시 앙코르 강의가 들어왔다. 심지어는 그 회사의 많은 교육 담당 팀장이 다 나에게 강의를 주어 윗분으로부터 강사가 안 강사밖에 없느냐? 왜 모두 안 강사지?라고 했다고도 했다. 강사를 섭외하는 담당자들은 다 아들뻘들이어서 다소 불편했다. 의외로 낯가림이 심한 편이기도 한 나는 친근하게 대하기까지 많이 어색했다. 그런데도 앙코르 강의를 받아 내고 옆의 분들에게 전해지고 다른 회사까지 소개해주었다. 이런 상황들을 데리고 다니면서 모두 보여주었다. 강사들에게도 똑같이 가르쳤다. 내게 들어온 고액의 강의 중 같은 방법으로 나를 알렸던 강의가 가장 먼저 들어왔기 때문이다. 말을 해도 되지 않으면 새벽 두 시가 넘도록 통화하면서 블로그 지도를 했다.

"대표님, 저 계약했어요. 어젯밤 쓴 블로그 보고 전화 왔어요."

다음 날 강사 중 한 명에게 거액의 계약이 체결되었다고 연락이 와서 뛸 듯이 기뻤다. 도저히 생각지도 못한 강의를 잡을 수 있었고 다시 앙코르까지 받았다니 얼마나 기뻤겠는가! 덕분에 강사들도 일취월장 발전했다. 보람이 있었다. 그렇게 강사들은 독립해서 나갔다. 지금도 잘하고 있는 1인기업 강사들을 보면 기분이 좋다. 옹골지다. 독립한 강사 중에는 이미 나와 버금가는 강사들도 생겼다. 어느 정도 성장하면 독립하는 것이 강사들이기에 그들과 함께하지 않아도 나를 통해 성장했다는 것이 기분 좋다. 매달 새로운 강사들이 강사가 되겠다고, 디지털 노마드가 되겠다고, 1인지식기업을 하겠다고 몰려온다.

08
확대되는 비대면 강의 시장,
역대급 대박 찬스

강의를 처음 시작할 때는 오라는 데도 없고 갈 데도 없었다. 일이 없다는 것은, 어떤 사람에게는 당장 생활비가 없다는 뜻이 되기도 한다. 강사 세계에 처음 발을 디뎠을 때의 내 생활이 그랬다. 처음으로 5만 원을 준다는 강의를 하러 갈 때만 해도 가슴이 부풀어 올랐다. 강의하는 내내 학습자들에게 집중하느라 진땀을 빼면서도 행복했다. 강의가 끝나고 정리 멘트를 날리는데 곁에서 도우미를 하시는 분들의 표정이 썩 호의적이지 않자 사기가 떨어졌다. 본인들도 이런 길을 걸었을 텐데 무시하는 듯한 표정이 다시는 강의장에 서고 싶지 않게 했다. 처음 대하는 상황인지라 매우 당황스러웠다.

사는 것이 힘들다는 것을 느꼈을 때 재미있는 사람들이 부러웠다. 평소에도 재미있지 못하고 진종일 진지하기만 한 내 태도가 별로 마음에 들지 않았다. 첫 강의 때 이런 무거운 성격이 드러난 모양이었다. 낭패였다. 고개를 들기가 민망했다. 이대로 얼른 돌아가고 다음 주 이날이 안 왔으면 싶었다. 아무것도 도와주지 않으면서 은근히 무시하는데 어떻게 대처를 해야 할지 답을 찾을 길이 없었다.

다행히 2주 수업을 진행하다가 내가 가야만 하는 강의가 쏟아져 들어왔다. 강의가 없는 다른 사람에게 강의를 줄 수 있었다. 그 사람은 그곳을 아주 만족했다. 덕분에 그에게 강의를 넘겨 버리니 살 것 같았다. 하지만 강의를 넘겼다고 해도 또 다른 공부를 해야 하는 상황이 주어졌다. 곧 웃음치료 과정을 충실하게 이수해 냈다. 기꺼이 망가져야 함을 알게 된 수업이었다. 새로운 분야에서 새로운 일을 해야 하므로 배워야 할 것들이 하나, 둘이 아니었다. 생각해 보고 실전 같은 연습을 한 게 아니라 막히면 곧바로 실전 같은 연습을 하고 자격 과정을 이수했다. 그렇게 아슬아슬한 강사 생활을 이어갔다.

그러다가 좋은 강의 소개해준 단 한 번의 기회를 붙잡고 강사로서의 자기계발에 매진했다. 이쪽 일을 시작했으니 모든 다른 일을 그만두었다. 이거라도 잘해 내야 다른 일들이 생길 것 같았다. 맨손일 때 배우러 나왔기에 선뜻 용기가 나지 않았지만, 카드를 사용해서라도 새로운 노하우를 익혀 나갔다. 개인 과외수업이다 보니 큰돈이 들어갔다. 간절했기에 붙들었다. 돈을 벌면 곧바로 교육비로 투자했다. 그러다 보니 나 개인은 물론이고 강사를 양성하게끔 볼륨이 커졌다. 강의를 다니다 보니 교통사고가 나기도 했다. 그래도 목돈을 쥐는 상황이다 보니 신나게 전국을 누비고 다녔다.

모든 것이 원활하게 잘 운영된다 싶었는데 코로나가 터졌다. 분위기가 이상했다. 이젠 오프라인 강의가 전부는 아니겠구나 싶었다. 눈앞이 다시 캄캄해졌다. 핑계조차 댈 수 없이 앞만 보며 달려야 할 형편이다. 멈춰 있을 수가 없기에, 줌 강의를 공부하기 시작했다. 강의도 없는데도 결재를 했다. 덕분에 남들보다 일찍 줌 강의로 수입을 낼 수 있었다. 지금은 온라인과 오프라인을 겸해서 강의가 많이 들어온다. 줌 강의를 해보니 비대면 강의에 대한 석사 논문이 눈에 띄었다. 〈비대면 온라인 강의에서 청중의 강의 만족에 영향을 미치는 요인 : 강사에 대한 공신력 평가, 스피치 능력평가, 강사의 발표 불안 및 자기평가를 중심으로〉라는 제목이었다.

비대면 위주의 질문이지만 대면이든 비대면이든 맥락은 같으니까 논문을 참조해서 읽어 보면 좋은 공부가 될 거로 생각했다. 그 질문에 대해 요약한 글을 여기에 옮겨 적어 본다. 상세한 내용은 논문을 찾아 읽어 보기 바라면서.

강사의 공신력과 강의 만족도에 미치는 영향, 강사의 스피치(발표) 능력은 강의 만족도에 미치는 영향, 강사의 발표 불안은 공신력과 스피치 능력에 미치는 영향, 강사의 카메라 공포는 강의 만족도, 공신력, 스피치 능력 모두에 미치는 영향 등에 대해서 자세하게도 조사해 놓고 있었다. 조사 결과에 의하면,

첫째, 강사의 공신력은 강의 만족도에 영향을 미치는 것으로 나타났다. 공신력이 높은 강사는 강의 만족도의 모든 변인에서도 높게 평가되었다.

둘째, 강사의 스피치 능력은 강의 만족도에 영향을 미치는 것으로 나타났다. 스피치 능력이 높은 강사는 강의 만족도의 모든 변인에서도 높게 평가되었다.

셋째, 강사의 발표 불안은 공신력과 스피치 능력에 영향을 미치는 것으로 나타났다. 발표 불안이 높은 강사는 청중으로부터 높은 공신력 평가를 받았고, 반대로 발표 불안이 낮은 강사는 청중으로부터 높은 스피치 능력평가를 받았다.

넷째, 강사의 카메라 공포증은 강의 만족도, 공신력, 스피치 능력 모두 영향을 미치는 거로 나타났다. 카메라에 대한 공포가 낮은 강사는 강의 만족도, 공신력, 스피치 능력 모두 높은 평가를 받는 것으로 나타났다.'

논문 덕분에 자신을 좀 더 섬세하게 분석해 볼 수 있었다. 줌 강의에 대해 학습자들이 어떻게 하면 더 좋아하는지, 열광하는지 알게 되었고, 줌 강의 또한 능수능란하게 다루게 되었다. 강의에 더욱 자신감이 붙었다. 강의하러 가면서도 안절부절못하던 초짜일 때와 비교해 볼 때 강의가 별로 없는 코로나 때에 열심히 공부한 것이 또 나를 일으켜 세우는 기초가 되었다. 비전을 세우고 노력하는 내내 점점 큰 것들을 달성했다. 그렇게 자기계발에 힘쓰다 보니, 목표를 쉽게 그리고 크게 달성했다. 덕분에 '위기는 기회이다'라는 말을 실감하게 되었다. 다른 사람들이 힘들 때 철저하게 성실하게 준비해 온 내 사명의 크기도 비전도 커져만 갔다. 꿈은 이루어진다. 반드시 행동에 옮겼을 때라는 단서 안에서.

디지털 노마드 시장, 1인지식기업 시장의 판이 커진다. 대상을 좁혀도 문의 오는 사람은 많아진다. 강의 분야도 다양하게 알려야 한다. 공부도 더 많이 해야 하는 디지털 노마드 시대가 왔다. 아울러 강의 시장이 확대되어 가고 있다. 함께 뛰어야 할 때다. 가슴 저편에 꿈 하나 숨겨 놓고 있지 않은가? 함께 달려보자. 지금이 기회다.

제 4 장

강사,
이렇게 하면 성공한다

01

열정 덩어리가 되어라

사람들이 내 장점을 얘기할 때 으레 거론되는 덕목들이 있다. 그 중 첫 번째는 열정과 리더십이다. 언제나 이 두 단어가 첫 번째 아니면 두 번째를 달렸다. 그런데 참 이상하다. 정작 나는 그런 말들이 내게 대한 말이라고 생각되지 않고 남들을 얘기하는 것 같으니 말이다. 더 이상한 점은 타인들도 나와 같더라는 것이다. 대개는 그들에게 그게 본인이라고 칭찬해도 나처럼 믿지 않고 자신들도 남들이 그렇게 반복적으로 말하니 '그런가 보다'라고 한다는 것이다. 지금의 내가 그렇다. 그런 칭찬들 속에 나를 꿰맞춰서라도 장점으로 만들어 보려고 애쓰는 중이다. 덕분에 예순이 넘은 나이에도 아직도 배울 것이 많다고 생각하게 된다.

돌아가신 엄마는 명심보감 외우는 것을 좋아하셨다. 어쩌면 그렇게나 좔좔 외우시는지 부럽기도 했고 기가 죽기도 했다. 엄마 말씀은 운율에 맞춰 잘도 외우시며 이렇게 풀이하곤 하셨다.

　　주문공이 왈 가약빈이라도 불가인빈이폐학이오 가약부라도 불가시부이태학이니(朱文公이 日 家若貧이라도 不可因貧而廢學이오 家若富라도 不可恃富而怠學이니)

　　빈약근학이면 가이입신이오 부약근학이면 명내광영이니라 유견학자현달이오(貧若勤學이면 可以立身이오 富若勤學이면 名乃光榮이니라 惟見學者顯達이오)

　　불견학자무성이니 학자는 내신지보오 학자는 내세지진이라 시고로 학즉내위군자오(不見學者無成이니 學者는 乃身之寶오 學者는 乃世之珍이라 是故로 學則乃爲君子오)

　　불학즉위소인이니 후지학자는 의각면지니라(不學則爲小人이니 後之學者는 宜各勉之니라)

　　주문공이 말하기를 만약 집이 가난하더라도 가난함으로 인해 배우지 않으면 안 되고, 만약 집이 부자라도 부(富)를 믿고서 배움을 게을리하면 안 되니, 가난하더라도 부지런하게 배우면 입신(立身)을 하고, 부유한 자라도 만약 부지런하게 배우면 이름이 더욱 빛날 것이다. 오직 배우는 자가 현달(顯達 : 세상에 나아가 높은 지위를 얻어 자신의 이름을 알림) 함을 보았고 배우는 사람이 성공하지 못함을 보지 못했나니 배움은 몸의 보석이고 배운 사람은 세상의 보배이다. 고로 배우는 자는 군자가 되고 배우지 않으면 소인이 되니 후에 배우는 자는 각자 힘써야 할 일이다.

　　엄마 말씀은 사람이 죽을 때까지 배워야 몸에 보석이 있는 것이
라고 아니면 똥밖에 없는 거라고 했다. 그랬던 엄마였기에 중학생
딸에게 한글을 모른다는 것을 들킨 이상 며칠 만에 한글을 다 떼셨
다. 돌아가시기 불과 몇 년 전에 검정고시까지 합격하셨다. 그런 엄
마가 왜 나에게 명심보감을 외우도록 하지 않으셨는지 안타깝다. 그
땐 병원에서 퇴원하고 우리를 먹여 살릴 돈도 없어 오직 사는 일에
급급했기 때문이었을 것도 같다.

　　엄마의 레퍼토리 또 하나는 이수일과 심순애였다. '놔라. 김중배
의 다이아몬드가 그렇게도 좋더란 말이냐?' 엄마가 어렸을 때 유랑
극단들이 와서 공연한 것들을 얼마나 자주 보았는지는 알 수 없지만
그걸 다 외우고 있다는 것이 신기했다. 명심보감은 서당에 다니는
외삼촌들 덕분에 다 외웠다고 했다. 배움이 보석을 쌓는 일이라고
하셨기에 중학교에 다닐 동안 열심히 공부했다. 엄마 덕분인지 한문
을 좋아했었고 언제나 100점을 맞았다. 명심보감을 가르쳐주지는 않
았지만 '명심보감'과 '이수일과 심순애'의 연극 대사들은 지금도 바로
옆에서 외우고 계시는 듯 귓가에 쟁쟁하다. 무슨 일을 하건 열정적
이고 열심히 하던 엄마였기에 나에게서 열정이란 단어를 뗄 수 없
는 것이 아닌가 싶다. 정말이지 배움이란 끝이 없는 것 같다. 엄마
의 말씀을 빌자면 한 평 땅에 누울 때가 영원히 잠잘 때요, 쉴 때인
듯하다.

코로나로 인해 강의가 많이 끊기고서야 자기계발 서적들을 읽고 있다. 코로나는 강사라는 직업을 가지고 혼자 사는 나에게는 두려운 존재다. 수입이 아예 끊겼기 때문이다. 그런데도 당장 코앞에 굶어 죽는 일이 생기지 않는 한은 버틸 힘을 준 것이 바로 자기계발서였다. 책 속에 길이 있다는 말을 이제야 통감을 한다. 늦은 것 같아 화도 난다. 너무 열심히 사느라고 독서모임들이 이렇게 번창하고 있는지도 몰랐다. 이제라도 안 것을 감사하며 자신을 어르고 달래며 책 읽기와 글쓰기에 열중하고 있다. 처음 글을 쓰다 보니 진도도 안 나가고 수준도 달리는 것 같아 속상하지만 내 열정과 성실이 어디까지인지 테스트를 해보고 싶었다. 무언가를 시작하면 밥이 끓는지 죽이 끓는지 모르고 온 힘을 다해왔던 터다. 힘에 부치면 세계에서 최고령으로 데뷔한 시인 시바타 도요 할머니와 미국 국민화가 모지스 할머니를 생각하며 버텨 내고 있다.

그렇게 아팠던 상태에서도 열정적으로 사셨던 엄마를 닮은 것인지 미련하도록 열정적으로 살았던 반 토막 인생을 되짚어 본다. 눈물 속에 산 날이 많은데 지금 생각해 보니 참 행복하기만 한 것은 왜인지 모르겠다. 억지로 행복했었노라고 세뇌시키며 살아왔기에 가능했으리라고 짐작해 본다. 초긍정 심리. 아픈 몸이기에 쉰 살만 되면 죽고 싶다고 얘기했었던 날들이다. 정작 나이 쉰 살은 깨어나지 못할 뻔했던 수술을 했던 때다. 그때도 데려가고 싶다면 데려가라고 편한 기도를 올리며 수술에 임했다. 견디지 못할 통증에는 차라리 데려가라고 기도하지만 어지간한 통증은 잘도 견딘다. 그 또한 훈련

된 듯도 하다. 고통과 시련은 나를 훨씬 성장하게 하고 성숙하도록 만들었다.

지금은 다른 사람의 장점들이 훨씬 더 많이 보이는 여유가 생겼다. 단점은 긍휼함으로 보이기도 한다. 가능하다면 시련도 고통도 감사함으로 받아들이려고 애를 써본다. 살아 있다는 것이 감사하다는 것을 알기 때문이다. 그걸 통해서 내가 성장한다는 것도 감사하기 때문이다. 나 어린 시절에 못난이 삼형제라는 캐릭터 인형이 있었다. 그 인형은 꼭 나같이 느껴졌다.

십대 중·후반을 '그건 너'라는 노래로 떼창을 하게 했던 우상 같았던 가수 이장희 씨가 있었다. 그의 나이도 이제 한국 나이로 75세가 되어버렸는데 그가 20대에 작곡했다는 '내 나이 육십하고 하나일 때'라는 노래 가사가 생각난다.

내 나이 열하고 아홉 살에 / 첫사랑에 잠 못 이루고 / 언제나 사랑한 건 / 두꺼운 책 두꺼운 책이었지 / 가끔은 울기도 하고 / 가슴 속엔 꿈이 가득했었지 / 내 나이 스물하고 하나일 때 / 온 세상이 내 것 같았고 / 언제나 사랑한 건 나의 조국 / 그리고 내 자식뿐이었지 / 가끔은 절망도 했고 / 가슴 속엔 뜨거운 피가 끓고 있었지 / 내 나이 스물하고 아홉 살엔 / 내 사랑을 나는 찾았고 / 언제나 사랑한 건 / 나의 아내 내 아내뿐이었지 / 가끔은 두 주먹으로 벽을 두들겨 댔지만 / 가슴 한구석엔 아직 꿈이 남아 있었지 / 내 나이 육십하고 하나일 때 / 난 그땐 도대체 어떤 모습을 할까 / 그때도 사랑하는 건

나의 아내 내 아내뿐일까 / 그때도 울 수 있고 가슴 한구석엔 아직 꿈이 남아있을까

　　그는 스물하고 하나일 때 세상이 다 내 것 같았다고 했다. 내 나이 스물하고 하나일 때는 엄마 병간호하느라고 육체적으로는 만신창이가 되었고 겨우 퇴원을 시켰을 때는 오빠로부터 돈 벌어 오라고 억지로 쫓겨나다시피 집을 나온 시기였다. 만신창이가 된 몸을 아직 추스르지도 않았는데 돈 벌어 오라고 쫓겨나니 세상이 너무 무서웠고 갈 곳도 마땅치 않았던 암울한 시기였다. 연중행사처럼 병원에 장기 입원하셨던 엄마를 수발했던 그 시절은 내가 너무 아파서 병원장이 이 딸 죽일 거냐고 아픈 엄마를 닦달하던 때였다. 그런 내가 엄마 퇴원으로 겨우 집에 왔는데 내가 넣던 곗돈 책임지라고 얼마나 볶아대던지 갈 곳도 없는데 집을 나섰다.

　　장남으로 돈 한 번 안 벌었던 오빠나 장녀로 집에 돈 한번 갖다 준 적이 없는 언니였다. 언니는 이런 환경이 싫었는지 다니던 학교를 때려치우고 형부랑 눈이 맞아 살림을 차렸다. 언니도 언니답지 못한 것이 밉기도 하나 한편으로는 이해가 되기도 했다. 용기 있어 보이기도 했다. 엄마를 좋아했고 존경했던 나는 엄마의 눈물을 너무 많이 봤기에 엄마를 두고 나만 살겠다고 도망칠 수가 없었다. 돈을 벌기 위해 안간힘을 다 써야 했던 20대 초반 생각조차 하기 싫은 처절한 고생뿐이었다.

　　게다가 태어나서 가장 소중한 대접을 받았던 첫사랑에게서 온

편지조차 오빠가 숨기는 바람에 인연이 끊기고야 말았다. 둘의 인생에 지대한 아픔을 주었던 외아들 오빠였다. 그런 오빠는 공무원 시험에 전국 차석으로 들어갔다. 그러나 정년도 못 채우고 암으로 죽어가면서 나에게 좀 살려달라고 했다. 나에게 잘못한 걸 아는 것인가? 내 인생이 자기로 인해 너무 달라진 걸 알기나 하는 건가? 차라리 눈을 감고 싶었다. 보고 싶어서 편지해도 답이 없던 그때, 그 비밀이 오빠였던 거다.

더 좋은 직장으로 옮겨가서 변심했다고 생각했다. 내가 너무 힘들어하니 힘들더라도 함께 고생하자며 올라오라고 했다는데 그 애타는 편지는 나에게 전해지지 않았다. 나중에야 안 일이지만 한술 더 떠서 내가 이미 결혼했다고 마음 접으라고 했다고 한다. 그 사람은 하도 성실하다고 소문이 나서 경찰서장 딸이랑 중매결혼했다고 들렸다. 결혼 후 그 사람이 정신적으로 문제가 생겨 그 처(妻)가 우리 집으로 와서 나 대신 동생들이라도 데려가 보고 싶다고 왔더라고 했다. 동생들이 과일을 가지고 찾아갔더니 하염없이 울기만 하더라고 했다. 그 사람에게는 우리 오빠 같은 사람이 없는 집으로 장가를 갔으니 차라리 잘된 일이었을 것이다. 비록 그 사람은 그 내막을 모르겠지만.

엄마 냄새 외에는 도무지 행복한 일이 없었던 어린 시절이었다. 이제는 그런 어려움은 혼자서 다 이겨 내야 하는 어른이 되었다. 내 나이 육십하고 하나일 때의 나는 인생이라는 거대한 바다를 아들로 인해 새롭게 항해를 시작했다. 두렵지만 열정적으로 온몸과 마음을 던져 새로운 일에 도전할 수 있었다. 평생을 시련과 고난 속에서 살다 보니 새로운 시련 앞에서도 두렵기는 하지만 열정을 가지고 담담하게 최선을 다할 수 있었다. 그 길은 어김없이 거쳐 가야 할 길임을 이미 체험했기에 성실하게 최선을 다하며 걸어갈 뿐이었다. 그리고 하늘에 간절하게 기도했다. 제발 도와달라고. 나에게 인생의 답은 눈물의 기도와 함께 즉시 행동에 옮기는 것이며 그런 연후에는 진인사대천명이었다.

하늘은 스스로 돕는 자를 돕는다고 했다. 거듭되는 시련과 고난은 나를 단단하게 만들었다. 누군가는 두렵기만 하고 힘들다고 포기할 나이에 나는 그냥 묵묵히 나를 일으키기 위해 열정적으로 뛰었다. 아들이 미안해하지 않도록 강사로서 열심히 뛰었고 아들의 수술을 무사히 마쳤다. 아들은 대학도 졸업했고 취업도 했다. 나 역시 넓은 집을 사서 이사까지 할 수 있었다. 이 얼마나 감사하고 꿈 같은 일인가. 앞으로 10년 후 칠십하고도 셋이 되었을 때도, 김형석 교수님처럼 100세가 될 때도, 우리 할아버지처럼 105세가 되어 세상과 하직할 때까지도 나는 꿈꾸며 뛰어갈 것이다.

4차 산업혁명 시대의 대세가 되는 1인기업의 콘텐츠를 열정적으로 시스템화시켜 가면서 걸어갈 것이다. 코로나로 인해 더욱 앞당겨진 디지털 노마드로서 살아내기 위해 오늘 독서모임에 해외 거주하는 이들까지 합류해서 열심히 성실하게 뛰어가고 있다. 내 나이 예순하고 세 살일 때 세상이 바뀌고 있으니 줌이라는 새로운 문물을 통해 세계적으로 강연도 하고, 나처럼 암울했던 사람 중에 단 한 사람이라도 나로 인해 일어설 수 있다는 걸 증거해 보일 것이다. 너무 큰 성공을 보고 일어설 엄두도 못낸다면 나 같은 작은 성공을 보여 줘서 일어날 수 있기를 증거해 보려 한다.

　내 남은 열정은 이런 새로운 꿈과 함께 앞으로도 쭉 이어질 것이다. 요새는 나로 인해 디지털 노마드를 꿈꾸는 사장님을 도와 5일 만에 500만 원의 수익을 올리도록 도와줄 수 있었다. 한 달에 천만 원이 넘는 수익이 달성된 거였다. 이런 세상이 이미 내 곁에 와 있는데도 미처 받아들이지 못하고 망설이는 사람들에게 보여줄 것이다. 내가 살아오면서 해왔던 경험과 비결을 통해 그리고 지식을 통해 다른 사람을 도우면서 수익까지 낼 수 있는 것을 보여주며 함께 꿈을 이루는 일 너무도 멋지고 행복한 일이 아닌가. 여기에 남은 내 열정을 다하여 이때의 심경이 담긴 글을 담담히 적어가는 작가로서 삶을 살아가고 싶다. 생각만 해도 가슴이 벅차오른다. 내 꿈은 반드시 이루어질 것이다. 날마다 외치며 행동에 옮기고 있는 열정 덩어리인 지금 내 나이 육십 하고도 세 살이다.

02
배움에 고픈 사람은
성공이 따라오더라

어떤 사람들은 늘 배움에 고파한다. 왜 그렇게 공부를 하는지 이해할 수 없을 정도로 집중하여 성장한다. 그런 사람들은 결국에는 강사라도 하고 있다. 그런데 어떤 사람들은 '내가 왜 이렇게 힘든 공부를 하고 복잡한 과정을 배워야 해? 그냥 하던 대로 살고 싶어'라고 생각을 한다. 이때가 가장 문제이다. 이 고비만 넘기면 희열을 느낄 수가 있다. 이른바 배움에 대한 희열 말이다. 물론 어떤 것이라도 처음 시도할 때는 두려움이 따른다. 어렵기도 하다. 그러다 보니 싫기도 하다. 그 과정에서 망설이지 않고 앞으로 나가면 그러한 것들은 사라질 것이다. 그런데 그 한끝을 넘기지 못한다. 아니 시작 자체를 안 한다. 그로 인해 너무나도 많은 기회를 스스로 포기하고 산다. 안타까운 일이다.

나 역시 내가 아는 분야만이 전부인 줄 알고 열심히 그 분야만 공부하며 더는 열심히 살 수 없을 만큼 살아왔다. 열심인 것에 비해서 결과는 100퍼센트 만족스럽지 않았다. 물론 열심히 했기에 남보다는 약간 더 나은 점도 있었다. 남들이 저렇게 고효율을 내는 데는 분명 이유가 있을 거로 생각했다. 그러다가 코로나로 인해 다들 힘들지만 그래도 1인지식기업을 접하고 달리고 있는 박현근 코치를 만났다. 날마다 카카오톡 오픈 채팅방을 통해 많은 정보를 얻었다. 그 방에서 진행되는 강의를 줌을 통해서 들었다. '모든 것이 멈춤. 집합 금지로 강의도 멈춤'이었던 이때에 이런 방들의 강의를 들었기에 줌 강의를 이미 편하게 다룰 수 있었다. 이것이 줌 강의를 시작하게 된 계기가 됐다.

남들보다 먼저 줌 강의를 시작한 덕에 비대면 강의가 많아졌다. 오픈 채팅방마다 돌아다니며 줌 강의를 듣다 보니 너무도 많은 사람이 줌을 통해 글로벌로 소통하고 있다는 것을 알게 되었다. 《고교중퇴 배달부 연봉 1억 메신저 되다》의 저자 박현근 코치를 만난 덕에 디지털 노마드의 삶에 대해 제대로 알아 가고 있다. 세상의 축이 미세한 부분들에서 이미 변화가 시작되었다. 내가 좀 더 제대로 알아야 하기에 많은 멘토를 만났고 많은 강의를 듣게 되었다.

지금은 기꺼이 또 다른 교육비를 투자하고 있다. 그동안 열심히 뛰어 조금이라도 벌어놨기에 새로운 세계를 알아 가면서 투자를 하고 업그레이드시켜 가는 것이다. 새로이 알게 된 것들을 실행하고 또 다른 분들에게 이 세계를 알려준다. 내가 아무리 싫다고 해도 새로운 세상은 온다. 새로운 미래가 온다. 이미 와있다. 그런데도 모른다. 모든 사람이 알아서 사업을 하겠다고 나설 때쯤에나 받아들인다. 그때는 너무 늦다. 이게 보통 사람들의 마인드다. 그걸 알기에 남들에게 말해도 알아듣지 못할 때 시작해야 한다. 물론 철저한 검증을 거쳐야 한다. 자신이 먼저 공부를 하고 어떻게 적용하고 어떻게 펼쳐야 할지 결정해야 한다. 나로 인해 디지털 노마드가 되겠다고 1인기업을 시작한 사람들이 뿌리내릴 수 있도록 지원해줘야 한다.

세상은 빠르게 변하고 있고 나도 나이가 드니 좀 달라졌다. 물론 두렵지 않은 건 아니지만 맞다면 도전해 보고 싶었다. 언제 또 도전해 보랴. 덕분에 많은 것을 접하자 전혀 나올 것 같지 않은 열정이 나온다. 배움에 대한 희열을 느끼는 것이다. 단어만 들어도 설레는 직업, 즉 가수나 작사가, 작곡가의 인세만이 아닌 다른 방법으로의 파이프라인, 서로서로 윈원하는 세상이 보이는 것이다. 프리덤을 외칠 수 있는 멋진 아이템이 생기니 절로 행복해진다. 이 직업을 알게 되고 더구나 이런 직업들이 한국표준산업분류 기준으로 지정이 되어 있다는 것에 유레카를 외치며 이렇게 몰입해 보는 것이다. 처음 접하는 분들을 위해 다양한 곳에서 검색을 활용해 옮겨적어 보련다.

1인지식기업

이게 뭐람? 찾아보니 산업통상자원부가 한국표준산업분류 기준으로 지정한 지식 서비스 분야 6개 업종을 중심으로 경제활동을 하는 기업으로 통신, 금융보험, 사업 서비스, 교육 서비스, 보건ㆍ사회복지, 오락·문화 관련 서비스업 등이 그 대상이다. 주로 프리랜서, 개인사업자, 주식(자본금 5억 원 미만) 및 유한회사 형태 법인으로 대표자를 포함한 종사자가 1인기업이 될 수 있다. 소프트웨어 개발 등 정보기술(IT)개발인력을 비롯해 자산관리설계사, 보험설계사, 영어강사, 수영강사, 레크레이션강사, 전시전문가, 웹디자이너, 컨설팅전문가 등 주로 프리랜서와 개인사업자들이 해당한다.

[네이버 지식백과] 1인 지식기업 (한경 경제용어사전)

디지털 유목민 digital normad

일과 주거에 있어 유목민(normad)처럼 자유롭게 이동하면서도 창조적인 사고방식을 갖춘 사람들을 뜻한다. 이전의 유목민들이 집시나 사회 주변부의 문제 있는 사람들로 간주되었던 반면에 디지털 노마드는 스마트폰과 태블릿 같은 디지털 장비를 활용하여 정보를 끊임없이 활용하고 생산하면서 디지털 시대의 대표적인 인간 유형으로 인식되고 있다. 프랑스 사회학자 자크 아탈리(Jacques Attali)가 그의 저서에서 '21세기는 디지털 장비를 갖고 떠도는 디지털 노마드의 시대'라고 규정하면서 본격적으로 쓰이게 되었다.

[네이버 지식백과] 디지털 노마드digital normad (한경 경제용어사전)

1인 창조기업 one-person creative company

일반적인 생계형 분야가 아닌 아이디어와 전문적인 지식을 가지고 있는 개인이 독립적인 영리를 목적으로 창업하여 이익을 창출하는 경우를 의미한다. 기업 경영자이자 저자인 톰 피터스(Tom Peters)가 PSI(personal service firm)에 대해 소개하면서 동일한 개념으로 처음 1인 기업을 소개하였다. 다니엘 핑크(Daniel Pink)는 조직적인 생활을 하는 사람에 대비되는 개념으로 프리랜서 자체를 1인기업가로 정의하였으며, 미국 재무부는 한 사람의 개인 기업이나 독립적인 계약 대상자로서 비즈니스를 수행하고 있는 주체를 1인기업이라 정의하였다.

국내에서는 중소기업청을 중심으로 법적인 기반을 확보한 상태이며, 2011년 제정된 법률에서 창의성과 전문 지식을 갖춘 1인이나 5인 미만의 공동 사업자로서 상시 근로자가 없는 지식 서비스업, 제조업을 행하고 있는 자로 정의하고 있다. 국내 산업의 고용 없는 경제성장이 지속되고 있는 상황에서, 일자리 창출과 청년 실업 등의 문제를 해결하기 위한 대안으로 1인 창조기업이라는 개념이 도입되었다.

창조 경제에서 요구하는 가장 중요한 자산인 창의성(creativity)을 자산으로 가지고 있는 사람이 선도적인 1인기업이라 할 수 있다. 심리학자 미하이 칙센트미하이(Mihaly Csikszentmihalyi)는 창의성을 개인, 현장, 영역 이렇게 3개 요소의 상호 작용으로 보았다. 즉 '실행하는 창조자(creator)'가 1인 창조기업의 대표적인 모습인 것이다.

IT 서비스(소프트웨어 개발, 게임 개발, 홈페이지 제작), 공예품 제조업, 식품 제조업, 문화 콘텐츠 서비스(웹툰, 드라마, 영화 제작) 등 여러 분야에서 1인 창조기업이 성장하고 있다.

[네이버 지식백과] 1인 창조기업one-person creative company (두산백과)

세상이 이렇게 급변해 가는데 우리는 왜 이런 것들을 전해주면 믿지 않을까? 아마 무언가를 도전해서 성취해 본 적도 없고 실패를 맛본 적도 없거나, 큰 실패를 맛봤기 때문일 거다. 어쩌면 이미 나와 있는 답들이 있어도 움직이지 못하고 믿지 못하는 것은 외부환경이 아니라 자신의 내부, 즉 마음의 장벽이 가로막기 때문이라고 생각한다. 자신이 직접 무언가를 해내고 싶다면 우리는 스스로 새로운 지식을 습득하고 갖춰 나가야 할 품성을 기르고 근성을 길러야 한다. 가장 먼저 셀프 리더십을 길러 스스로 리더가 되어야 한다.

리더란 무엇인가? 결과를 책임지는 것이다. 자신이 한 일에 책임을 지도록 근성을 길러야 한다. 그러면 나를 방해하거나 내 일을 방해할 가능성이 있는 요인들은 모두 제거해야 한다. 성공한 사람들일수록 자신의 잘못은 자신이 책임진다. 왜냐하면 '나의 현재, 즉 현재 상태를 계속 유지해 간다면 그것이 곧 10년 뒤의 내 모습이기 때문이다.' 고로 문제가 생겼을 때 기꺼이 나에게서 문제점을 찾아내려고 하는 사람들은 이미 성공할 수 있고 리더십을 갖추고 있는 셈이다. 그러니 급변하는 세상이 어떻게 돌아가는지는 알고 살아야한다.

주위를 둘러 내가 벤치마킹할 수 있는 사람들이 있는지 찾아보자. 그가 어떻게 지금의 결과를 이뤘는지 보고 듣고 연구하며 따라 해 보자. 지금 보통 사람인 우리가 갖춰야 할 지식은 깊은 지식이 아니다. 베스트셀러《지적 대화를 위한 넓고 얕은 지식》을 쓴 작가 채사장의 말처럼 어쩌면 넓고 얕은 지식과 여러 노하우를 배워야 할 때이다. 배움에 고파 찾다 보면 현재에 맞는 새로운 지식을 습득하리라 믿는다.

　나 역시 그런 지식을 습득해 가는 지금이 너무 행복하다. 공부도 하면서 수익도 따라주고 게다가 함께하는 사람들도 수익을 내는 지식 정보화 사회, 지식 산업의 시대, 디지털 노마드의 삶을 살고 있다. 여행을 가서도 노트북과 스마트폰만 있으면 강의가 가능한 세상 부럽지 않은가? 나와 자녀의 미래를 위해 내가 찾아야 할 게 있다면 배움에 고파 보자. 배운 것들은 반드시 실행에 옮겨 보자.

03
실행이 답이다

모르는 번호로 전화가 왔다. 강의 의뢰라도 왔나 싶어서 재빨리 전화를 받았다. 강사 양성소에서 공부하는 사람이라며 저녁식사라도 하면서 상담을 하고 싶다고 했다. 시간에 맞춰 나갔다. 강사 세계에 나와서 몇백만 원을 내고 강의가 나오기를 기다리던 강사였다. 지금까지 사내강사로 활동 중인 강사로 강의를 많이 줄 것으로 알고 강사 양성소에 등록을 했다고 한다.

이미 얘기했다시피 강사 양성을 하는 곳은 강의를 주는 곳이 아니다. 강사가 되겠다고 하는 사람들은 양성소에서 공부하면 강의를 주는 줄 알고 등록한다. 물론 등록하기 전에 강의를 주는지도 물어보지만 양성소에서는 한결같이 강의가 많다고 한다.

오늘은 또 오늘은 하면서 한없이 기다리는 날이 계속된다. 주말에는 같은 꿈을 가진 선배 강사 대기조들 속에서 자신도 모르게 분위기를 띄워주는 노릇을 하게 된다. 새로운 꿈을 안고 나온 강사 양성소에서 선배들과 함께 즐거운 주말을 보내느라 힘든지도 모르고 세월이 간다. 그러다가 문득 주위를 둘러보고 지쳐간다. 결국에는 기다렸지만 자신에게도 강의가 없다는 걸 알게 되고 실망을 한 채 이내 사라져 버린다. 강사 세계를 꿈꾸며 나온 사람들의 현실이다. 토머스 에드워드 로렌스는 《지혜의 일곱 기둥》에서 꿈에 대해 이렇게 얘기한다.

'누구나 꿈을 꾼다. 그러나 그 꿈이 모두 같은 꿈은 아니다. 밤에 꿈을 꾸는 사람은 밝은 아침이 되면 잠에서 깨어나 그 꿈이 헛된 것이라는 사실을 이내 깨닫는다. 반면에 낮에 꿈을 꾸는 사람은 몹시 위험하다. 그런 사람은 눈을 활짝 뜬 채 자신의 꿈을 실현시키려 행동한다. 그렇다. 나는 낮에 꿈을 꾸었다.'

즉, 누구는 그 꿈을 이루기 위해서 행동에 옮긴다는 것이다. 이렇듯 잠시의 상황을 파악한 후에 어찌할 바를 모르고 주위를 둘러보는 사람도 있고, 그냥 안주하며 들러리만 서다가 사라진 사람도 있다. 그런데 그 강사는 내가 강사 세계에 나온 지 얼마 되지도 않았는데도 소문이 나니 왜 소문이 났을까 하여 연락을 한 것이다. 남은 강의가 있어서 다른 강사들에게 주었을 뿐인데 강의 많이 준다고 소문이 난 것이다. 그렇게 해서 자연스럽게 일명 '새끼 강사'를 양성하게 되었다. 그는 나의 길을 그대로 따라 하면서 자신만의 방법을 더해 곧 성공할 수 있었다.

인간을 바꾸는 방법은 세 가지다. 시간을 달리 쓰는 것, 사는 환경을 바꾸는 것, 새로운 사람을 사귀는 것이다. 이것을 하기로 새로운 결심만 하고 행동하지 않는 것은 가장 무의미한 일이다. 이거다 싶을 때는 덜 완벽하더라도 실행에 옮겨 보는 것이다. 피터 드러커는 '모든 성공한 사람들을 묶어주는 공통점은 결정과 실행 사이의 간격을 아주 좁게 유지하는 능력이다. 미룬 일은 포기해 버린 일이나 마찬가지이다'라고 했다. 미룬 일을 다시 생각해서 해내는 용의주도한 사람은 없기에 한 말일 것이다. 미루지 말고 지금 실행해야 한다.

선배뻘 강사들이 거의 절반 넘게 들어왔다. 강사를 시작하면서 많은 돈은 들었지만 어디에도 갈 곳이 없어 황망하던 때가 엊그제라 이해되었다. 내가 지금껏 해왔고 성과를 내게 된 모든 노하우를 다 가르쳐주었다. 성심성의껏 가르쳤다. 잠을 줄이면서 밤늦도록 전화 통화를 해가면서까지 가르쳤다. 강의가 많이 들어오게 문구 한 줄, 포인트 크기, 색상까지 지도했다. 그런데 빨리 정착을 하지 못하는 사람들도 있었다. 쉬워 보이는 일도 해보면 어렵다. 왜 쉬워 보일까? 본능적으로 판단했을 때 할 만하기 때문이다. 그런데도 해내지 못하는 것이다. 실행에 옮기지 않기 때문이다. 선조들은 채근담에 이런 말로 우리를 위로해준다.

'못 할 것 같은 일도 시작해 놓으면 이루어진다.'

선조들도 실행에 옮기고만 있다면 결국 해낼 것을 말해주고 있다. 그런데 시작을 안 하는 경우가 많고, 시작해도 금방 포기해 버린다.

예나 지금이나 20:80의 법칙은 어디에나 비슷하게 작용한다. 그래도 강사 양성을 한다는 책임감에 가능성이 빨라 보이는 강사가 머뭇거릴 때에는 끌어내준다. '아무리 약한 사람이라도 단 하나의 목적에 자신의 온 힘을 집중시킴으로써 무엇인가 성취할 수 있지만, 아무리 강한 사람이라도 힘을 많은 목적에 분산하면 그 어떤 것도 성취할 수 없다.' 집중하라는 데야 할 말이 없다. 결국은 집에까지 쫓아가 강의장에 데리고도 다녔다. 본인이 별로 가고 싶지 않은 분야도 서 보게 했다. 초보 강사는 어떤 강의장이라도 많이 서 본 경험이 중요하다. 경험만큼 좋은 스승은 없기 때문이다.

아무리 좋은 것을 생각해도, 내가 실천하지 않으면 어떤 결과를 얻을 수가 없다. 그래서 괴테가 가장 강조한 인생덕목은 실천이라고 한다. 강사를 하다 보면 별의별 반응이 다 나온다. 그런 것들에 연연하지 않는 담력을 먼저 만들어야 한다. 가끔은 본인이 망가져서 수강생들에게 좋은 본이 되어 카타르시스를 느끼게도 해줘야 하고, 가끔은 위엄을 갖춰야 하는 강의도 해야 한다. 그런 경험들이 강사들에게 좋은 경험과 경력이 될 것이다. 그러니 꿈이 있다면 작은 일이라도 시작해야 한다. 새로운 일을 하는 용기 속에서 우리에게 잠재되어 있던 능력과 기적이 모두 살아나게 될 것이다.

지금은 비록 많은 경험은 없지만 언젠가는 이 경험들이 명강사로 키워주는 동력이 될 것이라 여겼다. 처음에 양성한 강사들에게 나에게 의뢰가 들어온 강의를 연결해주었다. 내 강의 하나 만들기도 힘들었던 때가 엊그제였는데 벌써 타인의 강의까지 한 달에 30여 건을 소개하고 있다. 돈도 학벌도 좋은 배경도 내세울 대단한 조건은 없지만, 나만의 색깔을 가지고 무대포 정신으로 들이대면 반드시 기회가 올 거라고 믿었다.

비록 완벽하게는 못할지언정 스스로 시작할 수 있거나 꿈꾸는 일이 있거든 당장 추진하라. 대담함 속에는 재능과 힘과 신비함이 모두 깃들어 있다. 주위 사람을 내게 유용하도록 도움을 받을 수도 있다. 멘토를 두어도 좋다. 손을 내미는 정도는 할 수 있는 일이다. 배우면서 가면 되는 거다. 바로 시작하면 되는 일이다. 그뿐이다.

다른 강사 양성 기관에서 강사들이 모여들기 시작했다. 심지어 강사 세계에 먼저 뛰어들었다는 선배 강사들이 더 많았다. 이게 무슨 일이지? 아이러니였다. 내게 강의를 좀 달라고 부탁하는 일들이 생겨났다. 강의가 그만큼 많아졌다는 얘기니 감사한 일이었다. 책임감도 더 무거워졌고 무슨 일을 하든지 생각하거나 정보를 얻으면 바로 실행에 들어갔다. 실행에 옮기지 않은 생각은 몽상에 불과하기 때문이다. 짜장면 배달부가 스타 강사가 되었던 사례도 들어왔고, 호떡장수가 명강연을 하는 것도 들어왔다. 성공하고 싶다면서, 성장하고 싶다면서 나를 찾아왔다. 그런 다양한 성공 사례들을 무수히 봐왔으면서도 성장하지 못한 것은 무엇 때문일까 생각해 봐야 한다. 첫째는 바로 옆에 그 사람이 없으니 덜 다가온 까닭도 있겠다. 둘째는 그 소식을 접할 때의 뜨거움을 실행에 옮기기만 하면 될 텐데 실행에 옮기지 않은 것이다.

인간이 뜻을 세우고 이루어 가려고 노력하는 모습만큼 아름답고 감동적인 것은 없다. 그러기에 나이, 학벌 여건 상관없이 노력하는 자에게는 박수가 쏟아진다. 한 인간이 익어간다는 것, 성숙해진다는 것, 어른이 되어 간다는 건 모든 이의 '인간으로서의 바람'이다. 지극히 당연하게 해내야 할 일이기도 하다. 더구나 강사가 되고 싶다는 꿈을 한 번이라도 가져봤다면 이런 변화는 당연히 거쳐 가야 한다. 내가 변화되어야 남도 변화시킬 수가 있다. 자신이 변화를 거치지 않았다면 자신 있게 그 힘듦의 과정에 대해 이해해줄 수가 없다. 확신에 차서 이끌어줄 수가 없다. 확신에 차서 이끌어줄 수 있는 동기부여의 한 마디가 그 사람을 변화하게 만들고 그 강사를 따라쟁이 해가며 변신이 이루어질 것이다. 손을 잡기 위해 한 걸음 내딛는 용기를 내보자.

용기와 실행에 대한 괴테의 변(辯)을 들어보자.

'용기 속에는 그 일을 능히 이루도록 만들어주는 천재성과 힘 그리고 마법이 모두 숨겨져 있다. 실행이 마술이다. 모든 일은 쉬워지기 전에는 어렵다.'

괴테도 말하고 있지 않은가? 실행이 답이고 쉬워지기 전까지는 어렵다고. 단 누군가의 도움을 받았다면 감사하자. 대가를 지급했다고 도움이 당연한 것이 되는 것은 아니다. 그 감사를 또 다른 이에게 선물하자. 잊지 말자. 인간은 선을 실천하기 위하여 만들어졌다. 선을 행할 때 인간이 가장 보람됨을 느낄 때이기 때문이다. 실행이 답이다. 지금 시작하자.

04
멘토를 벤치마킹하라

어떻게 하면 더 빨리 맨 앞의 멘토를 따라잡을 수가 있을까? 최종 목
표로 하는 멘토를 따라잡고 싶은가? 그렇다면 바로 앞의 멘토를 벤
치마킹하라. 먼저 바로 앞에서 열심히 활동하고 있는 멘토를 벤치마
킹하고, 그 다음 점점 더 목표하는 바에 근접하는 멘토 앞으로 나아
가라고 하고 싶다. 어떻게 활동을 하는지도 모르고 막연히 저 강사
처럼 명강사가 되어야지 하다가는 자신이 강사로서 온전히 다 성장
하기도 전에 제풀에 넘어질 수가 있다.

그 강사가 어떤 노력을 하는지, 어떻게 성장해 가는지를 모르기
에, 저 강사는 이끌어준 사람이 있을 거야, 저 강사는 원래 똑똑한
사람일 거야, 저 강사는 운이 엄청나게 좋은 사람일 거야, 저 강사
는 가족이 많아서 도와주는 사람이 많아, 저 강사는 혼자이니까 자

기 일만 잘하면 될 거야. 그러니까 성공할 수 있었을 거야. 저 강사는 학벌과 스펙이 엄청 좋아서 잘될 수밖에 없어. 저 강사는 배움이 짧아서 여기저기 가서 좀 도와달라고 말을 할 수가 있었어. 포기하면서 이유도 많다. 하기야 공동묘지에 가면 핑계 없는 무덤이 없다고 했다.

저 강사처럼 건강하다면, 저 강사처럼 젊다면, 저 강사처럼 예쁘다면, 저 강사처럼 목소리가 좋다면, 저 강사처럼 SKY대 출신이라면. 심지어 어느 곳에서 열심히 잘 불러주는 강사를 보면 그렇게 치부하기도 한다. 강사로 성공해 보겠다고 나온 수많은 강사와 상담을 하다 보면 그 상담을 듣다가 어느 순간 화가 나려 할 때도 있다. 강사가 되어보겠다고 나온 사람들은 이미 성인들이다. 그런 사람들이 어디에서 그런 핑계나 구실들을 찾아오는지 마치 이솝우화에 나오는 '저 포도는 실 거야!' 하고 돌아서는 여우와 같이 쉽게 꿈을 포기해 버리곤 한다.

그중에서 가장 가슴 아픈 사람은 당장 먹고살 것이 없어서 강사가 되는 일에 집중할 수가 없다고 한다. 나도 그들이 힘든 삶인 것다 안다. 나 역시 아들 병원비부터 모두 카드로 긁었으니까 말이다. 뒤로 물러설 수 없는 멘토를 선정하고 따라붙었을 때도 카드에서 빼서 썼으니 어쩌면 비싼 이자를 지급한 셈이다. 그 돈들은 바로 갚지를 못하고 모두 갚을 수 있는 최저 금액들만 갚아갔다. 지금 생각해보면 얼마나 큰 금액의 이자를 지급한 셈인가.

내가 그들과 다른 방법을 썼다면 열등감 덩어리인 나였지만 모든 인간에게는 비교 대상인 타인에게 없는 장점이란 것이 있기에 그 강사에 비해 내가 더 나은 점을 발견하고 포기를 안 하도록 스스로 배수의 진을 쳤다는 것이다. 예를 들면, 그 강사의 학력이 나보다 못하다면 비싼 학비 들여가면서 공부한 게 부끄럽지 않냐고 나를 궁지로 몰았다. 아마 그 강사가 나보다 공부를 더했다면 그러니까 나는 저 강사보다 몇 배 더 노력해야 한다고 생각했을 것이다. 저 강사는 해냈는데 나는 뭐란 말인가? 될 때까지 하자.

함께 다닌 강사에게도 이렇게 몰아붙이곤 했다. 저 강사도 해내는데 우리가 못한다면 우린 뭐냐? 현재는 우리가 많이 부족한 상태야 그렇지? 누구 잘못이니? 우리 잘못이지. 저 강사가 저렇게 활동하는 동안 우리는 어디서 무엇을 했던 거야? 우리 잘못 맞지. 그런데 하다 그만두면 말이 되는 거야. 죽으려고 물에 빠지면 물도 아까우니 우리 둘 다 접시에 담긴 물에 코를 박고 죽자고 으름장을 놓으면서 정신무장을 단단하게 만들어갔다. 자존심은 아예 버렸고 반드시 해내야 한다는 자존감을 가지고 다녔다. 물론 애간장이 타는 순간이 한두 번이 아니었다.

목표가 있기에 그 목표를 달성할 때까지는 간도 쓸개도 빼놓고 없다 생각했다. 그 순간마다 목표에 대한 간절함이 더 커졌다. 정신을 잘 붙잡고 가다가도 자존심이 상할 때가 한두 번이 아니었다. 그 날 밤은 곁에 있지도 않은 아들! 내 숙제, 하늘이 나를 인간으로 완성시키려고 준 선물. 아들 이름을 부르면서 울기도 하고 때론 글을 쓰기도 하고, 때론 원망 섞인 이름을 적고 볼펜으로 그 이름을 콕콕 찍어대기도 하고 더 화가 나면 그 이름을 적은 종이를 북북 찢기도 하면서 목표를 향해 나아갔다.

한참을 그렇게 하고 강사에게 줄 빵을 사기 위해 제과점에 가서 내일 아침 일찍 문을 열어 달라고 사정도 해봤다. 그마저도 허용이 안 되는 시간에 출발하면 저녁 문을 닫기 직전에 가서 사다 놓았다. 김밥도 그런 식으로 준비해서 가지고 갔다. 비록 김밥과 빵밖에 못 사 가지만 그중에서 그나마 어떤 것이 좋을지 늘 고민을 했다. 내가 할 수 있는 여건 중에서는 뭐가 최선인지를 생각했다. 김밥도 빵도 어떻게 할 수가 없는 상황일 때는 새벽같이 일어나 달걀을 삶고 토스트를 구워 샌드위치를 만들었다. 덕분에 아주 맛있게들 먹어주니 비록 잠을 설쳐대기는 했지만 기분은 정말 좋았다. 자식에게 맛있는 음식을 해먹이며 느끼는 기분이었다.

가끔은 멘토 강사에게 내가 했던 것처럼 다른 강사의 차를 타고 가는 날이 있었다. 다녀와서 그 강사는 기름값은 누가 내느냐?, 왜 내 차를 타고 가느냐?라는 등의 말을 했다. 본인이 따라가고 싶어서 따라붙었는데 거기까지밖에 생각을 못하는 거 같았다. 그 뒤로도 한 두 번 더 데리고 다녔지만 계속 같은 행동을 해 아예 제쳐 버리고 안 데리고 다녔다. 함께 다니는 나 역시 불편하기도 했다. 사회에서 교수도 하고 원장도 하고 단체의 장도 해봤던 나, 10년을 스스로 판 굴에 들어가 사회봉사만 해왔던 나, 이제 강사가 되어야겠다고 적잖은 돈까지 주고 멘토에게 개인 교습받는 중이었다. 그런데 강의 현장에는 안 데리고 다니려고 하니까 내가 알아서 따라붙으며 그 봉사를 한 것이었다.

과연 나 같으면 어떨까? 이렇게 졸졸 따라다니는 강사가 있다면 편하기만 할까? 강사가 자기 차에 멘티 강사를 태우고 다니면서까지 가르치고 싶을까? 강사는 장거리를 많이 뛰어 피곤하기도 하고 만약 사고라도 난다면 불편할 텐데, 하려고 할까? 강의 현장에 가서 강사가 강의하는 동안에 엉뚱한 짓을 하는 강사들이 있다는 것을 많은 선배 강사들을 통해 익히 들어 알고 있는데 그렇다면 그가 하려고 할까? 가끔은 강사들이 다른 사람 강의 현장에 청강하겠다고 따라가서 자신의 명함을 주면서 불러 달라고 한다고 했다. 그런데도 모두 자기 입장만 앞세운다. 상대편 입장에 서서 생각해 보면 답이 쉽게 나오는데 말이다

이나마 현장에 데리고 다녀주는 강사들 덕분에 강사들은 바로 앞의 멘토에게 배우고 스킬을 익히고 실력을 연마한 후 다음 단계로 간다. 그것이 가장 빠른 길이다. 너무 큰 산을 준비운동도 없이 오른다는 것은 무리가 오게 된다. 호기롭게 오르다가 지쳐서 스스로 나가떨어지게 된다. 대신 바로 앞의 잘 나가는 멘토를 섬기다시피 따르라고 하고 싶다. 100퍼센트 마음에 맞는 상황은 없다. 그나마 괜찮으면 좋은 점만 보고 믿고 따르면 된다. 사람은 자신에게 마음을 다하고 충성을 다하는 사람에게는 모든 것을 줘도 괜찮다고 생각하기 때문이다.

05
목표를 정확하게 잡아라

강의를 할 때는 수강생이 작게는 십여 명부터 많게는 천 명 단위까지 모인다. 그러다 보니 서로 직접적인 대화를 하지 않더라도 강사와 수강생 사이에는 끊임없이 의사소통이 이루어진다. 강사를 바라보는 수강생의 눈빛이 반짝반짝 빛나거나, 강사의 말에 공감한다고 고개를 끄떡 끄떡해주면 강사는 어디선가 없던 힘이 솟아 열정을 더 낸다. 이런 청중의 태도는 어디서 나올까?

흔히 강의를 잘하고 매너가 잘 갖춰진 멋진 강사를 보면 준비된 강사, 타고난 강사라고 얘기들을 한다. 그건 무엇을 의미할까? 자격증을 많이 가지고 있는 강사일까? 명문대를 나와야 할까? 스펙이 좋아야 하는가? 잘 가르칠 뿐만 아니라 가르치는 수준이 좋은 강사일까? 나는 강사 세계에 나와서 보이지 않는 미래를 보고 나아가며 참 많이도 헤맸다. 당장 아들 수술도 눈앞에 있었기에 못해 낸다면 아들에게 부모로서 있을 수 없는 일이라고 생각했다. 강사라는 세계에서의 좌충우돌 성장기는 사람들에게 꿈과 목표를 달성할 수 있도록 영감을 주고 도와준 사람으로 기억되길 바란다.

명강사를 꿈꾸는 많은 초보 강사에게 도움을 주고자 내 경험과 다른 강사들의 경험을 요약해서 이 글을 정리해 본다. 먼저 내가 올라가고자 하는 비전만큼 준비가 되어있어야 한다. 정신적인 면에서부터 육체에 이르기까지 철저한 준비가 되어있다면 훨씬 수월하게 본인이 원하는 소기의 목적을 달성할 수 있다. 강사는 자신의 경험과 지식을 전하는 1인기업이며 디지털 노마드, 지식 노마드 산업이다. 예전에는 강사라고 하면 그래도 좀 더 젊은 인재들이 조금이라도 더 안정된 직업을 얻기 위해 자신의 능력을 펼쳤던 곳이다. 그러나 지금의 강사는 100세 시대를 맞이하여 시니어 대상 강의가 많아지고 있고 각 영역의 교육 요소를 세분화하여 교육 요소별 융합교육을 하다 보니 기기묘묘한 강의들이 많다. 오죽하면 빌 게이츠는 요즘 같은 세상에 가난은 자신의 책임이라고까지 하겠는가. 어려서 가난한 건 죄가 되지 않지만, 나이 먹어서 가난은 자신의 죄라는 것이다.

지금까지 내가 못 보던 직업들이 생겨나다 보니 본인이 보지 못한 일에 대해서는 도무지 믿어주지도 않고 들으려고도 않는다. 심지어 다른 사람들이 귀하게 한 공부를 우습게 알고 공짜로 들으려고 한다. 공짜로 들으려 한다면 유튜브나 구글 등에 얼마든지 있으니 그것을 활용하면 된다. 굳이 사람에게서 들으려고 하면서 공짜를 바라는 본인은 남들에게 공짜 강의를 할 것인가? 지금껏 공부하는 중에 느끼는 거지만 본인은 공짜를 받으려고 할수록 남에게는 돈을 받으려고만 하는 성향들을 보였다.

물론, 이건 다분히 내 개인적인 의견이기도 하다. 남의 물건을 아끼는 사람이 자신의 물건도 아낀다. 남의 것을 귀하게 여기는 사람이 자신도 남에게 귀한 대접을 받는다. 60세에 나와서 억대 연봉 강사로 성장한 예가 있듯이 요즘의 다양한 강사 시장은 자신의 적성에 맞고 강의 능력이 좋다면 점점 더 좋은 조건의 강의들이 들어오게 되고 스타 강사로 더 발돋움하면 명성과 아울러 경제적인 성공도 가능하다.

강사는 안정된 직업을 얻기 위해 노력하는 젊은 인재들이 자신의 능력을 펼쳐볼 수 있는 교육 서비스업이며, 지식 산업이다. 스마트한 디지털 세상은 가진 것 없어도 아이디어와 창조적인 지식으로 무장된 자신의 능력을 무한히 펼칠 수 있는 기회를 제공한다. 작은 보습학원은 안정적인 직장이 아니겠지만 자신의 적성에 맞고 강의 능력이 뛰어나면 몇 단계로 나아가 더 높은 보수와 인기를 누리는 스타 강사로 발돋움할 수 있다. 이것이 디지털 노마드로서의 스타 강사다.

일찍 은퇴한 분이나 직업을 찾고 있는 중 강사가 되어보고 싶다면 도전해 보라고 권한다. 최저 임금 수준에 비하면 강사가 훨씬 근사하고 대우받지 않겠는가? 특히나 프리랜서라면 종일 근무하지 않아도 되고 자신이 원하는 분야만 강의해도 가능하다. 아마추어 강사에서 프로 강사가 되어 갈수록 본인의 페이스대로 시간대나 강사료를 조정할 수도 있다. 한마디로 몸값을 높여갈 수 있는 것이다.

아무런 준비도 안 된 채 강사가 되겠다고 무대포 정신으로 나온 사람도 있다. 세상에 쉬운 일은 없다는 것은 상식으로도 아는 일이고 삶의 경험으로도 충분히 알 수 있을 텐데 그 정도 준비를 하지 않는다는 것은 역으로 간절하게 강사를 원하는 게 아니라고 본다. 한마디로 '강사나 해보려고 학원에 간다'라고 하는 사람이다. 목사나 해보려고 신학대 갔다고 하는 사람과 같은 것이다. 그냥 할 일 없이 겉멋 부리는 사람이라고 생각이 든다.

내 삶을 정말 사랑하고 보람되게 살고자 하고 행복하게 살고자 하고 풍요롭게 하려면 내가 정말 원하는 것이 무엇일까? 정말 하고 싶은 건가? 그것을 하기 위해 충분히 대가를 치를 준비가 되어있는가? 나는 그것을 위해 충분히 준비해 가고 있는가? 내가 그 일을 하면서 행복한가? 재미있는가? 좋아하는가? 나에게도 남에게도 유익한 일인가? 후회하지 않을 일인가? 신중하게 생각을 해야 한다고 본다. 이론적인 SWOT 분석을 해보라고 하면 대단한 것처럼 보고, 이런 생각들을 해보라고 하면 하찮게 여기는 것들이 문제다.

몸만 어른이요, 정신은 아이인 것과 같은 것이다. 사람이란 모름지기 조화로워야 한다. 어른이란 음양의 이치를 자유롭고 조화롭게 이룬 사람이다. 가장 상식적인 것은 물론이고 좀 더 이성적으로 생각하고 행동에 옮길 수 있는 것이 어른이다. 나를 존중하는가? 그렇다면 얼을 이룬 상태 극 음양의 조화를 이룬 진정한 어른이 되어야 한다. 훈민정음 해례본에서는 어른을 이렇게 정의하고 있다. 기왕이면 강사가 되고 싶은 나라면, 존중하고 존중받는 어른으로서, 나다운 나로서 인정받고 잘 벌 수 있는 방법은 없을까? 실력이 부족하다고 생각해서 포기하는가? 흔히 하는 말로 내가 가르칠 때가 가장 잘 배운다고 하지 않던가?

나에게도 썩히기에 아까운 재능은 없는지 자신을 한 번 살펴보자. 나다운 '나'로 인정받고 수입도 좋은 직업이 있다면 하겠는가? 직업을 하나가 아닌 여러 개를 쉽고도 재밌게 할 수 있다면 하겠는가? 있는 것을 보지 못해서 못하는 것은 아닐까? 실력이 부족해서 못하겠다고 하는 것은 아닐까? 실은 가르치면서 강사도 배우는 것이다.

나는 번 돈을 재투자하기를 마다하지 않는다. 좋은 강의나 교육이 있으면 다시 재투자했다. 강사라면 응당 그래야 한다고 생각했다. 다른 사람들이 공부하여 쌓아왔던 경험과 지식을 얻어오려면 당연한 대가, 즉 교육비는 투자해야 한다고 봤다. 혹시 재능이나 능력이 없다고 생각하는가? 미처 발견하지 못했을 뿐이다. 이럴 땐 나의 장점과 재능을 발견하도록 코치해주는 경험이 많은 멘토를 만나야 한다. 그렇게 해서 지금 해온 일들을 업그레이드시키거나 변형된 새로운 일을 시도해 보라고 하고 싶다.

그런데 대개는 무형의 지식이나 상대가 쌓아온 경험에 돈을 투자하려고 하지 않는다. 그들이 걸어온 길이 가장 빠른 소득으로 이어진다는 것을 모른다. 눈에 보이는 유형의 제품에만 쉽게 투자를 하니 그게 안타깝다. 나 역시 그런 우를 범하며 살았다. 혼자 하려니 어려운 것이다. 먼저 앞서 나간 자들도 숱한 시련과 고난 위에 꽃을 피워냈던 사람들이다. 그들의 경험이나 지식을 사 올 수 있다는 것은 또 한 번의 인생을 산 거와 다름이 없다.

그러므로 그들의 도움을 받는 게 빠르다. 그들은 이미 거인이 되어있는 자들이다. 그 거인의 어깨를 빌리면 훨씬 쉽고 빠른 길을 갈 수 있을 것이라 확신한다. 물론 사람마다 나름대로 시련과 고통은 다 있을 것이다. 그런 것들은 본인이 해결해 나갈 일이다. 그러나 그런 어려움도 혼자서 해내려고 헤맬 때보다는 훨씬 줄어들 거라고 확신한다. 그들의 경험이 이미 그런 단계들을 거쳐 온 것들이 많기 때문이다. 이제 주저하지 말고 도움을 받고 조언을 구해 자신에게도 분명히 있을 썩히기에 아까운 재능을 찾아서 강의를 시작해 보자. 강사가 되고 싶은 간절함만 있다면 가능한 일이다.

나는 정말 강사가 되고 싶은가! 내게 정말 그런 꿈, 비전이 있었던가? 다시 또 한 번 성찰해 보자.

06
결핍에 감사하라

결핍은 나를 성장으로 갈 수 있도록 돕는 안내자다. 나는 어렸을 때부터 늘 외로움 속에서 살아왔다. 돈이 없어 육성회비를 못 내서 자주 쫓겨났던 학창 시절, 준비물도 못 챙겨서 맨날 맞던 기억, 눈이 작고 얼굴은 까맣다 보니 일찍 눈에 띄는 외모, 8살부터 자취하면서 학교에 다녔던 안타깝던 시절, 기가 죽다 못해 존재감도 없던 결핍 속의 생활을 어린 시절부터 보내왔다.

이런 결핍은 자존감이 바닥에 있게 했다. 길들어 버렸다 함이 옳을 것이다. 결핍은 열등감으로도 표출되지만 그걸 극복하려는 의지도 길러주었다. 뭔가를 이뤄 내야겠다는 의지는 어린 시절부터 겪어온 모든 환경에서 비롯되었다. 지금 생각해 보면 누구를 만나 어떤 방법으로 성장해야 하는지 좀 더 빨리 더 적극적으로 배워야 했다.

사람을 바꾸고 환경을 바꿔야 했다. 거기에는 성공한 인생의 비결을 배우는 교육세가 필요했다. 그것을 몰라서 평생을 더 오랜 시간 고생했다. 코로나로 인해 디지털 노마드로서의 삶이 더 빠른 속도로 확산되고 있다. 이미 예견되었던 일인데 우선 먹고 사는 데 급급해서 관심을 가지지 못했다. 아니면 현재 상태가 살 만하니 세상의 흐름에 미처 관심을 가지지 않았다.

홍수환 선수로부터 시작해서 실적이 눈에 확 띄는 운동선수들을 예로 들어 보자. 우리는 성공한 운동선수의 뒷이야기를 자주 접하게 된다. 운동으로 성공한 사람의 이야기를 들어 보면, 운동을 시작한 이유가 비슷비슷하다는 사실을 알게 된다. 지금은 뛰어난 실력으로 세계 무대에서 뛰는 골프 선수, 축구 선수, 야구 선수, 배구 선수, 육상 선수, 권투 선수, 격투기 선수, 보디 빌더 등 다양한 종목에서 활동하는 선수들의 시작은 결핍이다. 너무 가난해서, 돈을 벌고 싶어서, 건강이 좋지 않아 건강해지고 싶어서, 몸이 약해 근육량을 늘리고 싶어서, 또는 정신력을 키우기 위해서 등 다양한 이유로 시작을 했다. 결핍으로 시작한 운동이 그 분야에서 성공해 세계적인 선수가 되고 본인의 결핍을 채운 것이다.

결핍 덩어리였던 나는 집안의 못난이였기에 내가 할 수 있는 것은 모두 행동으로 실천하며 나를 만들었다. 감상, 깜순이, 카뮈라 불리며 놀림 받던 타고난 까만 피부, '덜 뜨기'라 불리던 작은 눈은 어쩔 수가 없었다. 그래서 일단 내가 조절해 나갈 수 있는 일부터 실천해 갔다. 먼저 우리 집에서 유일하게 키가 크고 식욕도 가장 왕성했던 나는 그대로 가면 영락없는 백○녀라고 하는 지금은 고인이 되신 코미디언 같은 거구라고 놀림을 받았을 것이었다. 아니 오빠는 예전부터 내가 우리 할머니를 닮아 못생겼다고 놀려댔다. 백 선생님은 얼굴이라도 미인이라고 했다. 동네 사람들이 주워 왔다고 하는 것은 의외로 상처를 덜 받았다.

혈육으로 인한 상처는 자존감을 죽이는 기생충이나 된 것처럼 뇌 깊숙이 똬리를 틀며 나를 옥죄었다. 혹시 이 글을 읽는 분 중에서 형제, 자매, 부모로 인해서 자존감이 바닥이라면 그들에게서 철저하게 정신적으로 독립하라고 권한다. 함께 생활하면서 정신적 독립은 말처럼 쉽지 않다. 어떻게 하면 정신적, 물리적으로 독립할까? 독립하기 위해서는 준비부터 해야 한다. 가끔은 부모가 당연히 해줘야 한다고 떼쓰는 경우를 볼 수 있다. 만 19세가 넘으면 성인이다. 성인이란 자라서 심신이 어른이 된 사람을 말하므로 정신적, 육체적, 사회적으로 조화를 이룬 사람을 말한다.

어린 시절에는 부모님의 도움을 받지만 자라면서는 어차피 내가 해내야 하는 일이다. 부모가 번 돈은 부모가 노력해서 번 돈일 뿐이다. '나이 스물에 부모에게 손을 벌리면 사람이 아니다'라고 생각했기에 고등학교 졸업 전부터 독립을 꿈꾸며 준비해 왔다. 그때부터 노력했으니 떼돈을 벌었겠다고 묻고 싶을 것이다. 가정교사, 공장, 회사, 기능장이 되어 가게 운영, 겸임교수도 해봤다. 잘되기도 하고, 답이 안 나온 것도 있고, 잘 벌었다가 갑자기 바닥까지 곤두박질쳐 보기도 했다. 성공한 것도 실패한 것도 모두 경험과 기법으로 쌓이게 되었다. 스펙이 되기도 했다. 실패한 것으로 인해 성공으로 가기 위한 방향을 잡을 수도 있었다. 성공했다고 해도 그것을 유지하지 못할 사건들이 생기기도 했다.

살고 보니 어떤 것도 버릴 것도, 안심할 것도 없었다. 모든 것은 양면이 존재했다. 덕분에 코로나 이후 급작스러울 정도로 변화된 삶 속에서도 새로운 물결의 트랜드를 읽어 낼 수 있었다. 강의가 없어도 요동치지 않고 미래를 위해 할 수 있는 일을 찾았으니 감사했다.

지금의 나는 못생겼다고 무시만 당했던 까닭에 평생 몸매 관리만큼은 스스로 해보겠다고 먹는 양 조절을 철두철미하게 한다. 식단 조절을 하기도 하고, 그것이 여의치 않을 때는 양 조절이라도 신경을 쓴다. 덕분에 나이 63세, 키 166cm, 몸무게 56kg을 유지하고 있다. 요즘에는 글을 쓴다고 남은 시간을 이곳으로 몰입하다 보니 저절로 3kg이나 빠졌다. 그래도 평소에 하던 하루 30분 걷기, 글쓰기나 강의를 준비하는 중간중간 맨손체조, 스트레칭, 제자리에서 일어났다 앉기 등을 철저하게 한다.

몸매 관리를 원한다면 글쓰기를 권해 본다. 에너지 소비량이 몇 배는 될 듯하다. 살찌는 체질을 조심 또 조심하여 멋진 몸매를 가졌으면서도 어린 시절에 못난이에 비유되어 버린 자존감은 쉽게 치유되지 않았다. 그랬기에 더욱 움츠러들기만 했다. 활발하고 인기 있는 사람을 질투도 했다. 혼자가 된 후로는 내 능력조차도 믿을 수가 없었다.

나에게는 의사소통해 보지 못하고 살았던 권위적인 아버지와의 관계, 아들밖에 몰랐던 가부장적인 집안 분위기, 덕분에 윗사람에게 하고 싶은 자신의 의사조차도 밝히지 못했던 삶, 부모님의 강압으로 들어간 적성과 맞지 않는 상업학교. 다양한 이유를 대며, 열등감, 자기비하, 외모 콤플렉스, 진로 결정에 대한 상처 등이 있었다. 하지만 이런 것들의 근원을 보니 결국은 어린 시절부터 생각 없이 내뱉은 어른들과 오빠, 주위 사람들의 못난이라고 놀린 말로 상처 입은 자존감이었다. 매일 놀림을 당한다는 것은 어찌 보면 세뇌가 되는 거였다. 엄마의 절대적인 믿음과 지지가 없었다면 지금의 나는 없었을 것이다.

바닥에서 허우적거리던 어린 시절부터 겸임교수가 될 때까지 앞만 보며 달려왔다. 겨우 자존감을 고도화시켰다고 생각했다. 그런 생각은 잠깐뿐이었다. 신랑의 야반도주로 인해 모든 것을 놓고 또다시 깊은 바닷속으로 빠져 버렸다. 다들 손가락질하는 것 같아 스스로 사회로부터 격리해 버렸다. 산중으로 들어갔다. 회피하고픈 현실에서 벗어나 더 힘든 사람들을 상담해주고 코치해주며 버텼던 날들이었다. 누구에게도 도움을 받지 않고 맨손으로 시작해 일군 것들이, 그토록 처절하게 살면서 일군 것들이 별 볼 일 없게 느껴졌다. 힘들어하는 사람들에게 몰입했다. 자녀 상담이 부모 상담으로 이어졌다. 그들의 변화는 나를 잊어버리게 했다. 그들이 찾은 미소만큼 내가 행복한 듯 착각에 빠졌다. 그 시간 동안 행복과 불행은 같은 연장에 있다는 것을 알았다. 내가 어떻게 바라보고 어떻게 생각하느냐의 차이일 뿐이란 걸 사람들을 상담하며 알았다.

자존감을 가장 빨리 회복시켜줄 극약처방이 가능한 사건이 터졌다. 아들의 수술 사건이었다. 아들이 아프다니 절망의 늪에서 벗어나야 했다. 모든 여건이 망가져 있고 절박하니까 자존심, 자존감, 열등감 이런 것들조차 말장난처럼 느껴졌다. '엄마니까 해내자. 어린 날 대책 없던 형편으로 얼마나 많이 울었던가? 할 수만 있다면 아들에게 그런 아픔 주지 말자.' 닥치니까 아무것도 보이지 않았다. 자존심도 필요 없었다. 더 아픈 시련이 작은 시련을 밀어냈다. 자식의 일 앞에서는 이 모든 것들이 어리광으로 여겨졌다.

다시 앞뒤 볼 시간도 없이 몸부림을 쳐야 했다. 사회로 나와 강사가 되기 위해 강사 양성 기관에 접수했다. 이번 과정뿐 아니라 나머지 모든 과정을 들으라며 외상으로 해준다는 말에 그리하자 했다. 외상이 통용되지 않는 성격인데 허락한 것이다. 물론 벌면서 바로 갚았다.

평소에 사람들에게 도움을 많이 줬고 신용이 칼이었던지라 내가 가는 곳엔 사람들이 따랐다. 고학력 경단녀들이 함께 강사가 돼보겠다고 하나, 둘씩 따라 등록했다. 나중에 알고 보니 그로 인해 외상은 커녕 나에게 돈을 줘야 한다고 했다. 사람을 데려오면 수고비를 준다는 것이었다. 그렇게 힘들다고 얘기했는데 미리 얘기라도 해주면 외상에 대해 마음고생 덜 했을 텐데 그건 지금 생각해도 아쉽다. 신이 아닌 나는 결핍 때문에 도전하고 용감할 수 있었고 더 겸손할 수 있었다. 감사하다.

스토리텔링으로 내 브랜드를 만들어라

'이야기하는 사람이 세상을 지배한다'라는 인디언 속담이 있다. 한마디로 같은 얘기도 맛깔스럽게 스토리텔링을 잘하라는 얘기일 것이다. 나는 이야기할 거리라도 있는 사람인가? 한마디로 대단한 성공담이라도 가지고 있는가? 찌질한 흑역사 외에는 없는 것 같았다.

그러다 보니 나라는 사람은 도통 스토리텔링에 자신이 없었다. 어릴 땐 엄마가 아파서 오래도록 병원 생활을 하는 바람에 늘 외로움에 허덕였고, 초등학교 때는 육성회비를 못 내다 보니 학교에서 자주 쫓겨나서 자존감은 늘 바닥이었다. 게다가 그때는 이해가 안 갈 정도로 못생긴 아이라는 말을 많이 들었고 억울하게 맞은 적도 있었다. 요즘에도 일자리를 구하는 데 있어서 자주 회자되는 얘기가 있다. '잘생기면 웨이터, 못생기면 설거지'. 물론 다 그렇다는 얘기는 아니나 대개는 그렇다. 현실은 현실이다. 이의가 있는 분이라면 본인은 꼭 이런 사람이 와도 불공정하게 대우하는 일이 없기를 바란다.

답이 없는 상황인가? 포기할 것인가? 포기하면 그 다음은 무엇을 할 건가? 답이 나오는가? 차라리 그냥 직진하라고, 고생할 각오하자고, 몰입하자고 권한다. 지나온 날이 편했는가? 생각해 보자. 대개는 지나온 삶도 온전히 편하지 않았다. 이 일이라고 못 버티라는 법 없는 것이다. 지나고 나면 이 또한 행복으로 포장되어 추억의 상자로 담긴다. 그것이 삶이라는 것을 나이를 먹으며 알아가니 나이는 지혜라는 친구를 덤으로 데려오는 순리였다.

결핍은 채워야 이길 수 있다. 자존감이 어느 정도 충만하고 튼튼하게 자리 잡고 있는가? 실패를 얼마나 경험했는가? 얼마나 다시 일어서 봤는가? 작은 성취를 얼마나 맛봤느냐로 채워진다. 내게 부족하다고 느끼는 것을 채워야만 열등감으로 가지 않는다. 그러니 아귀 같은 귀신이 되어 나를 무너뜨리지 않도록 내 장점, 잘한 일들을 하나씩 소중하게 기록해 나가자.

나만 결핍이 있다고 생각한다면 어린 시절부터 되짚어오면서 내가 이뤄 낸 일, 잘했던 일, 칭찬받았던 일 등 아주 작은 일들까지 이룬 것들을 생각해 내보라고 권한다. 포스트잇에 써서 나만의 보드에 내가 볼 수 있도록 붙여 놓고 그때 내가 그랬지! 하면서 대견했던 나를 생각해 보라고 권한다. 예를 들면 칭찬받은 일을 열거해 보자. 유난히 청소를 깨끗하게 잘해서, 정리정돈을 잘해서, 발표를 잘해서,

그림을 잘 그려서, 노트 정리를 잘해서, 심부름을 잘해서, 요리를 잘해서, 요리 중에서도 다양하게도 나뉠 것이다. 연애편지를 잘 써서, 글짓기를 잘해서, 악기를 잘 다뤄서, 노래를 잘 불러서, 웅변을 잘해서, 스피치 대회에서 대상 타서, 외국어를 잘해서, 잘 놀아서, 잘 웃겨서, 옷을 잘 입어서… 등등.

헤아릴 수 없는 다양한 것들이 많을 것이다. 그때 어렸을 때도 했는데 이제 더는 물러설 곳이 없을 때 좀 창피하면 어떻고 무너지면 어떤가 자위하며 할 수 있을 때까지 힘써보자고 권한다. 할 수 있다. 누구나 하는데 나라고 못 할까? 이 또한 지나가리라!

포스트잇에 적어놓은 작은 일 하나하나를 다듬어 가자. 이것들이 내 글과 강의에 들어갈 소재며 사례가 되고 콘텐츠며 브랜드다. 이야기로 잘 만들어 가자. 콘텐츠를 만들고 내 브랜드를 만들어 가자. 진정성 있는 스토리텔링이 될 것이다. 아픔이 깊은 만큼 보람도 성공도 기쁨도 클 것이다. 내 상처가 클수록 보듬어줄 수 있는 대상도 클 것이다. 굴곡이 없어서 무기력하고 지루했다면 글로 적어가자. 적다 보면 보람 있는 날도 극적인 일도 많았음을 찾게 될 것이다. 여태껏 그래 왔었는데 힘들었던 일에 집중하지 말고 이것이 지나갈 거라는 진리를 거스르지 말자.

목표를 크게 세우고 목표에 집중하자. 작은 일들은 관심이 없어질 거다. 목표가 크면 클수록 작은 실패들은 관심도 덜 갈 것이다. 그러니 목표를 크게 세우고 하루에 최소한 3번은 복창하자. 목표가 각인되게 하자. 그리고 노력하고 해내자. 내가 올인해서 일한 시간

만큼 보상이 올 것이다. 나보다 앞서 살아왔던 어른들이 언제나 얘기하지 않았던가? '하늘은 스스로 돕는 자를 돕고 내가 한 만큼만 도와주는 것'이라고.

내가 가장 잘할 자신 있는 것이 강사라고 생각했기에 강의를 시작했다. 내가 강사를 잘할 자신이 있었다는 것이 아니니 오해하지 말기 바란다. 상담을 잘해서 하는 것이 아니었다. 아픔을 많이 겪었기에 보듬어주고 경청해주고 함께 울어주고 내 경험과 노하우를 들려주면 스스로 해답들을 찾아냈고 그들은 건강하고 행복해졌다. 내 아픔을 듣고 있는 분들이 씩씩해졌다. 내 삶을 들으며 그들이 행복해졌다는 것은 생각해 볼 일이다.

세상은 자기만 힘든 것이 아니라는 사실만 알면 현재의 고통에서 충분히 헤쳐 나올 수 있다. 내 얘기는 그들을, 그들의 얘기는 나를, 그렇게 서로를 치유해주며 살아내는 것이 인생이라는 것이다. 지나치게 행복해 보이기만 한 SNS의 글들은 힘든 사람들을 더 힘들게 몰아가기도 한다. 올리는 자신도 모르는 사이에. 누군가를 힘들게 할 수 있는 인증샷들이 난무하다. 이런 인증샷에 신경 쓰지 말고 앞만 보고 가자. 내가 강사를 택하고 상담을 다니는 이유이다. 몸이 너무 아파서 아무 일도 못 하는 상태이니 머리와 입을 쓰는 일을 하겠다는 것이다. 이 일은 내가 택할 수 있는 일의 마지노선이다.

그때 그 상황에서는 이 정보밖에 없었다. 지금은 코로나로 인해 너무도 많은 아이디어가 번뜩인다. 강의가 적어지니 또다시 정보를 찾고 미래를 위한 대비를 하고 있다. 물론 지금도 가장 잘하는 것들

우선으로 융합하고 세분화하여 4차 산업혁명 시대 속에서 지금의 트렌드에 맞는 일을 찾았다.

　여러분에게 가장 자신 있는 건 무엇인가? 찾아보며 함께 뛰어보지 않겠는가? 힘들다고 생각하면 한없이 힘들고, 재밌다고 생각하면 재미있고, 행복하다고 생각하면 행복한 것이 인생인 것 같다. 나는 재미있고 행복하고 감사하다고 생각하며 살기로 했다. 내 생각과 내 행동이 인생이다. 살아낸다는 것은 생각대로 행동하고, 그 결과에 책임지는 것이다. 내 아픔이 나를 삼키지 않도록 배짱 한번 부려보자.

　사람들을 만나면 과거 얘기를 별로 안 하고 싶다. '옛날에 내가 말이야'에 집착하지 말자. 먼 미래 얘기도 별로 도움이 안 된다. 지금 내 상태를 분석하고 목표만 세우고 뛴다. 지금 여기에서! 날마다 지금 여기에서 나는 무엇을 해야 하지? 한 가지만 생각하자. 목표를 하루 세 번 쓰고 지금의 내 에너지를 다 쓰자. 나는 능력이 안 되니 다른 것들은 생각을 못한다. 목표에 맞춰 지금 여기에만 충실하기로 한다. 과거를 생각하자니 후회스러움이 밀려들 건 뻔한 일이고 미래는 아직 오지도 않았으니 지금과 비교하면 머릿속만 복잡해진다. 그러니 목표 세 번 쓰고 잊어버리고 지금 오늘 여기서 할 일만 몰입하자. 그 후로 이룬 성과는 다시 이야기해 보기로 하자.

08
쓰러질 때면 사명과 비전을
다시 떠올려라

곧 수술실에 들어가야 했다. 보호자는 한 명도 오지 않았다. 갑작스러운 하혈로 피비린내가 진동했다. 옷은 이미 피가 엉겨 붙어 딱딱해져 갑옷 같았다. 다리가 피로 딱딱해진 옷에 스쳐서 움직일 때마다 쓰라렸다. 정신은 말짱해서 앰블런스를 부르기도 적당치 않은 듯했다. 콸콸 쏟아지는 듯한 하혈은 일단 어디에 앉을 수도 걸을 수도 없었다.

살다 보면 당장 누군가를 불러 도움을 요청해야 하는데 누구도 부를 사람이 없을 수 있다. 아니 부르고 싶지 않다는 것이 더 옳은 표현이겠다. 내 상황이 그랬다. 가족이 대부분 공무원이었던 상황에서 이혼을 인정하지 않았던 분위기라 가족과 단절하다시피 살았던 상황이었다. 가족이 대놓고 미운 소리를 하지는 않았다. 모범생으로 살아오면서 가족의 도움을 받은 적도 없었기에 아예 터치도 하지 않았다. 이혼과 동시에 별로 기분 좋지 않은 얘기들이 나왔다. 모범생에서 문제 있는 사람이 되는 듯 느껴져 차라리 피하게 되었다.

존경하던 엄마의 마지막 가시는 동안만 병원 출입을 했다. 모범적이고 성실한 가족이지만 내 상황을 눈곱만큼이라도 이해하고자 하는 가족은 없었다. 언니나 동생, 오빠는 내 남편, 내 아내에게 나의 이혼이 수치라고 생각하는 듯 보였다. 비록 내가 원해서 한 이혼은 아니지만 이건 언제까지나 홀로 감당해야 하는 몫인 것 같았다. 기쁨은 나누면 배가 되고 슬픔은 나누면 반으로 준다는 것은 꿈이라 생각한다. 기쁨은 나누면 나도 할 수 있다고 생각하니 배가 되지만 슬픔은 홀로 감당해야 하니 정신을 올바로 붙잡아야 한다. 그건 바로 내 존재 이유를 알아야 하는 나의 사명을 찾는 일이다.

사명(미션)은 원래 경영 이론에서 나왔다. 인생도 자신을 잘 경영하는 것이다. 살면서 사명을 찾아야 하는 이유다. 사명은 나의 존재 목적, 존재 이유다. 미국의 경영학자로, 현대 경영학을 창시한 학자로 평가받는 피터 드러커는 사업은 미션에 의해 정해진다고도 했다. 그것을 우리 인생에 대입한다면, 위기에도 인생을 붙잡아 주는 것은 사명이라고 할 수 있다. 사명을 잘 설정하는 것은 인생의 존재 목적을 정립하고 앞으로 나아가야 할 미래(비전)를 정하는 것이라고 할 수 있다.

비전은 인생 미션에 있어서 내가 달성하고자 하는 최종 목표다. 즉, 무엇이 될 것이며, 무엇을 이룰 것인가에 대한 계획이고 전략이다. 미션에 따른 장기, 중기, 단기적인 목표가 필요하다. 목표가 확실하지 않으면 사명 자체, 즉 삶의 목적이 흔들릴 수도 있다. 그러므로 '나'에 대한 성찰을 통해 제대로 된 미션과 비전 수행으로 많은 부가가치를 만들어 내고 함께하는 보람된 삶이 되길 기도하는 바다.

의사가 들을 수 있도록 최종적으로 어디쯤 오고 있는지 통화를 했다. 고속버스가 좀 지체되고 있다고 금방 도착한다는 소리를 듣고 수술실로 향했다. 수술실 앞에서까지 이상한 상황을 연출했던지라 마음은 차라리 홀가분했다. 더는 실망할 것도 창피할 것도 없는 상황이었다. 열심히 살았고 최선을 다했으면 그뿐이라 생각했다. 생각은 긍정적으로 단순하게 정리했다. 하늘을 우러러 차분하게 기도를 했다. 마음은 평온했다. 개그맨 가족 팽 씨가 아기를 낳을 때 최 씨가 없어서 옆집 아저씨가 수술 동의서를 대신 썼다는데 내가 그 상황이다.

세상에서 아직 쓸모가 있으면 남겨 두고, 하늘에서 쓸모가 있다면 데려가 달라고 기도했다. 마취제가 효력을 발생하는 그 순간 검은 고무판이 위로 씌워졌다. 수술 후 깨어나지 못했던 상황이어서 병원은 또 한바탕 소란이 있었다고 했다. 한 사람이 왔다가 살아가는 흔적이 참으로 요란스럽다. 그래서 힘들게 살아가는 인생이란 것을 아름답다고 하는 걸까?

어린 시절부터 부당한 대우를 받는 순간에 '나'라는 사람의 가치와 존재 이유를 무던히도 찾았다. 왜 이 세상에 존재하는지를 찾고

자 했다. 그때마다 나를 붙들어주었던 것은 나보다 더한 역경에서도 훌륭한 일을 해내던 책 속의 인물들이었다. 그들이 내 삶의 지표가 되었다. '기왕 죽으려면 누군가에게 도움을 주고 죽자'는 것이 인생의 절대적인 화두가 되었다. 해를 끼치거나 무익한 사람은 되지 말자는 것이 인생관이었다.

사명을 발굴했던 셈이다. 내 몸도 정상이 아니지만 한 달에 한 번은 정기적으로 가서 봉사활동을 했다. 힘들어하고 방황하던 사람들에게 코칭과 상담을 통해 옳은 길로 갈 수 있도록 길잡이가 되어주었다. 봉사하고 오면 아픈 몸은 아주 아파야 하는데도 묘하게도 아픈 줄 몰랐다. 몸은 기분에 따라 더 아프고 덜 아프고를 조절했다.

수술로 자궁을 들어내 버렸기에 일주일을 꼼짝없이 드러누워 있었다. 병원에서의 일은 사명을 가지고 살지 않았다면 수술이 끝나고 정신에 져버린 내가 어떻게 살고 있을지 가끔 생각해 본다. 누군가를 돕겠다는 의미 있는 인생을 살겠다는 사명 말이다. 살아가면서 사명처럼 나의 존재 목적과 이유를 잡아줄 수 있는 것은 없을 것 같다. 내 아픔 같은 사람들을 만나면 그 아픔을 이겨 내도록 돕고 싶은 것이 사명이었다.

인생은 괴테가 쓴 《젊은 베르테르의 슬픔》에서처럼 이상한 결말을 지을 수도 있다. 베르테르 신드롬 속에서 살아갈 수도 있고 유발자가 될 수도 있다. 기왕이면 누군가를 돕고 죽자는 사명감에 불탄 인생이기에 비록 훌륭하지도, 유명하지도 않지만 건강한 정신으로 만들어준 것 같다. 오늘 지금 나는 어디서 누구를 위해 무슨 일을 할 것인가를 생각한다. 지금의 나는 60세가 넘어 강사 세계에 뛰어들어 연봉 1억을 달성했다. 그렇다면 나에게는 어떤 사명이 있는가? 비전은 무엇인가를 또다시 구축하며 뛰고 있다.

살다 보면 누구나 다양한 어려움이나 시련이 있을 수 있다. 쓰러졌을 때 나를 일으켜 세운 것은 사명과 비전문 암송이었다. 나의 존재 가치와 존재 이유를 알게 하는 사명문과 목표 설정을 제대로 하게 하는 비전문을 제대로 작성해 하루 3번씩 크게 외쳐보기를 권한다. 나의 사명문과 비전문을 예시로 들어보겠다.

'나 안현숙의 사명은 사랑과 열정 성실로써 인생의 반전이 필요한 사람에게 재능과 강점, 사명을 발견하고 행복하도록 돕기 위해 존재한다.'

'나 안현숙의 비전은 교육과 코칭 분야에서 열정 · 성장 · 나눔을 활용하여 5년 목표 행복 노마드 500명, 10년 목표 행복 노마드 1천 명을 만들고, 월 1천 행복 노마드가 되어 작가, 강연, 코칭을 한다.'

제 5 장

세상이 바뀌어도 변하지 않는 것

01

블로그 홍보 무시하면 큰코다친다

띵~동. 통장에 입금이 찍히는 알림 메시지다. 강사 세계에 나와서 암담했던 그 순간의 일이 떠오른다. 강사 세계에 첫발을 내딛는 사람들은 무엇부터 해야 할까? 누구도 나에게 강의를 거저 갖다주지 않는다. 그 당황스럽던 상황에 대해서 아는 바에 대해 잠깐 논해 보고자 한다.

대한민국은 오랜 분쟁과 외세의 침략을 이겨 낸 나라, 한강의 기적을 일으킨 나라, 11번째의 경제 대국, 7번째 수출국, IMF 경제 위기를 가장 빨리 극복한 나라, 올림픽 5위권, 한류(영화, 노래, 드라마, 음식 등) 문화를 파급시키는 나라, 교육열 세계 1위, 전쟁으로 초토화되어 세계에서 최고로 가난한 나라 중 하나였으나 꾸준한 성장과 빈곤퇴치를 이루어 낸 나라이다. 덕분에 노력하면 나름의 결과물이 나오던 시대이다.

강사가 되기로 작정을 하고 준비해 나가다 보니 많은 자격증을 취득하고도 어디로 강의를 나가는 건지, 어디에 견적서를 내봐야 할 것인지 알 수가 없어서 정신적 혼란이 왔다. 그때 상대의 관점에서 생각해 봤다. 처음에는 일단 강사들 프로필을 전부 넣고 카탈로그를 만들었다. 모두 우표를 붙이고 주소를 라벨지에 인쇄해서 붙여 발송했다. 하지만 담당자들은 별로 썩 내키지 않는 느낌이었다. 다음으로는 아예 카탈로그를 들고 일일이 찾아다녔다. 환대를 안 할 거란 걸 알았지만 귀찮아하는 눈치였다. 나이가 예순이 넘고 보니 뒤통수가 따가워 이것을 오래 하다가는 제명에 못 살 것 같았다. 아무리 마인드를 꽉 붙잡아도 멘탈, 곧 정신력까지 털리는 느낌이었다.

개인지도를 해준다고 거액을 받은 강사는 강사 섭외 담당자 입장에 서서 생각하는 것이 정답이라고 했다. '어디서 그 많은 강사를 찾을 것인가?' 선뜻 대답을 못했다. 아니 깜깜한 나로서는 알 수가 없었다. 가소롭다는 듯이 씩 웃으며 하는 말이 블로그에서 찾는 것이 답이라고 했다. 함께 블로그 작성을 하기로 했다. 물론 그 강사도 블로그 로직이 어떻다던가 상위노출이 무엇이라든가 따위는 몰랐다. 그러나 블로그를 배우는데서부터 멘붕, 즉 정신적 혼란이 왔다. 내가 이렇게나 디지털 기계치였나 싶었다.

아예 학원에 접수하고 학원에 가서 배웠다. 다 배우고 난 뒤에 블로그를 쓰게 되었다. 나름의 법칙을 세웠다. 일단 담당자에게 노출이 되어야 하는 것이 내가 블로그를 쓰는데 있어서 핵심으로 가져

가야 할 과제였다. 그러니 지금 하는 일에서 성공하려면 집중·몰입하고 추진·실행해야 했다. 지금 블로그에 글을 쓰고자 하는 나는 초보 강사임을 인식해야 했다. 당연히 한 번도 블로그를 작성한 적이 없었다. 그러므로 1일 1포스팅 만으로는 '나'라는 사람이 노출되는 빈도수가 적어서 쉽지 않을 것 같았다.

블로그 작성한 것이 없으니 맨땅이었다. 1일 3포스팅 계획을 세웠다. 온라인상에 나를 구축하기로 한 것이다. 성실하게 가기로 했다. 지금은 비공개로 되어있는 것이 많으나 철두철미하게 1일 3포스팅을 기록해 나갔다. 성실성과 끈기 일종의 그릿(grit)이 나의 강점이었다. 요즘에야 페이스북, 인스타그램, 밴드, 카카오스토리 등 다양해졌지만 그 시점에는 붙잡을 수 있는 것이 블로그밖에 없었다. 아는 것이라고는 필요에 따라 급하게 배운 블로그뿐이었지만 어쨌든지 해야 한다면 제대로 알고 했었다면 얼마나 좋았을까 싶다. 아무것도 모르고서도 블로그를 어떻게 썼길래 연봉 1억 강사가 되었는지 다시 복기해 보는 마음으로 기록해 본다.

블로그, 너 누구냐!

그럼 블로그는 꼭 해야만 하는가? 이미 강의가 많고 지금의 수입이 만족스럽다면 안 해도 된다. 게다가 모든 여건이 마음에 들고 자신을 홍보할 방법이 있다면 더욱 할 필요가 없을 수도 있다. 그러나 내 답은 어떤 경우라도 하라고 하고 싶다. 블로그에 글을 쓴다는 것은 먼저 나의 발전을 이끌어줄 수 있다는 것이다. 글을 쓰는 작업은 아웃풋의 정점으로 지적 행동의 마지막이다. 그래서 블로그를 하면 자신의 전문성을 드러낼 수도 있고 홍보를 해주기도 하며, 블로그의 글을 모아 책으로도 펴낼 수가 있다. 그럼 우리에게 친숙한 블로그가 무엇인지부터 알아보자.

'블로그(blog)'는 인터넷을 뜻하는 '웹(web)'과 자료와 기록을 뜻하는 '로그(log)'의 합성어로, 웹로그(weblog)로 쓰다가 줄여서 블로그가 되었다. 보통 사람들이 자신의 관심사에 따라서 자유롭게 일기나 컬럼, 기사, 생활 속의 글 등을 일지 형식으로 올리고 다른 사람들과 공유할 수 있게 해주는 개인 웹사이트를 말한다. 한마디로 인터넷 일지라고도 할 수 있다.

강사로서 나를 알리기 위해 블로그를 활용하기로 한 나는 강의에 관련된 것을 주로 기록했다. 나의 관심사로서 내 강의안에 녹일 수 있는 내용이거나, 내가 하고 싶은 강의 분야에 대해 집중적으로 기록하여 빈도수를 높이기도 했다. 다녀온 강의에 대한 기록도 남겼다. 한마디로 내가 공부한 과목, 강의할 역량이 되고 나름대로 자신감이 있는 강의, 다녀왔기에 앙코르 강의를 불러주기 원하는 강의를 집중적으로 기록했다.

물론 혼자서 강의 시장에 나오지 않고 컨설팅사에서 활동하는 강사라면 모두 알아봐주고 수수료를 뗄 것이니까 강의에만 열중하면 될 것이다. 그러나 강의 시장에 처음 나와서 혼자 해내야 하는 강사라면 나와 같은 길을 걸어도 충분히 고소득이 보장된다는 것을 알리고자 한다. 이건 순전히 내 경험에 관한 이야기를 전하고 있음을 밝히는 것이고, 블로그 기록도 내가 수익을 올리고 싶은 만큼 일을 하면 된다는 것이다.

아무리 강의 의뢰가 들어오는 것이 목적이라지만 그렇다고 주야장천 강의에 대한 글만 적어도 한계가 생길 것이다. 그렇다면 사회적인 이슈나 읽고 있는 책에 대한 논평, 스타일에 관심 있다면 패션이나 메이크업을, 여행을 좋아한다면 그에 대한 다양한 정보를, 먹는 것을 좋아하는 사람이라면 맛집, 집에서 하는 집밥 메뉴, 또는 조리과정 등을 기록해도 또 다른 수익이 나기도 한다. 카테고리를 지나치게 많이 만들지는 말고 자주 관심 두는 분야의 카테고리 정도는 첨가해도 좋겠다. 한마디로 블로그도 본인이 사용하는 용도에 따라 공부를 좀 한다면 충분한 효과를 얻을 수 있다.

1인기업이 출현하면서 블로그에서 더 다양한 지식과 정보를 제공하기도 하고 얻기도 한다. 더 다양하고 더 많은 수익형으로 발전하고 있기도 하다. 물려받은 재산이 없는 우리 같은 흙수저에게는 고마운 존재다. 내가 올린 다양한 글로 누군가는 강의를, 누군가는 출판을, 누군가는 방송을 다루는 1인 미디어 시대가 되어있는 셈이다. 그로 인해 다양한 지식과 정보와 또한 다양한 형태로 수익을 제공해주기에 블로그는 현재 대세가 되고 있고 1인기업가에게는 필수가 되다시피 한 것이다.

블로그는 왜 이렇게 인기를 끌면서 접근율이 높아졌을까?

그 이유는 기존에 있던 개인 홈페이지보다 훨씬 만들기도 쉽고,

관리하기도 편하기 때문이다. 게다가 블로그는 컴퓨터에 문외한인 초보자라 할지라도 특별한 기술이나 지식이 없이 자기의 생각과 관심사를 손쉽게 기록할 수 있다. 인터넷뿐만 아니라 모바일 앱을 통해서도 글을 올릴 수 있으니 더없이 편리해진 것이다. 예전에 한참 유행했던 개인형 홈페이지는 한번 시도해 보려 하면 html 언어 등의 이름을 알기도 부르기도 불편한 프로그램들을 알아야만 했다. 그러나 블로그는 간단하게 워드프로세서만 사용할 수 있다면 누구든지 시도 가능하다.

아무리 쉬운 것도 처음 시도할 때는 당황하기도 한다. 나도 블로그를 처음 배운 날 그랬다. 기계치다 보니 블로그 좀 배워보고자 하니 도저히 따라갈 수가 없었다. 남들은 다 잘 따라하는 것 같은데 나만 못 따라하는 것 같았다. 자존심이 확 상하고 뒷골이 당겨 일단 핸드폰을 덮어 버렸다. 도저히 블로그는 내 길이 아닌 것 같았고 못 할 것 같았다. 그런데 이 블로그를 통해서 강의가 들어올 수 있다는 설명을 들은지라 나는 혼자 해보고자 얼른 집에 돌아왔다. 밤새 인터넷 사이트를 뒤져가며 블로그를 하려고 해도 문해력이 뒤떨어지는 것인지 용어만 찾다가 결국 포기했다. 도대체 불문학을 전공했는데도 외국어인지 외래어인지 너무 만연해 있는 용어들에 기가 질려 버렸다.

어쨌거나 밤을 새우고도 결국 포기하고 말았다. 차라리 어젯밤에 잠이나 푹 자고 나올 걸 그랬나 싶다. 다음 날 결국 학원에 접수하고 블로그 작성법을 배우게 되었다. 일단은 블로그 관련 홈페이지에 들어가 회원가입을 해야 했다. 그다음 몇 가지 선택사항만 가입하면 자신의 블로그 사이트가 생겼다. 그런데 나는 이미 블로그가 있었다는 사실이 더 놀라웠다. 이미 1년 전에도 시도한 적이 있었다는 것이다. 내가 이 정도 인간이었나? 황망했다. 필요해서 시작했다면 끝을 맺었어야지 그때도 안 했다는 얘기다. 화도 나고 남들은 이렇게 돈을 안 들이고도 잘하는데 나만 돈이 들어가야 하는 답답한 사람인가 싶다. 돈도 아깝고 나의 실체를 알게 되니 더 집중해서 수업을 들었다. 쉬운 것은 아니었다. 내 블로그를 보고 강의 의뢰가 들어온다고 생각된다면 해내야만 했다.

블로그를 보고 처음으로 강의가 들어온 날은 뛸 듯이 기뻤다. 아무것도 이룰 수 없을 것만 같고 두려웠으나 결국 해낸 것이다. 처음 강의를 불러준 회사에서는 내 강의가 좋았는지 계속해서 불러줬고 비슷한 기업체에서 점점 강의 의뢰가 많아졌다. 예순이 넘은 내게는 너무도 감사한 강사비였기에 늘 지극정성을 다했다. 기업체 강의가 많아지니 관공서 강의도 많아졌다. 놀라운 것은 처음에는 관공서에서 저렴한 강의에 불러주었는데 점점 강사비가 올라가는 것이었다. 심지어는 꽤 내로라하는 강사들도 서 보지 못한 무대에까지 서는 일이 많아졌다. 게다가 나는 물론이고 내 강의가 넘쳐서 강사 양성까지 하게 되었다. 꿈같은 일, 놀라운 일들이 쭉 이어졌다.

'되는구나. 이 세상에 아무도 나를 불러주는 사람이 없어도 꾸준함과 성실함으로 기록하다 보니 강의 문의가 오는구나. 노력하면 안 되는 게 없구나. 조금만 인내하면 되는구나.' 자신감이 생겼다. 당장은 내 손에 쥐어지지 않았지만 내가 놓지만 않으면 되는 일이란 걸 알게 된 것이다. 그랬다. 가끔은 조급증이 나도 끝까지 열정을 가지고 성실함으로 한결같으면 점점 커지는 거였다. 내가 즐겨 쓰는 중용 22장과 23장이 절로 떠올랐다.

'오직 천하에 지극히 성실한 분이어야 능히 그 성(性)을 다할 수 있으니, 그 성(性)을 다하면 능히 사람의 성(性)을 다할 것이요, 사람의 성(性)을 다하면 능히 물건의 성(性)을 다할 것이요, 물건의 성(性)을 다하면 천지의 성(性)을 도울 것이요, 천지의 화육(化育)을 도우면 천지와 더불어 참여하게 될 것이다.' (중용 22장)

성(性)이란 정성으로 인해 밝아지는 것을 말한다. 그다음은 한쪽으로 지극히 함이니, 한쪽으로 지극히 하면 능히 성실할 수 있다. 성실하면 드러나고, 드러나면 더욱 드러나고, 더욱 드러나면 밝아지고, 밝아지면 감동하게 하고, 감동하게 하면 변하고, 변하면 화할 수 있으니, 오직 천하에 성실한 분이어야 능히 화할 수 있다. (중용 23장)

여기에서 지극정성이란 말이 나왔을 법하다. 이것을 영화 〈역린〉에서는 현대에 사는 우리가 알아먹기 쉽도록 현대어로 다음과 같이 멋스럽게 표현하지 않았나 생각해 봤다.

'작은 일도 무시하지 않고 최선을 다해야 한다. 작은 일에도 최선을 다하면 정성스럽게 된다. 정성스럽게 되면 겉에 배어 나오고,

겉에 배어 나오면 겉으로 드러나고, 겉으로 드러나면 이내 밝아지고, 밝아지면 남을 감동하게 하고, 남을 감동을 주면 이내 변하게 되고, 변하면 생육된다. 그러니 오직 세상에서 지극히 정성을 다하는 사람만이 나와 세상을 변하게 할 수 있는 것이다.'

이 말은 결국 작은 일에도 최선을 다하는 사람이 큰 감동을 주고 변화시킨다는 것이었기에 강사로서도 인간으로서도 깊이 명심해야 할 말이다. 그러므로 블로그 하나에도 지극정성을 기울이고 성실하게 꾸준히 최선을 다했다. 요즘에는 광고까지 실어주면서 내 수입에 얹어주는 블로그를 안 할 이유가 있을까? 감사한 마음을 가지고 당연히 해야 한다. 블로그에 대한 재미있는 표현을 아래와 같이 정리해 본다.

❶ 블로그는 인터넷 속에서 '나 대신 일하고 있는 나.' '작은 디지털 세계 속의 나'이다.
❷ 블로그는 나의 사업 동반자이자 비서이다.
❸ 블로그는 나의 삶, 일기장, 추억이다.
❹ 블로그는 소통의 창이다.
❺ 블로그는 소득이 늘어나는 창구이다.

02

무대포(MDP) 정신은 준비된 자에게

시니어 TV에서 출연 제의가 왔다. 강사 세계에 나온 지 불과 2년, 정신없이 달려온 시간이었다. 한편으로 기대가 되기도 하고 한편으로 두렵기도 했다. 나만의 콘텐츠도 특별하게 선정해 놓은 것이 없이 100여 개의 자격증을 가지고 닥치는 대로 열심히 강의를 해왔기 때문이다. 그런데도 내게 온 기회를 놓치고 싶지가 않았다. 밤새워 준비해 가서 무사히 강의를 마쳤다. 감사하게도 작가님도, PD님도, 카메라맨도 동원된 관객들도 모두 잘했다고 칭찬해줬다. 나에 대한 강의 평가 글들이 여기저기 많아서 그걸 보고 섭외를 했노라고 했다.

어디에서 내 글을 보았을까 의아했다. 강의할 때는 고객 문제점 무엇인지를 고민했고, 고객의 불편하거나 고통스러운 문제점을 탁월하게 해결해주는 솔루션을 제공하고자 부단히 노력해왔다. 책을 참고하거나 선배 강사들의 강의를 참고했다. 유튜브에서의 강연들도 좋은 해답이 되어주기도 했다. 내 머리로 안 되는 것들은 타인들의 지혜를 빌어다 썼다. '훔쳐라, 아티스트처럼. 하늘 아래 새로운 건 없다'고 하지 않든가. 어떤 일을 하더라도 기왕지사 시작했다면 배워가면서 무대포 정신으로 바로바로 실행에 옮기려고 노력했다.

완벽하게 배우고 나서야 실행에 옮기겠다는 것은 경험에 비추어 볼 때 자칫 포기로 이어질 수밖에 없다는 것을 우리는 잘 알고 있다. 표준국어대사전은 '무데뽀'라는 말을 '일의 앞뒤를 잘 헤아려 깊이 생각하는 신중함이 없음을 속되게 이르는 말'이라 설명해 놓았다. 게다가 무데뽀는 외래어로 우리나라식으로 표기한다면 무철포, 즉 총을 말하는 무대포라고 표기할 것이며 '막무가내', '무모함'이라는 뜻이 들어 있다고 한다. 생각해 보니 무모함의 무대포 정신은 감히 이순신 장군에게서 나왔다고도 할 수 있을 것이다.

'신에게는 아직도 12척의 배가 있사옵니다'라고 했던 이순신 장군이 명량대첩을 앞두고 선조에게 올린 보고(報告:장계)이다. 보고는 그렇게 했지만 이미 죽을 수밖에 없는 상황의 전장에 뛰어드는 비장한 각오를 담고 있다. 그건 무모하다고 할 수 있는 전투였다. 이순신 장군은 고작 12척의 배로 133척의 왜선을 무찔렀다. '신은 이미 준비가 되었나이다.' 하고 고하며 진격했던 어마무시한 무모함이 어디에서 나왔을까?

'수신제가 치국평천하(修身齊家治國平天下)'라는 말이 있듯이 이순신 장군은 수신이 있었기에 가능한 일이었을 것이다. 그 시대에 이순신을 가르쳐 유성룡이나 대제학 이식은 한결같이 수양이 밑받침된 사람이라고 하였다. 자신을 닦는다는 것은 사물과 세상의 이치를 다 깨달은 연후에야 가능한 일이다. 결국, 무모함은 수양과 수신 후에 갖게 되는 냉정한 현실 인식과 치밀한 전략이 있었기에 가능한 일이었다. 우리가 알고 있는 무조건 하면 된다는 식의 '무대포 정신'으로 임했다면 불가능한 일이었을 것이다. 아니 참혹한 패배를 낳았을지도 모르고 조선은 더 일찍 왜놈들의 세상이 되어버렸을 것이다.

이렇듯이 우리는 어떠한 단어에서도 지극히 편협한 부분만을 알고 쓰기도 한다. 무모함 뒤의 철저하게 계산된 승리나, 될 때까지 하고 말겠다는 집요함의 의지는 생각해 보지도 않는다. 너무 거창해져 버렸지만 나 역시 예순이라는 나이에 다시 도전했을 땐, 살 만큼 살아봤기에 세상에 대한 미미한 깨달음이 있었던 것이고, 될 때까지 하고 말겠다는 막무가내(무대포) 정신, 맨주먹(헝그리) 정신이 발동했음은 물론이다. 답이 없기에 머뭇거릴 필요가 없었다. 안 되면 되도록 만들고, 될 때까지 뛰면 되고, 무소의 뿔처럼 전진해 나아갈 뿐이었다. 무모할 정도로 돌진하고 집요하게 이기기 위해 버티겠다는 생각으로 덤빌 때 무대포로 밀어붙인다고 하는 말이 맞을 것이다. 적어도 나는 그랬다. 물러서기에는 아들의 수술이 걸려있고 나는 엄마였다. 변명은 필요 없었다. '책임감 있는 엄마가 되자. 엄마는 해내야 한다.' 이 한마디면 끝날 일이었다. 엄마라는 자리는 나에게 무대포 정신을 갖게 했다.

무대포 막가파 정신! 총 없이 전투에 나가는 정신! 오죽하랴! 번

잡한 핑계를 찾아서도 안 되는 정신이 내가 말하는 무대포 정신이다. 어찌 보면 태평양전쟁에서 일본군이 이겼던 것도 무대포 막가파 정신이다. 계산만 앞세우다 보면 나아갈 수가 없다. 그저 나아가면서 이기는 전략을 세우는 것이다. 무엇인가를 새로이 해야 한다면 배우며 바로 실행에 옮기는 것밖에 없다. 미숙해도 해야 한다. 실행해 가면서 성장해 나가는 것이다.

이 설명이 와닿지 않는다면 한때 장안의 화제가 되었던 또 다른 무대포의 대명사가 있으니 살펴보자. 1999년 IMF 때의 영화 〈넘버3〉에서의 송강호다. 삼류 인생들이 모여 일류가 되고자 용틀임을 하는 영화. 아니 좀 더 정확하게 말하자면 송강호가 〈넘버3〉라는 영화에서 연기했던 불사파 두목 조필이다.

'옛날에 최영의라는 분이 계셨어. 최영의, 그분 스타일이 그래. 딱! 소 앞에 서. 너 소냐? 나 최영의야! 그리고 소뿔을 딱! 잡아. 그리고 내려치는 거야. 황소 뿔이 뽀개질 때까지! 코쟁이랑 맞짱 뜰 때도 마찬가지야. 존슨이면 너 존슨? 로버트 존슨? 나 최영의야. 그리고 걸어가. 뚜벅뚜벅. 그럼 코쟁이는 갑자기 걸어오니깐 뭐, 뭐, 뭐야, C8! 하고 뒤로 물러서게 되어있어. 그러다 팍! 이봐 봐! 사람이 당황하면 손이 올라오게 되어있어! 이때 팔을 딱! 잡고! 아이, C8! 이, 이건 니 팔 아냐? 그리고 또 좆○○ 팔을 내려치는 거야. 손이 빠개질 때까지! 무대포로! 무대포! 무대포 정신!'

조필이라는 삼류 조직 삼류 인생이 잔뜩 무게를 잡고 부하들을 가르치고 있다. 무식하고 폭력적이지만 뭔지 모를 통쾌함을 느끼게 했다. 영화 속에서의 이 대사는 다양한 버전으로 패러디되어 오랜 시간 사람들의 입에 오르내렸다. 덕분에 IMF로 대한민국 전체가 격동에 휘말려 고통받던 상황에서 이 무대포 정신이 어려운 시대를 돌파하는 시대정신으로 격상되기까지 했다. IMF 위기를 헤쳐 나가는 IMF 정신이 무대포 정신, 헝그리 정신이 되어 위기를 헤쳐 나가길 바란 것 같았다. 그런 위기를 깨부수고 싶었던 대중들의 절절한 마음이 송강호라는 명품 배우를 통해 감칠맛 나는 연기로 대변되었던 것일지도 모르겠다. 물론 이때의 송강호는 신인배우였지만 대단한 열연을 펼쳤다.

어느 시대이건 어려움이 있거나 난세에는 무대포 정신만이 살길이 아닐까 싶다. 다 살피고 나서 행동에 옮기려면 이미 판이 끝나 버린 후가 되어버릴 수가 있다. 지금의 시대도 새로운 세계 속으로 들어가는 난세이다. O2O(online to offline)의 세상 , 온라인과 오프라인의 세상이 공존하는 세상이다. 일명 메타버스의 세상, 디지털 지구 세상이라는 등의 다양한 용어로 읽는 4차 산업혁명 시대. 코로나로 인해 언택트, 비대면 시대에까지 와버렸다. 지금의 세상을 아예 이해도 못한 채 그래도 고개를 갸우뚱거리긴 하면서 다들 잘도 산다. 그러나 어렵고 이해가 덜 되었더라도 무대포 정신으로 임한다면 새로운 세계에서 절로 멋지게 살아갈 것이다.

이런 시대가 위기이며 기회의 시대다. 이때만큼 무대포 정신이 필요할 때가 없을 것 같다. 이때는 모르는 세계를 배워가면서 뛰어야 한다. 주위 사람들조차 모르는 태동의 시기는 기회의 시기이기 때문이다. 대한민국의 유구한 역사 속에서도 위기에는 무대포 정신을 발동하여 국난을 이겨 냈듯이 개인도 마찬가지다. 기능장 시험을 봤을 때도, 교수가 될 때도, 사업을 확장해 갈 때도 무모함이 함께하는 무대포 정신을 가지고 하나하나 공부하며 이뤄 갔었던 기억이 난다. 나이 예순이 넘어 강사 세계에 나올 때도 무대포 정신으로 이뤄 냈다. 이제 코로나로 인해 5년이란 세월이 앞당겨져 버리다 보니 수긍하기 힘든 갑작스러운 세계에 우리는 와있다.

또다시 자신을 믿고 배우며 무대포 정신으로 나가야 한다. 디지털 노마드 세계, 1인 지식기업의 세계를 걸어감에 있어서 무대포 정신이 내 남은 삶을 결정할 것이라 믿는다. 우선 이 세계를 알아 가고자 하는 교육에 투자하고 무대포로 나가면 반드시 성과가 있을 것이다. 나 역시 그것을 해냈고, 나를 믿고 따르는 사업자들도 두 달 만에 한 달 1천만 원의 순수익을 내기도 했다. 덕분에 날마다 설렘으로 희망찬 날들을 맞는다.

내가 공부하고 이뤄 낸 것들을 전해주고 지식과 경험과 노하우를 공유해주며 무소의 뿔처럼 앞으로 직진 중이다. 줌을 통해 유럽까지 유료 독서모임을 하고 1인 지식기업이 무엇인지 디지털 노마드 세상이 무엇인지 공부를 시켜주고 있다. 모두 잘 살며 행복하게 사는 그날까지.

누군가는 코로나가 힘들다고 한다. 누군가는 코로나로 인해 미래의 세상을 알았다고 하며 무대포로 앞만 보며 뛰고 있다. 함께 걸어가며 디지털 노마드의 삶을 살아갈 수 있기를 기도해 본다. 무대포 정신은 강사 세계에서 큰 성과를 내줬고 디지털 노마드로서의 나를 만들어줄 것이라 믿는다. 이성이 없는 감성이 앞선 무대포도 좋지만, 아는 것을 행하고자 먼저 옮기고자 하는 무대포 정신으로 뛰어 보자. 나의 꿈이 이뤄지는 것이 보일 것이다.

03
자신을 믿어라

자신이 목표한 바를 달성하거나, 원했던 것을 얻거나, 꿈을 이루려고 할 때는 그것들, 즉 목표와 꿈을 좀 더 분명하고 구체적으로 정하자. 그리고 언제나 생각을 하자. 그것들을 얻기까지 실패할 수도 있다는 것도 염두에 두자. 자신이 생각한 바를 한 번도 실패 안 한 사람은 단 한 사람도 없다. 인생은 어찌 보면 성공의 연속보다 장애물에 부딪히는 일이 더 많을지도 모른다. 그때마다 수정하고 보완하며 지금의 자리에 있는 건 아닐까. 누군가는 조금 더 쉽게 포기해 버렸을 것이다. 단지 그 차이가 아닐까?

《유답》이나 《시크릿》이라는 책이 한때 엄청나게 반향을 일으킨 적이 있었다. 반짝하고 사라진 듯하나 영원히 함께하고 있는 우주의 기, 파동을 끌어당기는 힘이 우리 안에 있다는 책이다. 즉 우리의 생각과 말은 끌어당기는 힘과 주파수가 있어서 우리가 행하는 생각과 말이 우주로 전송이 된다는 것이다. 그리고 같은 주파수의 것들을 우리에게로 끌어당긴다고 한다. Universal Database Attraction Power 앞글자만 따서 'U-DAP', 또는 'YOU 답(쑴)'은 당신 안에 답이 있다'는 말로, 이 말의 뜻은 건강, 행복, 평화, 성공 등 자신이 원하는 것을 이루어주는 원천적인 에너지가 바로 자기 안에 있다는 것이다.

에모토 마사루가 《물은 답을 알고 있다》에서 이미 증명을 했듯이, 우리나라 각 방송국에서도 밥으로 실험하고 양파로 실험을 해서 그 과정을 전부 보여주었듯이 긍정의 말과 생각은 긍정적 결과를 가져온 것을 우리는 이미 보았다. 왜 내 눈으로 보면서도 우리는 실행에 옮기지 않을까? 어쩌면 본인이 끝까지 실행할 자신이 없어서 그런 건 아닐까?

이 나이를 살다 보니 우리 주위에서 일어나는 대부분의 일은 우리의 생각의 결과라는 생각을 해보게 된다. 젊은 날의 나는 소심한 성격 탓에 부정적인 면이 너무 많았다. 아직 일어나지도 않은 일까지 미리 걱정했다. 살다가 큰일을 많이 당하다 보니 지금은 어지간한 일에는 그러려니 한다. 덕분에 지금은 매일 행복지수가 높다. 마지막을 행복일지와 감사일지를 쓴 결과이다.

처음에 이것을 시도했을 때는 별의별 것이 다 가당치도 않을 만큼 나의 뇌를 세뇌시켰다. 고생과 좌절을 지겹도록 하다 보니 나중에는 오기가 붙어서 긍정 의식을 뇌에 심기로 작정을 했다. 이게 과학적으로 맞든 안 맞든 한번 해보리라고 오기를 부렸다. '된다 된다 잘된다. 나는 될 때까지 한다.' '하늘이 돕고 SNS도 돕고 사람들까지 돕는다.' 하고 날마다 외웠다. 글로 썼다. 신 오렌지는 생각만 해도 침이 고이듯이 우리 뇌는 현실과 상상을 잘 구분하지 못한다고 한다. 그러니 우리는 긍정 확언을 하면서 나의 뇌가 그렇게 반응을 하도록 해야 한다. 뇌가 반응을 하면 자신을 그렇게 믿게 되고 자신감이 생기고 세로토닌이 분비된다고 한다.

　생각, 말, 행동 중에 어떤 의식이 가장 파워가 셀까? 생각보다는 말이, 말보다는 행동이 더 파워가 세다고 한다. 그러니 나를 인정하고 믿으며, 내가 삶에서 원하는 것이 무엇인지 수시로 생각하고 말로 표현하자. 그리고 나를 주저앉히는 나쁜 생각이 나를 잡아 먹기 전에 내가 더 중요하게 생각한 것을 이루기 위해 행동으로 옮겨 보자. 어떤 일을 하든 간에 노력 없이 이룰 수 있는 일은 아무것도 없다. 운도 노력하는 사람에게 들어온다. 노력도 하지 않는데 가치 있는 일을 이루었다는 사람은 동서고금을 막론하고 있을 수 없다. 우리는 성공한 사람의 지금의 모습만 보고 부러워하고 자신을 믿지 못하고 스스로 무너질 때가 많다. 백조가 호수에 우아한 자태로 그냥 떠 있을 수 없다는 것을 알면서 언제까지 떼쓰는 어른으로 있을 건가?

　개그맨 김영철이 학교 다닐 때는 영어를 잘하지 못했다고 했다. 현재는 개그맨에서 영어의 달인으로, 스타 강사로, 또 대학 강단에서까지 활약하고 있는 김영철 씨가 영어 공부를 시작하게 된 계기가 서수민 PD의 조언 때문이었다고 밝힌 적이 있다. KBS 2TV '개그콘서트'에 출연했을 당시 조연출이었던 서수민 PD가 슬럼프에 빠진 자신에게 코미디 국제대회에 나가보라고 조언을 했다고 한다. 게다가 서양인의 개그를 볼 수 있는 개그맨 홈페이지인 '하하닷컴'을 소개해 주기까지 했다고 한다.

결국 캐나다에서 열린 코미디 페스티벌에 나갔고 그곳에서 엄청 깨지면서 영어 공부의 절실함을 느꼈다고 했다. 이후 국제적인 코미디언이 되겠다는 큰 꿈을 가졌고 영어 공부를 시작하게 되었다고 말했다. 생각해 보라. 김영철 씨가 뻔뻔 영어를 잘하게 될 때까지 얼마나 민망한 실수들이 많았을 것인가. 어찌 되었든 지금은 다양한 프로그램에서 심심찮게 볼 수 있으니 영어 하나라도 멋지게 해낸 덕이 아닐까도 생각해 보게 된다.

여기에서 우리가 또 생각해 볼 것이 있다. 김영철 씨에게 영어를 권했던 서수민 PD는 자신이 그런 말을 해준 기억이 없다고 한다. 그는 김영철에게 그렇게 큰 꿈을 주었다고 생각하지도 못하고 있었다. 그러니 우리의 말 한마디가 다른 사람을 흥하게도 하고 망하게도 할 수 있다는 것을 알고 말을 하기 전에 생각을 정리해서 말하는 습관도 가져야 할 일이다. 누구를 만나느냐가 중요하다. 그러나 그보다 더 중요한 것은 그런 조언을 듣고도 행했느냐 행하지 않았느냐이다. 행동이 정말 중요한 것이다. 자신을 믿지 못해 시작도 안 했다면 오늘날 김영철 씨는 없을 것이다. 조언을 받아들인 것 또한 칭찬할 일이다.

지금까지 살펴본 것처럼 사람들은 자신의 운명을 자신이 만들어간다. 운명은 밖에서 들어온다기보다는 자신이 끌어들인 것이다.

게으른 마음이, 약한 의지가, 급한 습관 등이 자신의 운명을 만든 것이다.

이제 우리는 먼저 자신을 믿어 보자. 그리고 용기를 내보자. 선한 마음으로, 부지런하고 성실한 태도로 상대를 도와주기에 힘쓴다면 자신이 원하는 대로 인생이 열릴 것이라 믿는다. 나 역시 자신을 믿고 인생 삼모작을 멋지게 만들어 가고 있다. 긍정 확언을 해본다. '된다. 된다 잘된다.' '나는 선한 영향력을 끼친다.' '축복의 통로이다. 매일 점점 더 좋아지고 있다.'

04
얼굴 예뻐지는 경이로운 마법

가끔은 진실해질 필요가 있다. 같은 옷을 입고도 누구는 주위가 환해지고 누구는 굴욕을 당하기도 한다. 거기에 따라붙는 멘트는 패션의 완성은 얼굴이라고 한다. 무슨 얼굴을 보느냐고 하기도 하고, 그렇게 말한 사람을 저급한 속물로 취급하기도 한다. 가장 이성적인 얘기다.

내 외모는 머리끝에서 발끝까지 평가의 대상이 된다. 굳이 명품이 아니어도 옷을 갖춰 입는 것이 좋고 예쁜 것이 좋다. 음식 하나 과일 하나 심지어 튀김 한 개, 떡 한 개를 먹어도 예쁘게 만들어진 것으로 눈이 가고 손이 간다. 그러나 현실에서 말은 그렇게 하지만 대우는 그렇지 않다.

옥동자라고 하는 개그맨이 했던 말 중에 '얼굴도 못생긴 것들이 잘난 척하기는. 적어도 이 정도는 돼야지.' 이 말을 듣고 사람들은 무슨 생각을 하며 그렇게 웃었을까? 못생긴 얼굴과 멘트를 비웃었을 것이다. '저렇게 못생긴 사람도 있네.' 하면서 고마운 위로를 받았을 것 같다. 예전에 강심장이라고 하는 예능 프로그램이 있었다. 강심장에서 좀 못생긴 콘셉트의 여자 개그우먼이 잘생긴 남자 출연자에게 들이대면 남자 출연자는 억지 미소를 짓고 당황한 표정을 지어서 모두 폭소를 터뜨렸다. 또 잘생긴 남자 연예인, 특히 누구나 인정하는 외모인 그가 '못생긴 ○○여자 연예인과 연애하고 싶다'라고 칠판에 써서 의도적으로 시선 몰이를 했다. 그러면 여자 출연자들 반응은 '왜? 어째서?'라고 하는 표정을 지었고 미니칠판에 쓴 글자를 클로즈업할 때 당황하거나 억지로 웃는 모습이 보였다.

잘생긴 남자 연예인이 못생긴 여자 연예인을 왜 좋아하는지 알고 싶은 것이었을까? 못생긴 여자 연예인을 좋아하는 것 자체가 이해되지 않는다는 반응을 끌어내기 위해 유도했던 거다. 이성적인 생각으로는 말도 안 되는 어이없는 콘셉트다. 요즘에는 인권단체에서 항의하니 이런 프로그램도 맘대로 기획할 수 없다고 한다. 그러나 본능은 어떻게 말할까? 솔직하고 진심 어린 답변을 말해 보자. 잘생김과 못생김 중 어느 쪽으로 마음이 기우는가? 이성은 본능을 이기지 못할 때가 너무 많다.

그 본능 때문에 불이익이나 억울함을 당했으니 본능의 힘은 생각보다 강하다는 것을 부인하지 못하겠다. 그러나 그도 결핍이라면 결핍이었다. 덕분에 남들에게 미움받지 않고 불이익을 당하지 않기 위해 모든 일을 잘해 내보려고 발버둥을 쳤던 인생을 살아왔다. 더 겸손해지려고 노력도 해왔다. 몸매 관리는 내 힘으로 할 수 있을 것 같아 철두철미하게 다져나갔다. 덕분에 예순이 넘은 지금도 키 166cm에 몸무게 56kg을 유지하고 있다. 100m 미인이라도, 아니 멋진 옷차림이라도 가능한 몸매를 유지하는 것이다.

인물로는 타고난 것을 어찌할 수 없으니 내 힘으로는 메이크업을 잘하여 불이익을 덜 받으려고 했다. 그리고 더 예쁘고 멋지게 보일 방법이 있으니 불교의 《잡보장경》에서 보여주는 '무재칠시'라 하겠다. 어린 시절 불린 별명 중에는 '후기인상파'도 있었는데 그게 내게 도움이 안 될 뿐 아니라 도리어 마이너스가 된다는 것을 안 이후부터 행해 온 방법이다. 처음 실행에 옮길 때는 겉모양만 만들어가는 듯했으나 습관이 붙고 깨달음이 되어가는 속에서 점차 안팎으로 일치하는 보시를 하는 것이 느껴졌다. 그때부터 항상 감사했고 행복했고 일에 대한 힘든 감정도 없어졌다. 내려놓은 것이 이걸 말하는 것 같았다. 나머지는 하늘에서 해줄 뿐이었다. 결과는 내가 한 만큼, 내 재목만큼 주시는 거구나 생각했다.

'무재칠시'는 돈이 안 들고도 베풀 수 있는 것이 습관화되어 나를 구한다고 했다. 화안시(和顔施 : 미소 띤 밝고 환한 얼굴), 언사시(言辭施 : 공손하고 아름다운 말, 덕이 있는 말), 심시(心施 : 착하고 어질 따뜻한 자비심), 안시(眼施 : 호의를 담은 편안하고 부드러운 눈빛), 신시(身施 : 내 몸으로 베풀어줄 수 있는 모든 선행), 상좌시(床座施 : 지치고 힘든 사람에게 자리를 양보하는 것), 방사시(房舍施 : 편히 쉴 수 있는 공간을 마련해주는 것) 이다. 현대에 이렇게까지 하기 힘드니 방사시는 찰시(察施 : 묻지 않고 상대의 속을 헤아려서 도와주는 것)로만 표기된 것도 많다. 어찌 형식을 의미하겠는가. 이런 마음가짐을 가지라는 의미일 것이다. 이것들은 자신을 비워 내고 내려놓아야만 가능한 일, 즉 수신(修身)이다.

자존감이 땅바닥까지 무너지자 남 앞에 나서는 것 자체가 용납되지 않았다. 한동안 산마을에 들어가서 수행을 했다. 자연과 벗 삼고 새 지저귀는 소리, 시냇물 흐르는 소리, 수풀을 간지르는 바람 소리, 이런 자연의 소리와 친해졌다. 세상에서 가장 편하고 포근한 소리였다. 그러나 그로 인해 봉사활동을 더 열심히 하게 되었고, 힘든 사람들의 상담을 많이 해줄 수가 있었다. 덕분에 많은 경서를 읽는 계기가 되었고 어지간한 일에는 놀라지 않을 정도로 무뎌질 수 있었다. 품이 넓어지고 더욱 겸손해질 수도 있었다. 세상에 공짜 없다는 말이기도 했다.

타고난 재주가 없기에 노력파, 성실파가 되었다. 단 하루도 편한 날은 없었다. 그냥 열심히 살았다. 만족스러운 것은 없었다. 모든 것이 약간은 부족한 듯했고 모든 것이 그래도 감사한 것 같았다. 에릭 호퍼는 《길 위의 철학자》에서 이렇게 표현했다.

'행복이란 거의 없다. 노년에 자신의 생을 되돌아본 위인들은 자신들의 행복했던 순간들을 합쳐봐야 채 하루가 되지 못한다는 것을 알았다.'

떠돌이 생활을 하며 노동자의 삶을 그려낸 호퍼는 일을 찾아다니며 도시를 돌아다녔다. 생활을 위해 끝도 없이 일을 해야 하는 노동자의 삶에 회의를 느끼며 자살을 시도하곤 했지만 결국 불평불만 없이 길을 떠나곤 했다. 떠돌이나 개척자나 비슷한 면이 있다고까지 한 그가 일을 통해 다른 세계들을 배워가고 있었다. 어딘가 정착하려고 하지도, 돈을 모으려고 하지도, 부자를 부러워하지도 않았다. 사금을 채취하는 사람, 부두 노동자, 레스토랑 웨이터 보조, 잔디 깎는 일, 오렌지 행상 등을 하면서 독학으로 철학 세계를 구축했다. 떠도는 중에 임시수용소를 찾기도 하고, 거기에서 만난 노동자, 농민들과 생활하고 그들의 삶을 관찰하며 독서와 글쓰기에 집중했다. 새로 깨달은 것을 얘기하기 좋아했고 사람들은 그의 깨달음과 학식을 높이 샀다. 사람들이 그를 좋아해 정착시키고자 좋은 일자리를 주면 몰래 떠났다.

그는 죽기까지 무소유였고 좋아하는 사람이 있었으나 결혼도 하지 않았다. 구속이라 여겼을지도 모르겠다. 그를 철학자로 만든 사색의 시간은 오직 혼자였으니 자유로웠기에 가능했을 수도 있다. 결핍 속에서도 자유로움을 느끼며, 계산하지 않는 삶을 산 호퍼야말로 진정한 자유인이 아니었을까.

나는 실존의 무게에 짓눌리지 않고 사유의 삶을 산 호퍼와 같은 자유로운 영혼들을 흠모할 때가 있었다. 채워가지 못하는 현실 속의 결핍을 대신하고 있었는지도 모르겠다. 남편의 야반도주로 인한 삶의 회의를 거쳐 모든 것을 팽개쳤지만 타인을 위한 삶을 사는 부조화 가운데서 안정을 찾고 있었다. 아들의 수술로 인해 다시 세상에 나와 조화로운 삶을 위한 긴 여정을 걸어가고 있다.

다시 시작할 때는 엄두도 안 나는 상황이었다. 그러나 아들을 위해 무대포로 밀고 나온 용기는 엄마였기에 가능했다. 모든 것이 제로도 아닌 마이너스 상태로 시작하여 불도저처럼 앞만 보고 밀어붙이면서 디지털 노마드로서의 삶에 성실하게 열정적으로 도전하는 중이다. 만약에 정신적·육체적·건강·물적인 부분에서 결핍이 없었더라면 지금의 결과를 도출하지 못했을 것은 너무 당연한 일일 것이다.

결핍을 나보다 더 먼저 경험하고 이뤄 낸 이들을 찾아다니며 보완했고 그들의 지식과 경험을 벤치마킹해 가며 또다시 예열하고 속도를 붙여가고 있다. 그래도 부족한 것들은 독서모임을 통해 인사이트를 얻는 중이다. 단군 이래로, 흙수저가 금수저가 되기 가장 쉬운 세상이라고 한다. 단 오프라인에서의 활동만 가지고는 절대 이룰 수 없다. 세상은 이미 메타버스, 즉 디지털 지구까지 들어와야 온전히 살아가는 AI기반 O2O 플랫폼을 이용하여 사업도 하고 일상생활까지 해나가는 것이다.

내게 결핍이 없었다면 도무지 해낼 수 없는 일을 결핍으로 인해 새로운 영역까지 먼저 공부하며, 들어보지도 못했던 디지털 노마드라는 사업까지 하고 있다. 덕분에 날마다 자판을 두드리며 내 삶의 경험과 먼저 배운 지식을 공유하는 중이다. 정말 감사한 결핍이다. 풍요로웠다면 한낱 퇴물 할머니 소리를 들었을 것이다. 1인기업의 대표도 되지 못했을 것이다. 결핍에서 감사의 이유를 찾아내는 날들이다.

05
억대 연봉의 시작과 마지막은 소통

요즘 최고의 화두 중 하나는 '소통(疏通)'이다. 소통은 '막히지 아니하고 잘 통함. 뜻이 서로 통하여 오해가 없음'이라는 뜻이다. 흔히 차들이 막혀 앞으로 나가지 못할 때 소통이 잘 안 된다고 한다. 인간관계에서도 잘 풀리지 않으면 우리는 소통이 잘 안 된다고 한다. 서로 소통이 안 되어 이혼으로 가는 부부도 늘어나고 있고, 자식들과 소통을 잘해 보고자 소통 교육을 받는 부모들도 늘어나고 있다.

그러나 아직도 가정에서뿐 아니라 노사 간에도, 정치 속에서도, 친구 간에도, 여기저기 소통보다 불통의 세상이 더 만연해 있다. 소통을 잘해 보려고 노력하는 경우보다 내 뜻만 관철하려는 고집불통들만 있다. 소통이란 내 몸으로 비유하자면 내 몸 안의 혈관을 돌며 산소와 영양분을 공급하고, 노폐물을 운반하는 피와 같다. 피가 순환이 잘되면 몸이 건강하다. 그러하듯 소통이 잘돼야 사회가 건강하다. 소통은 선순환이며 건강이다. 강사는 강의 시 청중과의 소통이 잘돼야 평가가 잘 나오고 강의를 잘했다고 인정받으며, 앙코르 강의가 많아지고 수입도 높아지게 된다.

소통에 관한 인상 깊은 우화가 있다. 사자와 소 이야기다. 둘은 서로 사랑해서 결혼했다. 둘은 서로에게 최선을 다하자고 다짐했다. 사자는 사랑하는 소에게 자신도 좋아하는 맛있고 부드러운 살코기를 먼저 주었다. 자신이 먹고 싶어도 소에게 더 신경 쓰며 소를 위해 챙겨줬다. 하지만 소는 살코기의 비린내가 싫고 식성도 맞지 않았다. 사랑하는 사자가 자기를 위해 구해다주었기에 먹기에 괴로운 살코기를 먹어야 했다. 소 역시 사랑하는 사자에게 자신이 먹어 본 풀 중 가장 맛있고 연한 풀을 구해다주었다. 사자는 푸성귀 냄새가 나는 풀만 먹어대니 힘도 없어지고 영양실조에 걸릴 것 같았다. 사랑하는 소가 실망할까봐 꾹 참고 먹었다. 둘은 너무나도 서로를 배려했다. 인내심에 한계가 올 때까지 참고 또 참으며 최선을 다하고 배려하는 가운데 견뎠다. 영양실조에 힘이 없어 죽을 것 같았던 둘은 크게 다투고 '난 너에게 최선을 다했지만, 너무 힘들어'라고 말하며 헤어지게 된다. 무엇이 문제였을까? 서로 상대를 배려했고, 상대를 더 챙겼으며, 서로 상대를 참아주며, 인내로 버텼는데 도대체 뭐가 문제냐고?

이쯤 되면 이 글을 읽는 여러분은 모두 이미 답을 알고 있을 것이다. 이 둘은 서로 소통이 안 되고 있었다. 일단 둘이 다르다는 것을 전혀 알지 못하고 있었다. 그래서 결국 갈등이 생기게 된 것이다. 소통을 잘하기 위해서는 모두가 다르다는 것을 알아야 한다. 관심과 배려 또한 필요하다. 상대가 원하는 것이 무엇인가? 그 의중을 파악하는 것이 중요하다. 그런데 내가 좋아하는 것이니까 상대도 당연히 좋아할 거라고 내 위주로 생각을 한다. 그러다 보니 배려를 해도 내 관점에서 내가 원하는 대로 배려를 하는 것이다. 그리고 '상대가 현재 힘들어하고 불편한 것은 무엇일까? 관심사는 무엇일까?'를 알아서 그에 맞는 배려를 해줘야 한다. 그래야 서로 막힘이 없게 되고 통하게 된다. 그 마음을 헤아려주고 배려하는 마음과 말을 할 수 있어야 비로소 소통이 시작되는 것이다.

갑작스럽게도 AI를 기반으로 하는 O2O 플랫폼에서 생활하는 시대가 왔다. 2020년 1월 들이닥친 재앙, 코로나로 인해 비대면 시대가 되었다. 삶이란 소통이다. 그런데 만날 수가 없는 세상이 되었다. 불행인지 다행인지 줌이라는 매체를 통해 화상회의도 하고 강의도 하며 채팅까지 되는 새로운 문물을 맞게 되었다. 이런 소통을 해내야 하는 세상이 되었다. 강사도 마찬가지였다. 나 역시 줌을 통해 전국 각지의 강의를 다 해낸다. 그런데 우리는 소통이라고 하면 흔히 대면의 소통만을 생각하게 된다.

이젠 사람 대 사람의 소통뿐만 아니라 구글, 애플, 아마존, 네이버, 다음, 페이스북 등 대형 플랫폼의 1인기업이 등장하면서 카페, 블로그, 심지어는 카카오톡마저도 오픈 채팅방이 열려 모든 것이 플랫폼 되어간다는 걸 알고 대처하고 소통해야 한다. 플랫폼이란 흔히 정거장이라고 한다. 정거장의 확장이라고 생각하면 맞다. 정거장을 기점으로 일어나는 모든 의미 있는 일들을 플랫폼이라 생각하면 디지털 세상에서의 플랫폼이란 말을 충분히 이해할 수 있을 것이다.

정거장? 무슨 뜻일까? 정거장 곧 플랫폼은 오고 가고 만나는 곳이 된다. 정거장을 기점으로 온갖 상권이 형성되고 정보가 모이듯이 디지털에서도 오고 가고 끝나지 않는다. 검색하고 정보를 교환하며 무수히 많은 가치 교환이 일어나고 다양한 거래가 발생한다. 정거장처럼 사람이 많이 몰려서 수익과 가치 창출을 하는 곳이다. 이곳에서부터 최초의 소통이 시작되는 것이고 강사들 역시 플랫폼 선정부터 활동하기까지 소통이 중요하다.

나 역시 다양한 플랫폼을 확장해 가고 있고 늦은 나이지만 하나하나 만드느라 수고를 하고 있다. 그런데 목표했던 시점보다 빠른 5개월 만에 매월 3백만 원 이상의 수입이 일어나고 있다. 생각지도 못한 수입이었다. 물론 금방 천만 원이나 2천만 원 이상의 수입을 내는 분들도 있다. 나 스스로 생각하기에 디지털 노마드라는 1인기업을 새로운 도전으로 본다면 대성공인 셈이다.

다음으로 중요한 것은 강의장이다. 강의는 먼저 인간 대 인간의 만남으로부터 가능하다. 강의장에는 적게는 10여 명부터 많게는 수천 명까지 모이는데 서로 직접적인 대화를 하지 않더라도 강사와 수강생 사이에 끊임없이 의사소통이 이루어진다. 강사를 바라보는 수강생의 빛나는 눈빛과 공감한다고 고개를 끄덕거려주는 수강생들로 인해 강사는 없던 힘이 솟아 열정을 더 낸다. 그런데 이런 분위기를 만들 수 있는 건 강사의 힘이다. 강사가 만들어야 한다. 강사에게 힘과 용기가 되어주는 이런 수강생의 태도는 어떻게 나올까? 강사가 명연기를 해야 하는 배우로 변신해야 한다. 명연기가 되어 소통과 공감이 있을 때 가능하다.

소통과 공감을 잘 끌어내려면 우선 그곳에 참석한 대상들을 명확하게 파악해야 한다. 예를 들면 예술회관 직원들을 대상으로 의무교육을 할 때의 얘기이다. 직원들이 지난번 강사를 거부해서 부득불 강사를 교체해야 한다고 했다. 여러 가지를 얘기하고 난 뒤 결정을 했다. 담당 직원은 강사를 물색할 시간도 없고 강사료 또한 문화체육부에서 결정하여 책정되어 있기에 답이 없다는 것이다. 본인의 생각 같아서는 매월 수강을 하지 말고 3개월에 한 번씩 하면서 강사료를 올려줘야 타당해 보인다고 했다. 그런데 정해진 강사료는 자신이 어떻게 할 수 있는 부분도 아니고 너무 적다고 했다.

일개 직원이지만 참 설득력이 강한 사람이었다. 뒤로 물러설 수 없게 만드는 직원! 내가 가르치러 가기 전에 이미 이 직원을 통해서 협상과 거래를 어떻게 해야 하는가에 대한 하나의 답을 얻은 셈이었다. 피식 웃음이 나왔다. 어쨌든 어떤 일자리가 와도 일단은 가서 하게 되었다. 이미 강사들을 양성하기 시작했고 새끼 제비들처럼 나만 쳐다보며 혹시나 기대하고 있는 강사들에게 넘길 수 있는 강의를 만들 수 있으면 만들어야 했다.

수강해야 하는 직원이 몇 명, 남녀 비율, 학력 정도, 연령대, 강의 장소 현황, 참가자 수행 업무 등을 상세하게 파악했다. 강사를 거부했다니 신경 쓰는 것은 너무도 당연한 일이었다. 강의장은 강사가 서서 해야 할 무대였다. 연극 배우들이나 뮤지컬 배우들이 연기를 하는 무대로, 의자에 앉아서 내려다보는 직원 100명을 대상으로 하는 강의였다. 물론 강사는 배우처럼 온 힘을 다한 강의를 해야 한다. 그러나 이런 무대라면 수강생을 휘어잡을 동선, 동작, 발음, 억양 등에 신경을 써야 한다.

성공한 사람은 생각이 긍정적이다. 구름을 쳐다보면서도 그 위의 태양을 생각하고 일을 추진한다. 반면에 실패한 사람은 폭풍우를 생각하며 안 될 것만 생각한다. 과거의 흔적을 보면서 전자는 성공을 꿈꾸고 후자는 실패를 생각한다. 성공한 사람들은 대화 또한 다르다. 대화를 하면서 제일 힘든 사람은 과거의 흔적에 머무르고 있는 사람이다. 상처를 회복하려고 노력하는 것이 아니고 그 과거의 흔적을 부둥켜안고 빙빙 돌면서 한 얘기를 반복한다. 질려 버릴 정도다.

리더의 자질이 있는 사람은 미래의 계획에 더 초점을 맞춘다. 어차피 과거로 되돌려 다시 살아낼 수도 없는데 도돌이표만 찍는 우를 범하지 않는다. 그것을 교훈 삼아 미래 계획을 확실하게 세운다. 미래 계획이 확실하기에 혈액이 골고루 돌도록 모든 곳에 세심한 배려와 관심을 가진다. 소통 부재의 상황을 만들지 않는다. 혈액이 골고루 돌아서 산소와 영양분을 공급하고, 노폐물을 운반하여 건강한 몸을 만들 듯이 자신이 속한 어떤 곳에서도 소통을 잘하여 건강한 관계를 만들어 낼 것이다.

소통을 잘하는 사람들은 언제나 배려가 몸에 배었고, 서로 다름을 인정해주고, 경청을 잘해서 가려운 곳을 잘 긁어준다. 그렇기에 수강생들과도 관계자들과도 강사들과도 가장 먼저 소통이 되는 것이다. 그 결과로 인정을 받게 되고 일도 늘어나고 수익도 늘어나고 결국은 다른 사람에게도 좋은 영향력을 끼치게 되는 것이다.

06

감동하자! 감사하자! 행복하자!

긴 밤을 보내고 나면 찬란한 해가 떠오르는 새 아침을 맞게 된다. 새 날을 맞이하면 감동하는 마음인가! 감사하는 마음인가! 행복한 마음인가! 어떤 마음으로 새날을 맞이하는지 궁금하다.

나는 힘들기만 했던 예전에는 하루가 버거웠다. 힘들다 못해 포기하고 싶은 날들도 많았다. 평생을 누워 있어야만 한다는 진단을 받은 후에는 사는 동안 열심히 살되 기왕이면 유쾌하게 살고자 했다. 하루를 멋지게 마감하는 습관을 들이고 싶었다. 매 순간 감동하는 습관을 들이려 애썼다. 일과가 끝나면 오늘 하루 감사할 것이 무엇인지 5가지, 행복한 것이 무엇인지 5가지를 일지나 가계부에 적었다. 그것들을 음미하면서 부풀려 감동하는 연습을 날마다 했다.

그렇게 부풀리며 생각하고 감동을 하고 나서 잠자리에 드는 날이 길어지니 놀라운 일이 벌어졌다. 밤마다 악몽을 꾸거나 근육이 뭉쳐서 소리를 지르곤 했는데 그런 일이 없어졌다. 깊은 잠을 자게 되었다. 마음이 절로 비워졌고 행복감이 마음을 채워갔다. 모든 것을 비우고 살다 보니 즐겁고 행복했다. 어디서 그런 힘이 나오는지 모를 열정도 생겼다. 전날 밤부터의 감동과 감사와 행복이 아침까지 이어졌다. 억지스럽게라도 습관들이기를 계속했더니 뇌가 그렇게 길들어 갔다. 뇌가 변할 수 있다는 것을 런던의 택시 기사들이 증명했다.

그들은 런던의 모든 길을, 즉 반경 10km 이내의 도로 6만여 개와 10만여 개의 주요 지점들을 외우는 것이었다. 2~4년 정도 걸려 다 외우는데 이렇게 많은 양을 암기하다 보니 나중에 그들의 뇌를 검사했을 때에는 해마가 커지고 있다고 했다. 이 연구 결과를 통해 뇌는 유전이라 바꿀 수 없다고 했던 것을 1960년대 이후 많은 연구를 거듭하게 했다. 그 후 인간의 뇌가 80대까지도 규모와 기능적인 측면에서 대규모의 변화 능력을 갖추고 있다는 것이 증명되었다고 한다.

이 말은 지금 우리가 가지고 있는 두뇌가 평생 우리의 두뇌가 아니고, 인간에게는 변화를 만들어 낼 능력이 있다는 뜻이다. 인간의 뇌는 환경이 변하면 적응할 수 있고, 성장할 수 있고, 심지어 재건될 수 있다는 주장이었다. 뇌 가소성을 주장하는 연구들이 나오기 시작한 것이다. 야행성은 이 뇌 가소성을 죽인다고 하니 충분한 숙면을 해주는 것이 좋다.

이런 연구에 대해서 아는 바가 없었으나 내 변화가 가능했던 것이 근거가 있는지 살펴보니 가능했다. 언제부터인가 감동, 감사, 행복하기를 필사적으로 연습했더니 그게 나의 습관이 되어있었다. 삶은 내가 어떻게 생각하고 어떻게 습관을 들이느냐에 따라 그 모습 그대로 내 삶의 내용이 되었다. 힘들게 했던 욕망을 비워 내고 감동, 감사, 행복을 채웠다. 삶이 그렇게 변했다. 바닥에 내려가서야 그것을 바꿀 수 있었으니 어리석음을 안타까워해야 하지만 그래도 생각을 바꿔 행복한 삶을 살고 있으니 다행이다.

그 후론 조금이라도 강퍅해진다고 생각될 때는 시를 읽었고 책의 좋은 문장들을 적기도 했다. 삶이 총체적으로 나를 짓누른다고 느꼈고, 너무 버겁고 힘들 때 읽었던 도스토예프스키의 〈모든 것을 사랑하자〉라는 시다. 내게 존귀한 절대자가 무언가를 명령하는 듯한 시로 읽혔다. 그 뒤로 생각지도 않은 일이 터져 마음 추스르기가 힘들 때는 최하림 님의 시 〈이슬방울〉을 읊조린다.

'이슬방울 속의 말간 세계 우산을 쓰고 들어가 봤으면.'

아니 수도하는 듯한 마음으로 사는 요즘이다. 나이 먹음에 대해 '익어간다'라는 원숙함을 느껴가는 요즘이다. 도스토예프스키의 시를 제대로 느껴 보자. 이젠 온전히 감동, 감사, 행복이 나와 하나 된 듯하다. 그렇게나 심했던 통증도 모든 것을 비워 내니 통증을 느끼지 않을 때도 있었다. 병은 마음에서 오는 것이 훨씬 많은 것 같다. 누구나 나에게 유익한 것들로 친구 삼아 내 행복을 찾아갔으면 좋겠다.

모든 잎사귀를 사랑하라 / 모든 동물과 풀들 모든 것을 사랑하라 / 네 앞에 떨어지는 빗줄기 하나까지도 / 만일 네가 모든 것을 사랑할 수 있다면 모든 것 속에 담긴 신비를 보게 되리라 / 만일 네가 모든 것 속에 담긴 신비를 본다면 날마다 더 많이 모든 것을 이해하리라 / 그리고 마침내는 모든 것을 받아들이고 너 자신과 세상 전체를 사랑하게 되리라

_토스토예프스키 〈모든 것을 사랑하자〉

    꽃이나 열매를 사랑하라는 것이 아닌 도움의 역할을 하는 잎사귀를 사랑하라고 한다. 잎사귀는 영광을 누리지도 못하고 별로 중요하게 생각하지도 않는다. 열매나 뿌리만 귀하게 여긴다. 정작 광합성 작용을 통해 식물이 살아가는데 필요한 에너지를 만드는 것은 잎사귀이다. 우리가 중요하게 생각하지 않는 잎이 없으면 제대로 성장할 수 없는 거다. 모든 동물과 풀들의 모든 것을 사랑하라. 어떤 예쁜 것이 아닌 모든 것이다. 모든 걸 사랑하라는 거다. 생명체에게 절대적인 빗줄기 하나까지 사랑하라고 한다. 신이 주신 자연의 모든 것을 사랑할 수 있을 때 그 속에 담긴 신비를 볼 수 있다는 거다. 자연의 신비까지 볼 수 있을 때 그때서야 신의 뜻까지 볼 수 있다는 내용이다. 그리고 그 속에 담긴 신비를 볼 수 있을 때 더 많이 모든 것을 이해하고 받아들일 수 있고 게다가 자신과 세상 전체를 사랑하게 될 거라고 한다. 통달의 단계를 넘어 달관까지 해야 한다는 것으로 들린다. 달관 정도는 해야 신의 뜻을 알 수 있을 것 같다.

    인생길을 걷다 보면 인간관계를 잘하고 싶은데 상대방의 의중을 몰라서 가끔 실수할 때가 있다. 황당하게도 자신은 실수한 줄도 모

르고 실수한다. 그런데 상대는 엄청 화를 내고 단절해 버린다. 본인은 오해했건 어쨌건 단절하면 그만이지만 모르고 실수한 사람은 갑자기 절교하면 어이가 없다. 사랑하는 친구를 잃는다고 생각하니 충격이 크다. 일단 왜 실수했는지 물어봐야 한다. 사랑하고 살기도 바쁜데 사랑하는 친구를 쉽게 버리는 실수는 안 해야 한다. 사랑하는 사람 만들기도 힘든데 작은 오해로 잃지는 말자.

요즘은 공개 채팅방을 열어놓고 모객하는 경우가 많다. 무료 강의 공지, 강사 양성이나 1인 지식기업이나 디지털 노마드 양성, 유료 강의 공지, 자격증 과정 공지 등을 한다. 책 쓰랴, 공지 올리랴 정신없는 하루를 보내게 된다. 주로 블로그에 작성해서 다른 방에 공지한다. 어느 날 사이좋게 지내고 있는 방에서 같은 강사가 유료 프로그램을 진행하는데 그것을 깜빡 잊고 내 방에서 진행하는 그 강사분의 무료 프로그램을 공지한 일이 있었다. 매일 그 많은 방을 돌며 공지를 하다 보니 깜빡했다. 실은 타인의 방을 유심히 볼 시간이 없다 보니 그런 일이 일어났다. 그런데 상대 쪽에서는 고의로 그런 줄 알고 오해를 한다. 그럴 때는 말을 해야 한다. 작은 실수, 말도 안 되는 오해로 좋은 사람 잃을까봐 얼마나 식겁했는지 모른다. 좋아하는 그 친구는 고맙게 생각하며 지내는 사이다. 물론 나 혼자 좋아할 수도 있다. 그런들 어쩌랴.

이 책에도 거론된 친구다. 문자가 왔길래 바로 전화를 했다. 무슨 일인지 물었더니 무료 프로그램을 공지한 일 때문에 서운했다고 했다. 서운했겠다며 미안하다고 말하고 모르고 한 일이니 화를 풀라고 했다. 그리고 지금처럼 좋게 지내고 혹시 또 그런 실수를 하게 되면 얼른 가리기하고 문자 보내 놓으라고 했다. 덕분에 오해는 풀렸고 좋은 사이로 지낼 수 있게 되었다. 무조건 상대가 서운하다고 하면 공감해주면 된다. 그걸 왜 서운해 하냐고 하면 안 된다. 그냥 인정해주면 된다. 서운한 감정을 이미 갖고 있는데 그걸 왜?라고 하면서 이해 못하면 좋은 사이만 틀어진다. 공감해주고 오해가 있거든 풀면 된다. 져주는 것이 이기는 것이다. 져주는 데도 싫다고 하는 사람은 어쩔 수가 없다. 그때는 그가 좋은 편을 택하도록 내버려 두면 된다. 그건 그의 선택이니까. 나까지 굳이 싫은 마음 미운 감정 안 가지는 것이 좋다.

한 번 맺은 인연은 끝까지 좋게 가져가려고 무던히도 애를 쓴다. 상대가 나를 좋아하건 싫어하건 나는 좋아하려고 애를 쓴다. 사랑하는 것이 훨씬 더 편하고 행복한 일인데 굳이 사람을 싫어할 이유가 없다. 나이가 들어가니 마음이 넓어진다. 상대의 실수도 죽고 사는 문제가 아니고 어지간한 실수는 보고도 넘어가게 된다. 상대의 실수는 '그럴 수도 있지 뭐.' 하고 넘어가려 하고, 조금만 좋은 일을 보아도 감동하고, 감사하고 행복한 마음이 되도록 노력한다. 작은 일에도 감동하고, '고맙습니다, 감사합니다, 미안합니다, 죄송합니다, 사랑합니다, 행복합니다, 덕분입니다'를 달고 사니 감정이 그렇게 변해간다. 습관이 되어간다. 행복감이 커진다. 그러니 감동하자! 감사하자! 행복해하자! 행복한 인생이 된다.

07
더 잘될 수 있다는 희망

성공! 누구나 하고 싶다. 생각만 해도 벅차오른다. 달보드름한 맛이 목구멍으로 바로 넘어가는 듯한 무언가를 절로 느끼게 한다. 그만큼 좋은 것이다. 자신이 성공이라고 정한 그것을 해낸다면 말이다. 문제는 그 달콤한 열매를 거저 쉽게 따겠다는 마음이다.

우리는 어떤 열매도 쉽게 거저 따지 못한다는 것을 너무도 잘 아는 호모사피엔스라고 하는 인간이다. 자연이 우리에게 열매를 허락할 때는 땅을 갈아엎고 씨를 뿌리고 벌레도 잡아주고 잡초도 뽑아주고 물 관리도 해주고 거름도 주고 해야 할 일이 한두 가지가 아니다. 땀 흘리는 수고를 해야 하고 이런 일을 하는 시간을 투자해야 한다. 하고 싶은 다른 일은 포기할 줄도 알아야 한다. 모든 것을 동시에 이루고자 하는 것은 알면서도 떼를 쓰는 어린애 같은 '어른이'의 희망

사항이다. 이런 모든 것을 내려놓고 한동안 힘들게 땀을 흘려야 맛있는 열매를 허락한다. 물론 태풍과 폭우, 한파 등의 시련을 겪기도 하지만 말이다.

우리는 노력하고 포기만 하지 않는다면 얼마든지 원하는 것을 할 수 있다. 나이 예순에 나와서도 해낼 수 있듯이 누구나 꿈을 꾸면 이룰 수 있다. 꿈을 꾸고 노력하는 것에서 좀 더 적극적일 필요가 있다. 나의 지난 이력을 찾아보자. 나의 꿈을 위해서 무엇을 해왔는가? 어느 정도의 노력을 했는가를 안다는 것은 중요한 일이다. 지금까지 우리는 정말 많은 가르침을 받아 왔다. 부모로부터, 학교에서 선생님을 통해서, 또는 교과서를 통해서, 또는 자기계발 서적을 통해서, 또는 종교의 경서를 통해서, 또는 교수님의 강의나 강연을 통해서 정말 많은 것들을 배우고 습득해 왔다. 그런데 우리는 지금 왜 안 되었는지 한 번도 점검을 안 해본 건 아닌가 싶다. 다시 한 번 꼼꼼하게 들여다보자. 나 역시 점검을 해보려 한다. 물론 자신은 이미 답을 알 것이다.

첫째, 꿈이 없었다.

둘째, 나는 안 된다고 생각했다.

셋째, 실행에 옮기지 않았다.

그 대표적인 예가 나였다. 그래서 마지막이라고 생각하며 나이 예순에 목표를 정할 때는 배수진을 쳤다. '나는 보통 사람이야, 해낼 수 없어!'라는 생각이 들면 멘토를 정하는 것이었다. 본보기가 눈앞에 있어야 따라갈 수가 있기 때문이다. 나는 별반 특출 나지 않고 의

지도 대단히 강하지 못해서 멀리 있는 오프라 윈프리를 보고는 도저히 따라가지 못한다. 오프라 윈프리가 훌륭하다는 것은 누구나 다 안다. 그런데 내 눈앞에 없으니까 실체가 만져지지 않는다는 것이다. 그러니 나보다 더 확률이 낮을 수도 있을 것 같은 핑계를 댈 만한 사람들을 찾았다.

나보다 공부를 덜했거나 더 열악한 환경이거나, 더 못한 건강 상태거나, 나이가 더 많거나, 내가 핑계 댈 만한 모든 조건으로부터 도망치지 못하도록 나를 몰아갔다. 그런 멘토들을 가까이에 뒀다. 그래야만 내가 조금 더 열심을 낼 수 있다. 감히 거기에 핑계를 댄다면 나는 인간이 아니다. 그런 사람들은 나 자신을 가르치는 기준이며 멘토이며 그냥 존경한다. 그냥 따라 한다.

자연은 우리에게 자연의 특성을 빌어서 인간도 그렇게 살아야 함을 가르친다. 이렇게 노력해야 성공할 수 있다는 것을 알려준다. 그런데 인간은 노력해도 안 된다고 자꾸 핑계를 댄다. 모든 것을 잘 해주었는데도 열매가 안 열렸다고 하거나, 비바람이 몰아쳐서 다 떨어져 버렸다고 자연을 상대로 핑계를 댄다. 그러면 자연은 이렇게 가르친다.

'열매가 안 열리고 해를 거르면 다음 해에는 가지가 찢어질 정도로 열려서 정말 좋은 것만 남기고 솎아내게 될 정도로 열리게 해준다. 비바람이 몰아치는 것도 거저 치는 것이 아니다. 비바람이 몰아쳐야 나무가 흔들리면서 뿌리를 깊게 내리고 더 성장할 수가 있다. 만약에 강풍이 없다면 나무는 뿌리를 깊이 내리지 못해서 큰 나무로

성장할 수가 없다.'

높은 산 위의 나무는 절대 키 자랑을 하지 않는다. 큰 나무일지라도 환경에 맞춰서 키 조절을 하는 것이다. 의식이란 것을 갖고 있지 않은 나무도 본능적으로 그렇게 살아내고 버텨 낸다. 그 높은 곳에서 마냥 키 자랑을 하다 보면 이미 그 나무는 바람에 뿌리째 뽑혀서 죽고 없을 것이다.

그런데 호모사피엔스라는 인간 중에는 주제 파악 못하고 자멸하는 경우를 종종 아니 너무도 자주 매스컴을 통해 보게 된다. 권력욕, 물욕에 눈이 뒤집혀 중독되니 의식이 마약 먹고 중독된 것보다 더 강렬하게 중독되어 버리는 것이다. 그 자리가 무소불위라도 되는 것처럼 휘둘러 대다 자칫 몰락하는 인간군상이 되어 오명(汚名)이나 악명(惡名)을 남기고 사라지게 된다. 과학적으로도 권력에 의한 중독은 마약보다 더 중독성이 강하다고 한다.

그 자리 보전을 할 수 있는 인성을 가져야 하는 것은 결국 '된 사람'이 되어야 한다는 거다. 그러므로 우리는 성공이라는 자기 행복의 자리를 찾아갈 때도 나라는 사람의 마음밭을 잘 가꾸어야 한다. 그런 뒤에 씨를 뿌리는 것부터 열매를 맺어 달콤함을 누리는 단계까지 열정을 갖고 실행에 옮기되 선한 영향력을 끼칠 수 있는 행실을 갖춰 가야 한다. 다행스러운 것은 지금은 내면을 갖춰 가면서 성공적인 멘토들을 따라 행하다 보면 나도 모르게 내가 원하는 것들을 다 가질 수가 있다는 것이다.

인간은 평생에 걸쳐 교육이란 단어와 하나 되어 살아간다. 가정 교육, 학교 교육, 직장 교육, 그것도 모자라서 이제는 평생 교육의 시대라고 말한다. 교육이란 무엇일까? 알기 위해 배우는 것일까? 달걀이 병아리가 되는 것, 애벌레가 나비되는 것, 이렇게 변화가 되는 게 교육이다. 부모가 가정에서 자녀를 교육할 때 이런 변화를 원하며 훈육을 한다. 우리는 인간으로 태어나는 것이 아니라 인간으로 만들어지는 것이다. 거듭나고 변화되는 것이다. 특히 요즘과 같은 디지털화 시대에는 평생 교육을 통해 변화하고 변신하며 살아가는 것이다. 내가 변화하고 변신하는 것이 희망이요 성공이다.

아인슈타인은 다른 결과를 기대하면서도 같은 일을 반복하는 사람을 미친 사람이라고 했다. 더 나은 내일을 희망하면서도 같은 일을 반복하고 있지 않나 살펴보자. 성공은 무엇일까? 나의 삶을 보고 단 한 사람이라도 자신의 삶을 잘 이겨 낼 수 있다고 한다면 이게 바로 우리가 원하는 진정한 성공이 아닐까? 이렇게 가치 있는 삶을 살았다면 이게 바로 성공이다. 아랍 격언에 이런 말이 나온다.

'많이 가지고 있을 때는 부를 나누어주고 적게 가지고 있을 때는 가치를 나누어주라.'

이렇게 가치를 나누는 삶이라면 세상이라는 학교에서 모범 학생으로 잘 배우고 잘 가르치며 성공한 삶을 살았다고 할 수 있겠다.

흔히 오늘의 내 모습은 어제까지 살아온 삶의 결과이며, 오늘의 내 모습은 미래의 나를 볼 수 있는 것이라고 한다. 그러므로 오늘을 정조준하여 열정적으로 성실하게 뛰는 자는 미래의 나를 이미 알 수 있는 것이다. 우리는 날마다 어떤 문제에 부딪히는 삶을 살아간다.

이 문제들이 제시하는 메시지를 잘 읽어 내는 것이 미래에 대한 답이요 성공의 길이다. 그러나 갈 만한 가치가 있는 길일수록 어렵다. 어려움이 없는 지름길이란 없다는 것이다. 이렇게 멋진 길을 알았기에 우리는 할 수 있다. 우리의 미래를 더 멋있게 살 수 있다. 열정적으로 살아온 그대여, 이제 잠자리에 들어 기도하자. 내일 아침에도 밤에도 날마다 기도하자.

더 잘될 수 있는 희망을 온전하게 다듬은 날을 멋지게 기록해서 내 눈앞에 배치해 보자. 그대로 행동에 옮기자. 우리는 멋지게 성공할 것이다. 성공하는 그날까지 행동할 것이므로! 그렇게 잘된 나를 꿈꿔 보자 그가 곧 나일 것이므로! 우리의 인생은 멋진 여정들을 반복해 왔다. 혹시 지금이 완벽하게 마음에 들지 않은가? 그렇다면 1인기업의 나에게 멋지게 사표 쓰고 새 출발하자. 또 다른 1인기업의 나에게 희망을 품고 뛰자. 멋지지 않은가! 또 다른 멋진 여정을 탐색하며 시작해 보자. 그것을 이루기 위해 행동하는 나를 사랑하자. 사랑은 위대한 결과를 낳으리니.

60에 시작한 억대 연봉 강사, 안현숙

글을 마치며 세상으로 나오게 해준 아들에게 고마움을 전한다. 아들의 힘들었던 수술에 대한 추억도 감사하다. 평생을 누워 지내라는 진단을 받은 나를 잘 다스려야 하는 것도, 아들의 수술 준비를 위해 힘겨운 준비를 해야 했던 것도 모두 내 삶이기 때문이다. 아픔까지도 사랑하는 것이 '나의 삶'이며 나를 인정하는 거였다. 담백한 말에 처절한 삶을 희화해서 표현하는 배우 윤여정의 직설법이 가슴에 와 닿는다. 미나리로 각종 상을 휩쓴 윤여정이 지난 세월 동안 남겼던 말이 가슴을 울린다.

'내가 처음 살아보는 거잖아. 나 67살이 처음이야. 내가 알았으면 이렇게 안 하지. 세상은 서러움 그 자체고 인생은 불공정, 불공평이야. 그런데 그 서러움은 내가 극복해야 하는 것 같아.'

그녀의 사족 없는 강펀치가 내 삶을 대신 표현해줘서 고마웠다. 그랬다. 딱 그만큼이었다. 그 서러움을 극복해 내고자 몸부림쳤던 지난 삶이었다. 그런데 자리 좀 잡나 했더니 코로나가 터졌다. 코로나로 인해 굶어 죽는 건 아닌지 불안하기도 했다. 내 살 길을 찾아야만 하는 60대 강사로서 두려웠다. 또 무언가를 찾아야 했다.

강의가 없다면 차선책을 준비해야 했던 날들이었다. '나는 배고파서 연기했는데 남들은 극찬하더라. 그래서 예술은 잔인하다. 배우는 돈이 필요할 때 연기를 가장 잘한다'라고 말한 윤여정 씨처럼 나는 배고팠기에 강의에만 미쳐서 살았다. 모든 열정을 그곳에 다 쏟아 부었다. 덕분에 앙코르를 많이 받았고 강사 생활 2년 만에 억대 연봉을 달성했다.

'아쉽지 않고 아프지 않은 인생이 어딨어. 내 인생만 아쉬운 것 같지만 다 아프고 다 아쉬워. 난 웃고 살기로 했어. 그래서 내가 헛소리를 좋아해요.' 그렇다. 체념을 넘어 달관한 사람이 하는 말 같다. 삶은 그렇게 버거운 거였다. 18세부터 달리기만 한 삶에 60대에 다시 강사를 시작하고 3천만 원이 넘게 들어가는 아들 수술비를 마련하고 집까지 살 수 있었다. 서울도 아닌 지방에 사는 강사가 온 나라를 종횡무진으로 활동하며 2년 만에 이룬 일이었다.

걱정할 일이 생긴 건 뛰라는 의미였다. 그냥 뛰었다. 뛰면서 생각하고 계획하고 결단하고 수정했다. 완벽이란 단어에서 자유로워하고 싶었다. 완벽할 수 없음을 알아버린 나이였고 인정이 차라리 쉬웠다. 뛰다 보면 부족함이 느껴질 때가 많았다. 그러면 다시 멘토를 찾았고 계속 투자했다. 배우고 퍼주기를 반복했다. 벌면 무조건 배움에 투자했다. 강박감이었다. 나로서는 강박감이 아닌 양심이었다. 하고 싶은 일을 하니 잠을 못 자도 행복하고 즐거웠다. 열정을 다하는 일을 한다는 것은 행복이었다.

늦은 나이라고 자칫 포기할 수도 있지만, 해보고 나서 포기해도 늦지 않다고 생각한다. 재지 않고 뛰어 봐도, 뒤에서 누가 내 흉을 봐도 신경 쓰지 않는다. 더는 어찌할 수 없이 최선을 다했기 때문이다. 그게 '현재의 나'이기에 날마다 조금 더 잘하려고 노력할 뿐이다. 자신에게 부끄럼 없이 최선을 다했다면 됐다. 노력하면서 앞만 보며 나아갈 뿐이다. 주위에서는 아무도 안 보는 듯해도 지켜보는 눈들이 있다. 가다가 힘들면 손을 내민다. 지켜보는 많은 이들이 도와준다. 그렇게 살아간다. 그 과정을 울면서 따라쟁이 하는 자신을 사랑한다. 고맙다.

손을 내밀 때 도와준 박현근 코치, 김형환 교수, 이은대 작가, 송수용 코치, 이재덕 마스터, 이창현 파워렉쳐 강사, 챌린지노마드 신재환 대표, 정찬우 성공 박사, 최근에 만난 귀인 권경민 작가, 이 글을 빛 보도록 출판을 도와준 분들께 감사를 전한다. 강사로 불러 준 각 기관의 담당자들께도 감사를 전한다. 함께 디지털 유목민 세계를 개척해 가고 있는 행복누리연구소, 행복누리캠퍼스 식구들과 한만정, 윤숙희, 김민욱 님, 블로그 이웃, 그 외 SNS상에서 격려 주고받는 모든 분들께 감사하다. 아니 감사할 분들이 너무 많다. '60대에 시작한 억대 연봉 강사'라는 타이틀은 이분들이 만들어준 것이다.

진심으로 감사 인사를 드린다. 감사하고 행복한 날들의 연속이다.

마지막으로 혹여 누군가 이 글을 읽고 세상을 향해 발을 떼고 있는 분들이 계신다면 반드시 할 수 있다는 응원을 보낸다. 나보다 훨씬 잘해 내리라 믿는다. 하늘이 돕고 우주가 도울 것을 믿기 때문이다.

지성이면 감천이다. 그러니 뛰자!